Die Lösung für Ehen

Ehe-Mentoring – Der Weg zu einer neuen Generation von Ehen

Jeff Murphy   Chuck Dettman

Dieses Buch gibt möglichst genaue Informationen zu Themenbereichen, die die Ehe betreffen. Durch seine Veröffentlichung leisten die Autoren keinerlei psychologische, finanzielle oder andere professionelle Dienste. Wer professionelle Hilfe oder Seelsorge benötigt, möge bitte die Dienste eines kompetenten Fachmanns in Anspruch nehmen.

Copyright © 2011 Jeffrey Murphy und Charles Dettman.

Alle Rechte vorbehalten.
Copyright der deutschen Übersetzung © 2013 Jeffrey Murphy und Charles Dettman.
Alle Rechte vorbehalten.

Die Bibelstellen sind diversen Übersetzungen entnommen und entsprechend gekennzeichnet.
© Copyright verwendeter Bibelversionen befinden sich im Anschluss an das Literaturverzeichnis.

Kein Teil dieser Veröffentlichung darf ohne die vorhergehende schriftliche Erlaubnis der Autoren reproduziert oder in irgendeiner Form oder durch irgendwelche Mittel verbreitet, oder auf einer Datenbank oder einem Datenabfragesystem gespeichert werden. Alle Rechte global vorbehalten.

Satz & eBook:	Breklumer Print-Service GmbH & Co. KG, Breklum
Druck:	druck+Copyland GmbH, Radolfzell
Übersetzung:	Rebekka Herz, Eigeltingen
Lektorat:	Beate Tumat, Ihringen
Projektkoordination:	Rainer & Kerstin Knaack, Allensbach
Umschlaggestaltung:	Karen Caesar, Radolfzell, unter Verwendung eines Bildes von Rachel Hirsch, West Palm Beach/ Florida

In Deutschland gedruckt
ISBN: 978-0-9838987-2-6 (Print)
ISBN: 978-0-9838987-3-3 (eBook/E-Pub)

www.DieLoesungFuerEhen.de

Dieses Buch ist Ehe-Mentoren gewidmet – engagierten Paaren und Einzelpersonen, die sich dazu verpflichtet haben, zeitlose, praktische Fähigkeiten und biblische Werte an Paare aller Generationen weiterzugeben. Ebenso an solche, die nach Verbesserung ihrer Ehen streben, zum Wohl der zukünftigen Generationen und zur Ehre Gottes.

Wir widmen dieses Buch auch unseren Ehefrauen,

Glynis Murphy und Mae Dettman,

die durch ihre bedingungslose Liebe, Inspiration, und als Mentoren an unserer Seite, unsere Leben bereichert, unsere harten Stellen weicher und uns mit Ehen gesegnet haben, die über unsere Hoffnungen und Träume hinausgehen.

Wir wollen Gott mit unserem Vermächtnis, durch das die Generationen unserer Kinder und Enkelkinder gesegnet werden, die Ehre geben.

Vorwort

Sollte die Schauspielerin Cameron Diaz mit ihrer Feststellung: „Die Ehe ist eine aussterbende Institution" recht haben, brauchen wir dann wirklich noch ein Buch über die Ehe? Die Antwort hängt sicher davon ab, wen man befragt. Was kommt Dir in den Sinn, wenn Du das Folgende liest?

„Es war einmal ... Der Held rettete die Jungfrau in Not. Sie verliebten sich und heirateten... Und sie lebten glücklich und zufrieden bis an ihr Lebensende."

Diese kurzen Sätze aus dem Reich der Märchen unterstreichen die Notwendigkeit dieses Buches, wie auch immer Du sie bewertest:

Wenn Du glaubst, dass jede Ehe „glücklich und zufrieden bis an ihr Lebensende" verläuft, dann brauchst Du dieses Buch dringend! Mache Dich auf ein böses Erwachen gefasst! Nicht jede Ehe begibt sich automatisch in den „ewig-fortwährenden" Zustand des Glücks. Tatsache ist, dass das bei den meisten Ehen nicht der Fall ist. Diejenigen, die dorthin gelangen, schaffen es nur durch harte Arbeit und die Entwicklung bestimmter Fähigkeiten, wie z.B. Ausdauer, Opfer, Verständnis und jede Menge Gebet.

Wenn Du denkst, dass sich „glücklich und zufrieden bis an ihr Lebensende" nach einer guten Idee anhört – großartig! Gottes Plan für unsere Ehen *ist*, dass sie aufregend, erfüllt und voller Freude sind – und dieses Buch ist der Fahrschein, um dorthin zu gelangen.

Anderenfalls, wenn Du glaubst, dass es kein „glücklich und zufrieden bis an ihr Lebensende" gibt, bist Du vielleicht ein Pessimist, das Nebenprodukt einer zynischen Kultur. Du stimmst Cameron Diaz wahrscheinlich zu, dass die Ehe tot oder zumindest veraltet ist, warum sollte man also ein Buch wie dieses haben? Richtig? Wenn das der Fall ist, dann lese bitte weiter!

Die Ehe ist nicht tot. Die Wahrheit ist, dass sie nicht tot sein darf, denn die Zukunft unserer Gesellschaft hängt von starken Ehen ab. Als Ärzte wären wir nachlässig, wenn wir nicht betonen würden, dass die Ehe eigentlich eine sehr gesunde Institution ist. Du kannst es glauben oder nicht, aber wissenschaftliche Studien haben bewiesen, dass glücklich verheiratete Menschen länger leben, gesünder sind und angeben, weniger Stress als ihre unverheirateten Gegenüber zu haben. Sie leiden weniger an Depressionen und haben weniger schwächende Krankheiten. Die Forschung sagt ebenfalls, dass verheiratete Paare häufigeren – und befriedigenderen – Sex haben.

Als qualifizierte Ausbilder für Erziehende wären wir auch nachlässig, wenn wir nicht betonen würden, dass starke Ehen auch sehr gesund für Kinder sind. Studien zeigen, dass Kinder aus intakten Ehen seltener an psychologischen Erkrankungen leiden, seltener mit dem Gesetz in Konflikt kommen und eine höhere Bildung erlangen.

Du erwiderst vielleicht, dass es auch großartige Menschen gegeben hat, die aus alleinerziehenden Haushalten und sogar Waisenhäusern gekommen sind – und Du hast recht. Es gibt auch Geschichten, in denen Kinder von Wölfen großgezogen werden – aber kein Elternteil würde sich jemals etwas Derartiges für seine Kinder wünschen. Es geht nicht um Möglichkeiten. Es geht darum, was das Beste für die Zukunft Deiner Kinder ist. Eine gesunde Ehe schenkt Deinen Kindern die bestmögliche Zukunft.

Das Buch, das Du in Deinen Händen hältst, ist ein seltener Schatz, der Kraft, Heilung und Leidenschaft in Deine eigene Ehe bringen wird. Außerdem wird es Dir die erforderlichen Werkzeuge geben, um diesen Schatz mit anderen Paaren zu teilen. Dieses Buch richtet sich an Paare, die sich in die Leben anderer durch Ehe-Mentoring investieren möchten. Es steckt voller Wissen, Weisheit und Einsichten, die eine Ehe aus der Routine oder der Unzufriedenheit zu etwas Berauschendem machen werden. *Die Lösung für Ehen* weist sowohl die Mentoren als auch die Mentees dazu an, um die Kraft des Heiligen Geistes zu bitten, um in einer Gesellschaft, die uns bis zum Versagen unter Druck setzt, Erfolg haben zu können.

Die Lösung für Ehen ist ein praktisches Nachschlagewerk, das alle nötigen Werkzeuge und Methoden in einfacher und verständlicher Sprache zusammenfasst. Im Laufe unserer jahrzehntelangen Arbeit als Ehe-Mentoren haben wir uns immer wieder die Köpfe zerbrochen, wenn Paare mit ihrer zerrütteten Beziehung bei uns waren und sich schließlich trennten. Wenn wir nun dieses Buch lesen, fragen wir uns immer wieder: „Warum gab es dieses Buch nicht, als wir es gebraucht haben?"

Vorwort

Chuck und Jeff sind großartige Männer Gottes. Diese beiden Teams, Chuck und Mae Dettman und Jeff und Glynis Murphy, sind für den Dienst des Ehe-Mentorings gesalbt. Sie verfügen über enormes Wissen und jahrzehntelange Erfahrung auf diesem Gebiet, und sie sind leidenschaftlich dafür engagiert, diese Informationen mit anderen zu teilen. Chuck und Jeff haben unermüdlich daran gearbeitet, diese Lehre in den Druck zu geben. Immer wieder haben sie „ihr Leben niedergelegt" und sich Gottes perfektem Plan und seiner Zeitplanung ergeben – um dieses Buch hervorzubringen, das von Gott so inspiriert und bestimmt worden ist. Diese beiden Paare sind lebende Beispiele dessen, was sie in *Die Lösung für Ehen* lehren.

Die Lösung für Ehen ist ein biblisch korrektes Nachschlagewerk – ein Muss für alle, die sich wünschen, Teil von Gottes Wirken im Bereich der Heilung und Stärkung von Ehen und Familien zu sein. Obwohl es anfänglich für Pastoren, Seelsorger und Ehe-Mentoren geschrieben wurde, wird es jedes Paar ansprechen, das verheiratet ist oder sich auf die Ehe vorbereitet. Es wird Euch mit den notwendigen Werkzeugen, Referenzen und biblischer Lehre ausrüsten, um Euch selbst oder Eure Mentees darauf vorzubereiten, „glücklich und zufrieden bis ans Lebensende" zu leben.

Dr. med. Celeste Li
INCAF Qualifizierter Ausbilder für Erzieher
Ehe-Mentor
Autor von „*Sieg über das Elend: Ein geistliches Handbuch zur Überwindung von Leid*" (englischer Original-Titel: „*Triumph Over Suffering: A Spiritual Guide to Conquering Adversity*")

Dr. med. John Li
INCAF Qualifizierter Ausbilder für Erzieher
Ehe-Mentor

Inhaltsverzeichnis

Vorwort 5
Inhaltsverzeichnis 8
Anmerkung der Autoren 11
Danksagungen 13
Vorwort zur deutschen Ausgabe 15
   TEIL 1 17
   Einführung in das Mentoring 17
KAPITEL 1 18
Die Kunst des Ehe-Mentorings 18
   TEIL 2 29
   Vorbereitungen zum Mentoring 29
KAPITEL 2 31
Das erste Treffen mit Euren Mentees 31
   TEIL 3 42
   Die Verwendung einer 42
KAPITEL 3 43
Mögliche Schwierigkeiten durch die bisherige Lebensgeschichte ... 43
KAPITEL 4 49
Stressmanagement und 49
KAPITEL 5 58
Emotionale Ausgeglichenheit 58
   TEIL 4 65
   Kompetenzen für die Eheführung & Verantwortungsbereiche 65
KAPITEL 6 66
Kommunikation 66
KAPITEL 7 85
Konfliktlösung[1] 85
KAPITEL 8 100
Vergebung zusprechen: 100
KAPITEL 9 110
Der Umgang mit der Einzigartigkeit 110
KAPITEL 10 115
Der Umgang mit Finanzen 115
KAPITEL 11 122
Gemeinsame Grundlagen finden: 122
KAPITEL 12 128

Sexuelle Erfüllung und Intimität in der Ehe 128
KAPITEL 13 149
Das Entwickeln von sexueller Erfüllung 149
KAPITEL 14 158
Das Entwickeln von sexueller Erfüllung 158
KAPITEL 15 167
Die Gefahren der Pornografie 167
KAPITEL 16 183
Ausbrechen aus der Pornografie – fünf 183
KAPITEL 17 191
Sexuell übertragbare Krankheiten 191
TEIL 5 196
Familie und Freunde 196
KAPITEL 18 198
Die Herkunftsfamilie[1] 198
KAPITEL 19 211
Grenzen, Paar- und Familienstrukturkarte[1] 211
KAPITEL 20 218
Handhabung kultureller Unterschiede[1] 218
KAPITEL 21 228
Herausforderungen bei der Hochzeitsplanung[1] 228
KAPITEL 22 232
Gestaltung der Feiertage als frisch 232
KAPITEL 23 238
Wie Ihr Eure Beziehung schützt: 238
Krafsky, K. Jason & Kelli. Facebook and Your Marriage. Maple Valley, WA: Turn the Tide Resource Group, 2010. 243
TEIL 6 245
Beziehungsdynamiken 245
KAPITEL 24 246
Das biblische Rollenverständnis von 246
KAPITEl 25 262
Entscheidungsfindung 262
KAPITEL 26 271
Überzeugungen im Glauben und 271
KAPITEL 27 278
Geistliche Intimität innerhalb der Ehe 278
KAPITEL 28 287
Erwartungen an die Ehe 287
KAPITEL 29 298

Beziehungsfähigkeit 298
KAPITEL 30 307
Vertrauensaufbau 307
TEIL 7 312
Wiederheirat und Stieffamilien 312
KAPITEL 31 314
Wiederheirat 314
KAPITEL 32 318
Stieffamilien[1] 318
TEIL 8 324
Zusatzmaterial für Mentoren 324
Brief der Mentoren an die Eltern 326
Die Nachbesprechung 329
3-6 Monate nach der Hochzeit 329
Bewertung des Mentorings[1] 332
Außereheliches Zusammenleben 335
Zusatzinformationen für Mentoren 345
zum Thema „Pornografie" 345
Teilnahme-Zertifikat 350
Literaturverzeichnis 352
Alle Quellenangaben in englischer Sprache 352
Über die Autoren 366

Aktualisierungen, Zusatzinformationen, Tabellen und Arbeitsblätter stehen zum Herunterladen im Bereich der Ressourcen unter www.DieLoesungFuerEhen.de zur Verfügung.

Anmerkung der Autoren

Die Kraft des Mentorings hat sich über den Lauf der Zeit bewährt. Die antiken Chinesen nutzten die Prinzipien des Mentorings, um Schüler in den Kampfsportarten auszubilden. Jesus hat seine zwölf Jünger drei Jahre lang als Mentor begleitet, bevor Er sie in ihre neue Mission, den großen Auftrag (Matthäus 28,19), ausgesendet hat. Das „Handwerkszeug" wird am besten von Generation zu Generation durch Mentoring weitergegeben. In der heutigen Kultur mit vielen zerbrochenen Familien gibt es jedoch nur noch wenig junge Erwachsene, die mit einem großartigen Vorbild der Eltern in ihre eigene Ehe gehen können.

Obwohl in Deutschland knapp 30% der Hochzeiten in Kirchen stattfindet (in den USA ist es sogar die große Mehrheit), nutzen weniger als 5% der Kirchen jeglicher Länder Laien-Ehementoren und nur etwa ein Drittel fordert eine Beziehungsanalyse von den Paaren. Dies ist eine verpasste Gelegenheit, die verlobten Paare mit Fähigkeiten, die sie zur erfolgreichen Eheführung brauchen, auszurüsten.

In diesem praktischen Ratgeber *Die Lösung für Ehen* werden die besten Methoden für das Ehe-Mentoring mit zeitlosen, biblischen Prinzipien kombiniert, um eine Lösung für die weltweite Scheidungskrise und den Zerfall von Familien zu finden. In dieses Buch fließt die Erfahrung von zusammen mehr als 50 Jahren Ehe-Mentoring, -beratung und von über 75 Jahren Eheleben ein.

Sowohl die Paare, für die Ehe-Mentoring etwas ganz Neues ist, als auch solche mit jahrelanger Erfahrung, werden von diesem Handbuch profitieren. Unser Ziel beim Schreiben von *Die Lösung für Ehen* war, Euch mit Werkzeugen und themenbezogenen Informationen zu versorgen, um Paare voller Selbstbewusstsein durch ihre Ehe-Reise hindurch zu coachen und Eure Effektivität als Ehementor zu fördern.

Verschiedene Programme, wie beispielsweise PREPARE/ENRICH® (Life Innovations), stehen für die Beziehungsarbeit zur Verfügung. Diese bieten ausgezeichnete und valide Auswertungsmethoden und Werkzeuge zum Entwickeln von Fähigkeiten an, von denen Paare in jedem Stadium profitieren können: Befreundet, verlobt, frisch verheiratet, außerehelich zusammenlebend, wieder verheiratet oder kurz vor der Scheidung.

Die Lösung für Ehen hat zum Ziel, bestehende Ehe- oder Beziehungsprogramme zu ergänzen, indem es die Lücke zwischen dem reinen Bericht einer Beziehungsanalyse und dem notwendigen Fachwissen eines Mentors schließt. So geht dieses Buch einen Schritt weiter und bietet eine vollständige Grundlage für das Ehe-Mentoring. Lest die von Euch ausgewählten Bereiche, die Ihr mit Eurem Paar behandeln möchtet; verwendet dieses Buch, um Euch auf Eure Mentoring-Einheit vorzubereiten, und habt *SPASS*!

Auch wenn Ihr sensible Themen behandelt, kann Ehe-Mentoring aufregend und praktisch sein und sogar Spaß machen. *Die Lösung für Ehen* wird Euch fortwährend dabei unterstützen, diese Ziele zu erreichen. Ihr werdet überrascht sein, wie erfüllend das Ehe-Mentoring sein kann und wie sehr Eure eigene Beziehung bereichert wird, wenn Ihr anderen dient.

Für viele Gemeinden hat das Anbieten von Ehe-Mentoring für Verlobte, Verheiratete, die sich nach Bereicherung sehnen, und sogar für die, die bereit sind aufzugeben, tiefgreifende, positive Folgen. Auch Ihr könnt mit jeder Mentoring-Einheit, mit jedem Paar und jeder Gemeinde, einen tiefgreifenden Unterschied machen.

Danke für Eure Bereitschaft, Eure Leidenschaft für gesunde Ehen mit anderen zu teilen. Herzlich Willkommen in der Welt des Ehe-Mentorings!

Jeff Murphy   Chuck Dettman

PS: Dieser Ratgeber ist aus der Sicht christlicher Autoren geschrieben. Die zeitlosen Werte und Prinzipien, die dieses Buch beinhaltet, können von christlichem und von nicht-christlichem Publikum angewendet werden.

Danksagungen

Wir sind denjenigen zutiefst zu Dank verpflichtet, die uns während unserer addierten 50-jährigen Ehearbeit und während unseres 20-jährigen Ehe-Mentorings geholfen haben.

Erstens unseren Ehefrauen, die seit 42 Jahren (Mae Dettman) und seit 33 Jahren (Glynis Murphy) an unserer Seite stehen und ihr Wissen während der Buchentstehung einfließen ließen. Durch Eure Geduld, Liebe, weisen Rat und biblisches Vorbild habt Ihr uns inspiriert und es uns ermöglicht, die Männer und Ehemänner zu sein, die wir heute sind.

Zweitens danken wir den Pastoren, unter deren Leiterschaft wir lernen und dienen durften. Ihr habt Möglichkeiten für uns geschaffen, um Mentoren für Paare zu sein und Ehearbeit in Euren Kirchen leiten zu dürfen. Ihr habt uns durch Eure Rückmeldungen bestätigt, ermutigt und damit in unsere Entwicklung als Mentoren und Leiter investiert.

Drittens danken wir Rainer und Kerstin Knaack für Ihr unermüdliches Engagement, Ihren Pioniergeist, Ihre Leiterschaft und Ihre Leidenschaft für dieses Buchprojekt, um die Übersetzung und Veröffentlichung zu ermöglichen.

Die Vision der beiden ist, Ehen, Familien und künftige Generationen im deutschsprachigen Raum, in Europa und weltweit durch gezielte Bildung nachhaltig zu stärken und zu beeinflussen. Mehr zu Ihrer Vision und Mission ist unter www.RelateWorks.de (deutschsprachig) bzw. www.RelateWorks.com (englischsprachig) zu finden.

Viertens bedanken wir uns speziell bei unserem Verlag „Today's Promise", bei unseren medizinischen Ratgebern Dr. Celeste Li und Dr. John Li, bei unserem technischen Ratgeber Steven Murphy, bei Rebekka Herz für die Übersetzung ins Deutsche, bei Beate Tumat für das Übersetzungslektorat, bei unserem Setzer Ralf Siegel und bei unserer Fotografin Rachel Hirsch.

Abschließend danken wir Rainer und Kerstin Knaack für das Foto auf der Buchvorderseite, Pastoren John und Helen Burns für das Foto auf der Buchrückseite und denjenigen, die das Buch empfehlen und zur Probe gelesen, sowie unseren Freunden und

Familien, die uns treu mit Vorschlägen und Ermutigung unterstützt haben.

Ihr seid alle außergewöhnliche Partner, die unsere Vision für dieses Buch Wirklichkeit werden ließen.

Mögen Ehen für die nächsten Generationen gesegnet werden – als Ergebnis Eures Einflusses auf unsere Leben.

    Jeff Murphy   Chuck Dettman

Vorwort zur deutschen Ausgabe

Gefühlt hatten wir jegliche Perspektive verloren, als wir im März 2011 unsere Tochter im 9. Schwangerschaftsmonat tot zur Welt bringen mussten. Daraufhin setzten wir das biblische Prinzip von Habakuk 2,2 in die Tat um und jeder von uns brachte einzeln zu Papier, welche Vision uns als Familie gemäß Sprüche 29,18 auf dem Herzen liegt. Unabhängig voneinander stellte sich heraus, dass dies gesunde und stabile Ehen, Familien, Beziehungen und nachfolgende Generationen mit Perspektive sind.

Basierend auf Matthäus 10,8-14 und Markus 10,29-30 wurde dann unsere seit 2008 gewachsene Leidenschaft zur Berufung: Für eine einjährige Rüstzeit an der Seite unserer großen Vorbilder im Ausland lösten wir uns von unseren Vollzeitanstellungen in namhaften Großkonzernen, von unseren Autos und unserer Wohnung. Ein Abenteuer, dessen Ausmaße wir noch immer nicht absehen können!

Seitdem wächst mit der neugegründeten Ministry *RelateWorks* eine deutschland- und europaweite Bewegung, in der wir und verschiedene Freiwillige mitarbeiten. Ziel ist die Aus- und Fortbildung von leidenschaftlichen Ehepaaren zu Ehementoren – in lokalen Kirchen, Organisationen und Firmen.

Wir haben uns entschieden, in dieser Ausgabe alle persönlichen Anreden in die „Du"-Form zu setzen. Es ist uns wichtig, dass Ihr Euch direkt angesprochen fühlt. Viele der Fragen an die Mentees sind ebenfalls in der persönlichen Anrede geschrieben, so könnt Ihr diese direkt übernehmen. Natürlich seid auch Ihr als Mentoren gefragt, Euch den Herausforderungen der einzelnen Kapitel immer wieder aufs Neue zu stellen. So gut eine Ehe auch sein mag, sie kann immer noch besser werden!

Prüft Euer Herz, wo Ihr zunächst selbst angesprochen seid und welche Fragen und Anregungen Ihr wie an Eure Mentees weitergeben wollt. Im Rahmen der Vorbereitung vor jedem Treffen empfiehlt es sich, mögliche Fragen, Aufgaben und dazu passende Bibelstellen aufzuschreiben.

Wenn Ihr dieses Buch für Eure eigene Ehe lest und noch keine Ehementoren seid, empfehlen wir Euch, mit Kapitel 4 anzufangen.

Jegliche Fußnoten, die Ihr im gesamten Buch findet, sind im Literaturverzeichnis ab Seite 391 erklärt.

Wir sind davon überzeugt, dass diese Art von Mentoring einer der kraftvollsten und nachhaltigsten Gelegenheiten ist, um unsere Gesellschaft und die nachfolgenden Generationen positiv zu beeinflussen.

Mit dieser Erkenntnis wünschen wir Euch eine spannende Reise mit den Euch anvertrauten Mentee-Paaren, und viel Freude und Erfüllung beim Verändern Eures persönlichen Umfeldes.

Ermutigende Grüße schicken Euch

Rainer & Kerstin Knaack

TEIL 1
Einführung in das Mentoring

KAPITEL 1

Die Kunst des Ehe-Mentorings

Einführung
Schon seit jeher ist das Mentoring die bevorzugte Methode zur Wissensübertragung von der einen an die darauffolgende Generation gewesen. Die Bibel beinhaltet mit Jesus und seinen Jüngern (Matthäus 4,19), Paulus und Barnabas (Apostelgeschichte 13,1-15,35), Naomi und Rut (Rut 1:11-18), Eli und Samuel (1. Samuel 3,1) und den Anleitungen, die in Titus 2,2-8 gegeben werden, zahlreiche Beispiele des Mentorings.

Heutzutage wachsen immer mehr Menschen in zerbrochenen Familien und in einer Kultur, die die Ehe immer weniger schätzt, auf. Folglich brauchen Paare bereits in der Ehevorbereitung Ehementoren, die ihnen ein Vorbild für eine starke und dauerhafte Ehe sein und ihnen die Fähigkeiten zur erfolgreichen Beziehungsführung beibringen können. Ihr könntet eine entscheidende Rolle einnehmen, um die Realität für Paare in Eurem Umfeld zu verändern!

Das Ziel des Ehe-Mentorings ist, dass ein reifes und glücklich verheiratetes Paar ganz bewusst in die Vorbereitung, Bereicherung und/oder Wiederherstellung der Beziehung eines anderen Paares investiert. Durch das liebevolle, mitfühlende und ehrliche Begleiten dieser Paare tragen Ehementoren dazu bei, die Anzahl der Scheidungen und der zerbrochenen Familien zu reduzieren.

Potenzielle Ehementoren sind sich ihrer Fähigkeit, einen relevanten Einfluss im Leben anderer Paare zu haben, oft nicht bewusst. Das kann auch der Fall sein, wenn sie nur wenig Zeit in Paare, die sich mit dem Thema Ehe auseinandersetzen, investieren. Die Ehementoren könnten auch denken, ihre eigene Ehe sei nicht „perfekt genug", könnten Zweifel aufgrund mangelnden Wissens und mangelnder Erfahrung haben oder sich ungeeignet fühlen, andere anzuweisen. Oftmals sind diese Bedenken unzutreffend.

Die folgenden Fragen werden häufig von potenziellen Ehementoren gestellt. Sie werden Euch dabei helfen herauszufinden, ob es zu diesem Zeitpunkt die richtige Entscheidung für Euch ist, Ehementoren zu werden.

Von künftigen Ehementoren häufig gestellte Fragen

1) *Was zeichnet erfolgreiche Ehementoren aus?*
   Zu den gängigen Eigenschaften erfolgreicher christlicher Ehementoren gehört, dass sie:
   - in ihrer Ehe erfahren und erfüllt sind,
   - motiviert sind, anderen zu helfen und einen Unterschied in deren Leben zu machen,
   - mit den biblischen Prinzipien der Ehe vertraut sind und diese schon seit längerem mit voller Überzeugung in ihrer eigenen Ehe umsetzen (z. B. Epheser 5,22-33),
   - mit ihren Gefühlen und Beziehungen offen und reflektiert umgehen – d.h. in der Lage sind, tieferen Einblick in ihre eigene Lebens- und Ehegeschichte zu geben,
   - Unterschiede akzeptieren und mit diesen flexibel und respektvoll umgehen können (Sichtweisen, Werte, Hintergründe, usw.),
   - aktive Zuhörer mit starken Kommunikationsfähigkeiten sind und Sinn für Humor haben,
   - zeitlich gewillt und in der Lage sind, sich mehrmals mit ihren Mentees zu treffen.

   Ehementoren müssen sich auch ihrer Grenzen bewusst sein und dürfen nicht versuchen, psychologische Probleme, bei denen es ihnen an Erfahrung und Fachwissen mangelt, zu diagnostizieren und zu behandeln. Einzelpersonen oder Paare, die unter Süchten, Treuelosigkeit, klinischer Depression, psychologischen Störungen, unkontrollierbarer Wut oder Missbrauch leiden, sollten an einen anerkannten christlichen Therapeuten oder Seelsorger überwiesen werden, der auf diesen Gebieten spezialisiert ist.

2) *Welche Materialien sollten Ehementoren verwenden?*
   Es gibt drei Hauptvoraussetzungen für erfolgreiches Mentoring:

- Eure Lebenserfahrung als Einzelperson und als Paar.
- Eine Auswertungsmethode für Paare, die von Organisationen wie beispielsweise Life Innovations (Erfinder der PREPARE/ **ENRICH**®-Auswertungsmethode) oder ähnlichen Organisationen angeboten wird. Eine bewährte und valide Auswertungsmethode liefert Euch einen detaillierten Bericht über die Beziehungsfähigkeiten des Paares und ist ein Leitfaden zur Erarbeitung Eures Mentoring-Planes.
- Dieses Buch bietet Euch eine Bandbreite an Informationen und hilft beim Ansprechen der in der Auswertung hervorgehobenen sowie beim Ansprechen der eventuell im Verlauf der Paararbeit auftretenden Themenbereiche.

> *Einige der Organisationen, die Bewertungsprogramme für Paare anbieten, erfordern, dass man zur Nutzung ihrer Bewertungsprogramme ausgebildet und zertifiziert wird.*

3) *Was sind die Ziele des Ehe-Mentorings?*
   Einige der Ziele des Ehe-Mentorings sind, …
   - dass Paare die Herausforderungen, denen sich alle Paare stellen müssen, verstehen und ermutigt werden, diese zu bewältigen,
   - dass die Beziehung des Paares gestärkt wird und ihm auf dem Weg zu einer erfolgreicheren Ehe geholfen wird,
   - dass den Partnern entscheidende Fähigkeiten für die Eheführung, wie zum Beispiel Kommunikation, Konfliktbewältigung und das Haushalten ihrer Finanzen, beigebracht werden,
   - dass ggf. die unnötige Nervosität des Paares vor der späteren Heirat reduziert wird.

4) *Was sind die Verantwortungsbereiche der Ehementoren?*

   Die Verantwortung der Ehementoren ist es:
   - sich dazu zu verpflichten, die notwendige Zeit und Energie aufzubringen, die für fundiertes Mentoring

benötigt wird (normalerweise 6-8 Treffen von jeweils 1½-2 Stunden Dauer),
- sich auf jede Einheit vorzubereiten und den Ablauf des Treffens an die Bedürfnisse des Paares anzupassen,
- eine positive Lernumgebung mit einem ansprechenden Dialog zu bieten (*kein* Monolog oder Vortrag),
- freundliche, positive, transparente und zugängliche Vorbilder zu sein,
- den Mentees zu helfen, Gottes Absicht und Vision für ihre Ehe zu erkennen,
- das Paar mit Materialien zu versorgen, die der Vorbereitung und Durchführung einer glücklichen und nachhaltigen Ehe dienen,
- gleichzeitig Studenten und Macher zu sein, indem sie sich selbst auf den neusten Stand der Ehematerialien bringen und ihre Lehre in ihrer eigenen Ehe anwenden,
- ggf. das entgegengebrachte Vertrauen mit der Verantwortung gegenüber der Gemeindeleitung und/oder der Person, die die Hochzeitszeremonie durchführt, in Einklang zu bringen.

5) *Ist Ehe-Mentoring eine kurz- oder langzeitige Verpflichtung?*
- Als Ehementoren-Paar bestimmt Ihr den Zeitrahmen des Mentorings. Verpflichtet Euch für mindestens 6-8 Treffen pro Paar, um sie mit den grundlegenden Fähigkeiten vertraut zu machen.
- Eventuell werdet Ihr Euch mit manchen Paaren nach der Hochzeit gelegentlich als „Ehementoren-Freunde" treffen wollen, auf andere Eurer Paare wird dies nicht zutreffen.
- Solltet Ihr mit grenzwertigen Problemen konfrontiert werden, die Ihr nicht ansprechen möchtet oder könnt, ist das Verweisen an einen anerkannten, christlichen Seelsorger völlig in Ordnung.

6) *Meine Ehe ist nicht perfekt. Können wir dennoch Ehementoren sein?*
- Tatsächlich ist die Erkenntnis, dass die eigene Ehe nicht „perfekt" ist, ein sehr guter Ausgangspunkt für alle Ehementoren. Niemand führt eine „vollkommene Ehe" und es ist wichtig, ehrlich damit umzugehen. Eure Bereitschaft zur Offenheit mit Euren Mentees ist eine der

wichtigsten Eigenschaften, um erfolgreiche Mentoren zu sein.
- Großartige Ehementoren haben ihren Ursprung oftmals in Ehen, die durch schwierige Zeiten gehen mussten, sich davon erholt haben und jetzt in Blüte stehen.
- Nutzt dieses Buch zur Verbesserung Eurer eigenen Ehe und nehmt bei Bedarf christliche Seelsorge in Anspruch. Sobald Ihr beide Euch bereit fühlt, beginnt mit dem Mentoring anderer Paare.
- Eure Ehe sollte stabil und gesund sein. Dadurch werdet Ihr Eure Mentees beim Lernen anhand Eurer Eheerfolge und -misserfolge unterstützen können. Ehrliches und aufrichtiges Mentoring erfordert, das Gelehrte auch in Eurer eigenen Ehe umzusetzen. Seid Euch auch darüber bewusst, dass Ihr während dem Dienen als Ehementoren geistlichen Angriffen ausgesetzt sein werdet. Seid stark und wachsam.

7) *Welches sind die empfohlenen Mindest-Qualifikationen, um ein Mentor zu sein?*

- Ehementoren-Paare sollten mindestens zehn Jahre verheiratet sein, um Ehementoren für unverheiratete Paare, und 15 Jahre, um Mentoren für verheiratete Paare zu sein.
- In manchen Fällen können auch Ehementoren, die noch nicht so lange verheiratet sind, ausgebildet und zum Mentoring befähigt werden. Ihr solltet mindestens 3-5 Jahre mehr Lebens- und Eheerfahrung als das Mentee-Paar haben.
- Wir empfehlen dringendst, wann immer die Möglichkeit besteht, das Mentoring zusammen als Team von Ehemann und Ehefrau durchzuführen. Dies bietet den Mentees ein optimales Vorbild für eine erfolgreiche Ehe, ein angenehmes Umfeld für den männlichen bzw. weiblichen Mentee und gibt Euch die Möglichkeit, notwendige Einzelgespräche zu führen.

8) *Derzeit führt unser Pastor alle Ehevorbereitungen und Eheberatungen durch. Sollte unsere Kirchengemeinde ein Ehe-Mentoring-Programm mit Laien einführen?*

Einige ausgewählte Vorteile eines Ehe-Mentoring-Programmes mit Laien sind:
- Paare sind mit Laien oft ehrlicher und offener als mit ihrem Pastor.
- Die Paare können mehr Zeit während der einzelnen Treffen miteinander verbringen, als ein Pastor üblicherweise in seinem Terminplan unterbringen kann.
- Eine größere Anzahl an Ehementoren-Paaren hat eine größere Vielfalt an verschiedenen Lebenserfahrungen anzubieten (Wiederverheiratung, Adoption, Süchte, usw.).
- Das Paar profitiert von der männlichen und der weiblichen Perspektive auf Herausforderungen in der Ehe.
- Die Wahrscheinlichkeit, eine andauernde Beziehung mit dem Paar aufzubauen, ist größer.
- Die Ehementoren-Paare werden in ihren eigenen Ehen gesegnet und herausgefordert.
- Die Pastoren können „zur Ausrüstung der Heiligen für das Werk des Dienstes" (Epheser 4,12 – Elberfelder Bibel) und für andere ihrer Verantwortungsbereiche freigesetzt werden.
- Die meisten Pastoren verwenden gerne verschiedene Materialien zur Behandlung von Ehebedürfnissen.

9) *Bewirkt Ehe-Mentoring wirklich einen Unterschied in der Ehe eines anderen Paares?*

- Allerdings! Fast jedes Paar, das wir während der vergangenen zehn Jahre als Mentoren begleitet haben, hat uns berichtet, dass sie besser auf die Herausforderungen in der Ehe vorbereitet waren bzw. ihnen besser begegnen konnten.
- Ungefähr 90% der Paare, die Teil einer Studie von Life Innovations AG waren, haben eine Verbesserung festgestellt. Andere Paare wurden sich den Problemen, denen sie sich stellen mussten, mehr bewusst und manche (normalerweise 10-15% der Paare in Beziehung) lösten ihre Verlobung auf.
- Gut etablierte Mentoring-Programme, wie beispielsweise das der Kirche „South Hills Church of Christ" in Abilene, Texas, haben über 300 Paare durch Ehementoren begleitet

und über zehn Jahre hinweg eine Scheidungsrate von nur 2% festgestellt.²
- Als weiterer Vorteil für Ehementoren hat sich durchweg gezeigt, dass regelmäßiges Mentoring dabei hilft, die eigene Ehe frisch und lebendig zu halten.³

Tipps für das Ehementoren-Paar
Bevor Ihr mit dem Mentoring beginnt, lest dieses Buch mit Eurem Ehepartner und feilt and verbesserungswürdigen Bereichen Eurer Beziehung. Dies wird Euch als starkes Fundament für das Mentoring mit anderen Paaren dienen. Während den Vorbereitungen für die einzelnen Mentoring-Einheiten könnt Ihr in den zutreffenden Kapiteln dieses Buches nachschlagen und Euch im Laufe des Mentoring darauf beziehen.

Es ist nicht notwendig, jedes der in diesem Buch oder in dem Auswertungsbericht des Paares enthaltenen Themen zu behandeln. Wählt die wichtigsten fünf oder sechs verbesserungswürdigen Bereiche aus und konzentriert Euch auf diese.

1) *Versucht, von Anfang an Vertrauen und eine Beziehung mit den Mentees aufzubauen.* Dies ist der erste Schritt für den Start in eine effektive Mentoring-Erfahrung. Die Paare merken, ob Ihr Euch wirklich um sie kümmert. Nehmt Euch in dieser Phase besonders viel Zeit und jede Gelegenheiten zum Beziehungsaufbau wahr. Dies bildet die Basis für Vertrauen sowie offene und ehrliche Gespräche. Sollte eine der beiden Seiten Bedenken haben, wird wahres Mentoring nicht stattfinden können. In diesem Fall ist es besser, das Paar einem anderen Ehementoren-Paar oder einem Seelsorger zuzuweisen.

2) *Sprecht über Diskretion und mögliche Grenzen.* Erfahrungsgemäß werdet Ihr vollständige Diskretion einhalten können. Wir empfehlen Euch aber, das Paar über die Möglichkeit zu informieren, dass Ihr dem Pastor oder der Person, die die Trauung durchführen wird bzw. für den Bereich der Eheseelsorge verantwortlich ist, eventuelle Bedenken mitteilen werdet. Versprecht dem Paar, dass Ihr jegliche schwerwiegende Bedenken *zuerst* mit ihnen besprechen würdet und dass Ihr sie über ein weiterführendes Gespräch informieren würdet.

Erinnert Euch daran, dass vollkommene Diskretion *kein* biblisches Prinzip ist, wenn es um schwerwiegende Sünden oder Bedenken hinsichtlich der Eheplanung geht. In Fällen, in denen beispielsweise Missbrauch oder Suchtverhalten vorliegen, sollte der Pastor oder der Leiter des Ehebereiches darauf aufmerksam gemacht werden.

3) *Sprecht beim ersten Treffen darüber, wie viel Interesse und Engagement das Paar in den Mentoring-Prozess einbringt.* Wir nutzen die Verpflichtungsbereitschaft des Paares als Indikator für unser eigenes Engagement. Ansonsten ist die Wahrscheinlichkeit der Verausgabung sehr hoch. Teilt Euch die gegenseitigen Erwartungen mit und sprecht darüber im Voraus. Es ist ein grundsätzliches Prinzip, nicht intensiver als das Paar im Rahmen des Mentoring-Prozesses zu arbeiten und zu investieren.

4) *Fragt das Paar nach Eurem ersten Mentoring-Treffen, was aus welchem Grund funktioniert hat und was nicht.* Fragt sie, was sie gelernt haben und was sie in den zukünftigen Treffen gern verändern würden.

5) *Hört auf das, was Eure Mentees sagen und auch auf das, was sie nicht sagen.* Beachtet dabei ihre Körpersprache. Gute Ehementoren verstehen die Feinheiten der nonverbalen Kommunikation. Mangelnder Augenkontakt, Nervosität oder ein Rollen mit den Augen können darauf hinweisen, dass sich in diesem Moment etwas Bedeutsames ereignet.

6) *Versucht nicht, ihre Probleme für sie zu lösen oder ihnen alle Antworten zu geben.* Dies liegt in der Verantwortung des Paares und im Wirken des Heiligen Geistes. Eure Rolle besteht darin, sie in die richtige Richtung zu führen, indem Ihr biblische Wahrheiten und die harten Lektionen, die Ihr in Eurer Ehe gelernt habt, weitergebt, und indem Ihr gute Ehe-Eigenschaften vorlebt und sie auf ihrem weiteren Weg ermutigt.

7) *Falls Ihr die Antwort auf eine Frage nicht wisst, nehmt Euch Zeit, die Antwort herauszufinden.* Sollte eine Situation oder Frage aufkommen, auf die Ihr keine gute Antwort wisst, dann erfindet auch keine. Nehmt Euch Zeit, das Problem zu ergründen oder sucht Hilfe von Jemandem, der mehr Erfahrung oder Kenntnis hat, bevor Ihr Eurem Paar antwortet.

8) *Seid Menschen, die dazulernen.* Alle guten Ehementoren investieren kontinuierlich in ihre eigene Bildung und Entwicklung. Macht es Euch zur Gewohnheit, an Seminaren teilzunehmen, Euch mit anderen Ehementoren auszutauschen und gute Bücher zu lesen. Beachtet die Buchempfehlungen jeweils am Kapitelende.
9) *Habt realistische Erwartungen.* Hilfsbedürftige Bereiche einer Beziehung sind nicht von heute auf morgen entstanden und es wird Zeit in Anspruch nehmen, diese anzusprechen und zu verbessern. Es dauert oft länger, Fortschritte bei verheirateten als bei verlobten Paaren zu erkennen.
10) *Solltet Ihr Schwierigkeiten in Eurer eigenen Ehe haben, dann arbeitet zuerst anhand dieses Buches an Eurer Ehe, bevor Ihr offiziell startet, andere Paare als Ehementoren zu begleiten.* Sichtbare Symptome können fehlende Einigkeit, häufige Zankereien und Missverständnisse, ungelöste Probleme in den Bereichen Missbrauch, Lust oder Pornographie, Drogen oder Alkohol, ungesundes Arbeitspensum, Familienkonflikt oder andere Bereiche stetiger Sünde sein.

Kontinuierliche Verbesserung Eurer Fähigkeiten als Ehe-Mentoren

Es wird Zeit in Anspruch nehmen, die Fähigkeit des Ehe-Mentorings zu beherrschen, da Ihr verschiedene Herangehensweisen ausprobieren und einen Fundus an Wissen aufbauen werdet. Unsere Empfehlung ist, Eure Mentoring-Fähigkeiten mit je einem weiteren Schwerpunkt auszubauen (z.B. Kommunikation, Finanzen etc.), wenn Ihr Euch auf das Mentoring mit einem neuen Paar vorbereitet. So dient jedes Paar, das Ihr als Ehementoren begleitet, der Verfeinerung Eurer Fähigkeiten und dem Ausbau Eurer Wissensgrundlage. Dies geschieht automatisch sobald Ihr Euch mit einem weiteren Kapitel von *Die Lösung für Ehen* auseinandersetzt.

Tipps für den Leiter des Ehe-Mentoring-Programmes

1) *Plane Zeit ein, um in die Entwicklung Deiner Ehementoren zu investieren.* Dieses Buch bietet eine sehr gute Start-Grundlage.
2) *Sei Paaren mit einer stabilen Ehe behilflich, sich für die Anwendung eines Paarauswertungsprogrammes zertifizieren zu lassen.* Abhängig von der Anzahl der potenziellen Mentee-Paare

in Deiner Kirchengemeinde, unterstütze mehrere Paare mit stabilen Ehen bei der Zertifizierung für die Anwendung valider Auswertungsmethoden, wie z.B. PREPARE/**ENRICH**® (Life Innovations). Für ein durchschnittliches Jahr kannst Du ein ausgebildetes und zertifiziertes Mentoren-Paar für das Mentoring von 2-4 Mentee-Paaren in der Ehevorbereitung und Ehebegleitung einplanen.

3) *Falls Du ein Ehe-Mentoring-Programm administrativ betreuen solltest, dann kombiniere die folgenden Eigenschaften der Ehementoren und Mentees, um maximale Effektivität und größten Erfolg zu erzielen:*
  - Die Bedürfnisse des Mentees mit der Erfahrung des Ehementoren-Paares.
  - Die Hintergründe (geistlich, sozio-kulturell).
  - Die Lebenserfahrungen (Scheidung, Patchwork-Familie) und die Entwicklungsbedürfnisse des zu begleitenden Paares.
  - Der Paar-Typ (basierend auf der Auswertung) und das Fähigkeits- bzw. Erfahrungsniveau des Ehementoren-Paares.
  - Ggf. der Terminplan und die Verfügbarkeit des Ehementoren-Paares vor dem Hochzeitstag.

4) *Um Dein Programm zu verbessern, halte die Ergebnisse der Auswirkungen auf Paare vor und nach deren Hochzeit fest.* Der Eheexperte Mike McManus sagt, dass „Dein Gemeindeprogramm wirkungslos ist, „wenn sich weniger als 5% der Paare, mit denen Ihr arbeitet, gegen das Heiraten entscheiden". Denn „ein anspruchsvolles Ehevorbereitungsprogramm wird 10-20% der Paare zur Trennung veranlassen, von denen die meisten eine schlechte Ehe vermeiden, bevor sie eingegangen wird."[4]

Zusammengefasst entspricht christliches Ehe-Mentoring dem Ratgeber des Vertrauens für ein anderes Paar, der Gottes Wahrheit über die Ehe und das Leben auf eine ermutigende, ermahnende, tröstende und helfende Art weitergibt. Eure Worte sollten fest in der Bibel, dem lebendigen Glauben an Jesus Christus und einer eigenen liebevollen und fürsorglichen Ehebeziehung verwurzelt sein.

Buchempfehlungen in englischer Sprache

Olson, David H. L., and Olson, Amy K.. *Empowering Couples: Building on Your Strengths*. Minneapolis, MN: Life Innovations, 2000.

Stoop, David A., and Jan Stoop. *The Complete Marriage Book: Collected Wisdom from Leading Marriage Experts*. Grand Rapids, MI: F.H. Revell, 2002.

TEIL 2
Vorbereitungen zum Mentoring

KAPITEL 2

Das erste Treffen mit Euren Mentees

Einführung und Hintergrundinformationen
Im Folgenden findet Ihr eine Vorlage für die Themen, die normalerweise im ersten „Kennenlern"-Treffen mit Euren Mentees besprochen werden. Dieses Treffen bietet Euch die Möglichkeit, mehr übereinander zu erfahren und gemeinsame Interessen, Ansichten und Einstellungen zu entdecken. Von Erfolg kann man dann sprechen, wenn die Mentees anfangen, gern mit Euch über ihre Beziehung zu sprechen.

1) *Sprecht über Vertraulichkeit.*
   - Besprecht die „Einverständniserklärung für das Ehe-Mentoring" (am Ende dieses Kapitels) mit den Mentees.
   - Sprecht über Situationen, in denen Ihr dazu verpflichtet wärt, die Gemeindeleitung bezüglich schwerwiegender Bedenken zu informieren.
   - Sollte dies nötig werden, versichert dem Paar, dass Ihr alle Bedenken zuerst mit ihnen besprechen werdet, bevor Ihr sie zum Pastor oder Leiter des Ehedienstes weitergebt.

2) *Stellt Euch Euren Mentees vor*
   Tauscht Euch zu den folgenden Aspekten aus:
   - Eure Erfahrung und Reise als Christ.
   - Wie Ihr Euch kennen gelernt habt.
   - Wie lange Ihr zusammen wart, wann Ihr Euch verlobt und wann Ihr geheiratet habt.
   - Wie alt Ihr wart, als Ihr geheiratet habt.
   - Die Ehevorbereitung, an der Ihr vor Eurer Hochzeit teilgenommen habt, falls Ihr das hattet.
   - Den Zustand Eurer Ehe in den ersten Jahren, als Ihr Kinder bekommen habt, etc.
   - Die Auswirkung, die Jesus Christus auf Eure Ehe hatte und heute hat.

- Die Anzahl und das Alter Eurer Kinder.
- Eure Berufe.
- Andere Dinge, die für Eure Mentees relevant sein könnten (schaut Euch die Auswertung des Paarbewertungsprogrammes an, um andere Gemeinsamkeiten herauszufinden).

3) Fragen, die Ihr den Mentees stellen könnt
- Wie habt Ihr Euch kennen gelernt?
- Beschreibt Eure Familienverhältnisse.
- Wie sieht Euer geistlicher und Kirchenhintergrund aus (in der Vergangenheit und in der Gegenwart)?
- Welche sind Eure Berufswünsche/Berufe?
- Habt Ihr bereits an einem Ehevorbereitungsprogramm teilgenommen (offiziell oder inoffiziell)?
- Wie war Eure Erfahrung mit der Paarbewertung?
  - Hat es für neue Gesprächsthemen gesorgt? Falls ja, für welche?
  - Wurden irgendwelche Probleme, Bedenken oder Gesprächspunkte ans Licht gebracht/hervorgehoben?
  - Habt Ihr Euch schon vor unserem Treffen darüber unterhalten?
- Wie sieht eine „optimale Ehe" für Euch aus? Was ist Euch wichtig?
- Welche sind Eure größten Ängste bezüglich der Ehe? Mögliche Antworten oder Bedenken sind oft die Folgenden:
  - 43-50% aller Ehen enden mit einer Scheidung.
  - Ungefähr 50% aller intakten Ehen sind „unglücklich" und nur 50% sind „zufrieden".
  - Ein sehr viel kleinerer prozentualer Anteil ist „sehr zufrieden".
- Was möchtet Ihr uns gerne über Euer Leben, Eure vergangenen Beziehungen und Eure aktuelle Beziehung mitteilen, das für uns hilfreich sein könnte?

4) Erklärt, was Mentoring ist und was es nicht ist

- Beim Mentoring geht es darum, Erfahrungen offen weiterzugeben, biblische Wahrheiten hervorzuheben und die Mentees mit Tipps und Vorschlägen zum Nachdenken zu bringen.
- Mentoring ist nicht Seelsorge! Die Mentoren diagnostizieren oder behandeln keinerlei psychologischen oder emotionalen Störungen. Sie verwenden ihre Zeit dafür, sich auf den jetzigen Zustand der Beziehung und auf die Ziele in der Zukunft zu konzentrieren. Sie schauen nicht zu tief in die Vergangenheit eines Paares.

5) *Erklärt die Vorteile des Mentorings*
- Die Forschung hat gezeigt, dass sogar eine kurze Mentoring-Zeit (vier Treffen mit einer Gesamtanzahl von sechs Stunden) einen nachweisbaren, positiven Einfluss auf die Zufriedenheit in der Ehe haben kann.
- Manche Paare haben beim Ehe-Mentoring eine „Erfolgsrate" von über 90% an Ehen, die über einen Zeitrahmen von zehn Jahren intakt bleiben.[2]
- Wenn Ihr eine genügend große Anzahl von Paaren begleitet habt, könnt Ihr Eure eigenen Erfolge erwähnen.

6) *Sprecht über das Engagement des Paares beim Mentoring-Prozess*
- Wie interessiert und verfügbar sind sie? Sprecht darüber, wie sie das Beste aus ihrer Mentoring-Erfahrung machen können.
- Passt Euer Engagement für den Verlauf des Mentorings an ihr Engagement an.
- Besprecht ihre Erwartungen bezüglich der Offenheit in Euren Gesprächen.
- Gebt ihnen die Gelegenheit, Fragen oder Bedenken über den Verlauf des Mentorings zu äußern.

7) *Sonstige Gesprächsthemen*
- Wie lernen die Mentees am liebsten? Wie könnt Ihr Euer Vorgehen an sie anpassen?
    - Optisch (sehen, lesen)?
    - Auditiv (hören)?

- o Kinästhetisch (anwenden, üben)?
- Wie könnt Ihr am besten in Kontakt bleiben (per E-Mail, telefonisch)?

Er: _____   _____

Sie: _____   _____

- Ablauf der nächsten ein bis zwei Treffen.
- Informiert das Paar über die Kosten der Mentoring-Auswertung, das Mentoring selbst (falls Kosten anfallen) und alle weiteren Kosten (Bücher, Druckkosten usw.).

8) *Gesprächsthemen für verlobte Paare, die zum ersten Mal heiraten werden*
Informiert Eure Mentees darüber, dass Ihr ihnen den „ Fragebogen über die emotionale, geistliche, körperliche und soziale Verfassung" schicken werdet (im Anhang dieses Kapitels und auf der Materialienseite von www.DieLoesungFuerEhen.de. Bittet sie, diesen auszufüllen und vor dem nächsten Treffen zurückzugeben. Dieser wird Euch dabei helfen, besonders kritische Bereiche anzusprechen.

Falls Ihr plant, den Eltern der Mentees einen Brief, einen kurzen Fragebogen (siehe das Beispiel in Teil 8), oder die Bitte um Unterstützung im Gebet zuzuschicken, lasst Euch die entsprechenden Kontaktdaten der vier Elternteile geben (E-Mail-Adresse, Postadresse). Nach unserer Erfahrung ist dies sehr hilfreich für Eltern, die durch den Prozess des „Loslassens" gehen.
- E-Mail Adresse seines Vaters:
  _____
- E-Mail Adresse seiner Mutter:
  _____
- E-Mail Adresse ihres Vaters:
  _____
- E-Mail Adresse ihrer Mutter:
  _____

9) Sprecht ggf. über Eure Teilnahme an der Hochzeit und Geschenke

Informiert die Mentees in diesem oder in einem der ersten Treffen, wie Ihr Hochzeitseinladungen und Geschenke für die Paare, die Ihr begleitet, handhabt. Manche Mentoren kaufen für jedes ihrer Mentee-Paare ein bedeutungsvolles, einzigartiges Geschenk. Ihr solltet ansprechen, ob Ihr eingeladen werdet und wie Ihr üblicherweise mit Geschenken umgeht – das kann von Eurer finanziellen Situation abhängen. Es ist gut, diese Themen am Anfang zu besprechen, um Missverständnissen vorzubeugen, wenn es in Richtung Hochzeitstermin geht. Klärt, ob Ihr den Mentee-Paaren ein Hochzeitsgeschenk überreichen werdet.

Herzlichen Glückwunsch! Mit dem Umsetzen dieser neun Punkte habt Ihr Euer erstes Treffen mit Euren Mentees gemeistert!

Die Einverständniserklärung des Paares
Um sicherzustellen, dass das Paar das Ausmaß und die Grenzen Eurer Mentoring-Dienste versteht und Ihr vor gerichtlichen Klagen hinsichtlich Eurer Fähigkeiten und Vorgehensweisen geschützt seid, solltet Ihr das Einverständnis vor Beginn der Paararbeit einholen. Ein Beispiel für eine Einverständniserklärung könnt Ihr auf der nächsten Seite finden.

Fragebogen zur emotionalen, geistlichen, körperlichen und sozialen Verfassung
Dieser Fragebogen bietet den Mentoren zusätzliche Hintergrundinformationen, die bei der Entscheidung, ob Mentoring für dieses Paar (im Gegensatz zur Seelsorge) angebracht ist, helfen. Zudem können anhand der Antworten relevante Gesprächsthemen für Eure Mentoring-Treffen ersichtlich werden.

Beide Dateien stehen Euch auch im Bereich „Materialien" auf der Homepage www.DieLoesungFuerEhen.de zur Verfügung.

Einverständniserklärung des Paares für das Ehe-Mentoring
(Zu Beginn des ersten Treffens auszufüllen.)

Wir sind uns darüber bewusst, dass wir uns freiwillig für eine Beziehung mit einem Ehementoren-Paar entscheiden, um unsere Beziehungsfähigkeiten auszubauen, von den Erfahrungen und Erkenntnissen unserer Mentoren zu lernen und unsere Beziehung als Paar zu stärken.

Wir sind uns darüber im Klaren, dass unsere Mentoren keine professionellen, anerkannten Seelsorger oder Psychologen sind. Ihre Beiträge zum Verlauf des Mentorings basieren nicht auf einer beruflichen Ausbildung, sondern auf ihrer wertvollen Erfahrung als glücklich verheiratetes Paar. Ehefortbildung ist *Bildung* und keine Therapie. Dementsprechend beinhaltet das Mentoring keine Form von Diagnose oder „Behandlung". Die Mentoren geben keine bindenden Ratschläge in den Bereichen der Ehe, der Finanzen oder des Rechts. Als Mentees sind wir für alle aus den Mentoring-Treffen resultierenden Entscheidungen selbst verantwortlich.

Wir sind uns bewusst, dass die Ehe-Mentoren die Ergebnisse unserer Paar-Auswertung und alle sonstigen Informationen, die während des Verlaufs des Mentorings besprochen werden, vertraulich behandeln werden. Hiermit erlauben wir den Ehementoren, die Paar-Auswertungsergebnisse und andere Informationen, die wir in unseren Treffen preis gegeben haben, mit einem Geistlichen und/oder dem Leiter des Mentorings und mit anderen Personen zu teilen, falls unsere Mentoren die Notwendigkeit dafür sehen.

Wir wissen, dass wir den Mentoring-Prozess jederzeit abbrechen können oder die Zuweisung eines anderen Mentoren-Paares fordern können, falls wir mit dem Verlauf nicht zufrieden sein sollten.

Das erste Treffen mit Euren Mentees

Bitte unterschreibt unten und kennzeichnet, dass Ihr die obenstehenden Informationen gelesen und verstanden habt.

Unterschriften des Mentee-Paares:

Partner: _____ Datum: _____

Partnerin: _____ Datum: _____

Unterschriften des Mentoren-Paares:

Mentor Ehemann: _____ Datum: _____

Mentor Ehefrau: _____ Datum: _____

Fragebogen zur emotionalen, geistlichen, körperlichen und sozialen Verfassung
(vertraulich)

Jeder von Euch füllt bitte für sich die Informationsfelder auf einem eigenen Fragebogen aus. Beide Versionen findet Ihr im Buch und als Ressourcen auf www.DieLoesungFuerehen.de.
Gebt die beiden ausgefüllten Fragebögen vor dem nächsten Treffen an Eure Mentoren zurück.

Dieser Fragebogen ist für verheiratete und verlobte Paare konzipiert. Die erfassten Informationen werden nur zur Anpassung der zukünftigen Mentoring-Treffen genutzt und, wie bereits in der Einverständniserklärung für das Ehe-Mentoring erwähnt, nicht an Dritte weitergegeben werden.

A) Emotionale und psychische Verfassung
(Die Fragen in diesem Bereich können die Notwendigkeit für professionelle Unterstützung andeuten, sind jedoch nicht zur Diagnose, Prognose oder Bewertung der mentalen Gesundheit gedacht.)

1) Hast Du jemals unter Depression, Angstzuständen oder sonstigen psychischen Problemen gelitten?
   Ja ☐ Nein ☐ Falls ja, wann?
2) Werden oder wurden diese professionell behandelt?
   Ja ☐ Nein ☐ Nimmst Du entsprechende Medikamente?
   Ja ☐ Nein ☐
3) Leidest Du unter Phobien (z.B. überdurchschnittlich große Angst vor dem Dunkeln, Sterben, Verlust eines Elternteils usw.)?
   Falls ja, führe bitte weiter aus:
4) Hast Du Dich mit Deinem Partner/Deiner Partnerin ausführlich über Deine emotionale Gesundheit unterhalten?
   Ja ☐ Nein ☐
5) Ist einer von Euch körperlich, verbal oder sexuell missbraucht worden (einschließlich Vergewaltigung)?
   Ja ☐ Nein ☐
   Falls ja, wurde dies mit einem Seelsorger/Therapeuten besprochen? Ja ☐ Nein ☐
   Habt Ihr miteinander darüber gesprochen? Ja ☐ Nein ☐

6) Hattest Du selbst eine Abtreibung oder hattest Du bereits damit zu tun? Ja ☐ Nein ☐ Falls ja, hast Du darüber mit einem Seelsorger/Therapeuten gesprochen? Ja ☐ Nein ☐ Habt Ihr miteinander darüber gesprochen? Ja ☐ Nein ☐

B) Geistliche Entwicklung
Vervollständige die folgenden Aussagen bezüglich Deines geistlichen Lebens (ohne das Beisein Deines Partners/Deiner Partnerin).
1) Ist Jesus der Herr Deines Lebens? Ja ☐ Nein ☐ Unsicher ☐ Bitte beschreibe:
2) Hast Du eine persönliche und errettende Beziehung mit Jesus Christus? Bitte beschreibe diese:
3) Wann und aus welchen Gründen liest Du Deine Bibel?
4) Beschreibe Deine persönliche Hingabe für die Teilnahme am Gottesdienst? (Wie oft? Aus welchen Gründen?):
5) Beschreibe Dein Gebetsleben und Deine Stille Zeit (Wo? Wann? Warum?):
6) Meine Definition von Sünde ist…
7) Beschreibe Deinen Umgang mit Sünde:
8) Erläutere sämtliche Veränderungen oder Probleme, mit denen Du Dich bezüglich Deiner geistlichen Reise in letzter Zeit beschäftigst:
9) Was würdest Du gerne an Deinem geistlichen Leben verändern?
10) Hattest Du jemals etwas mit einer Sekte, dem Okkulten, Astrologie, Wahrsagern usw. zu tun? Ja ☐ Nein ☐ Falls ja, beschreibe bitte das Ausmaß Deiner Beteiligung (Zeitangaben, Dauer, Ausmaß usw.):

C) Körperliche Gesundheit und sexuelle Grenzen
1) Gibt es körperliche Gesundheitsprobleme, die Du noch nicht vollständig mit Deinem Partner/Deiner Partnerin besprochen hast?
2) Wurdest Du vor Kurzem von einem Gynäkologen (sie) oder Arzt (er) untersucht?
3) Habt Ihr Euch über Eure Vorstellungen bezüglich zukünftiger Kinder, der Familienplanung und der Verhütung

unterhalten? Ja ☐ Nein ☐
Mit einem Arzt? Ja ☐ Nein ☐
4) Am Anfang des Mentoring-Prozesses ist es wichtig, über Eure sexuellen Grenzen vor der Ehe nachzudenken. Viele Paare haben sich keine Zeit dafür genommen, diese Grenzen miteinander festzulegen.

Die folgende Übung wird Euch zur Festlegung Eurer sexuellen Grenzen herausfordern und sollte einzeln bearbeitet werden. So wirst Du erkennen können, wenn Du Dich der Grenze annäherst, die Du für Dich selbst und Deinen Partner/Deine Partnerin gesetzt hast.

Dies ist ein Beispiel für eine mögliche Steigerung der körperlichen Intimität innerhalb einer Beziehung:
  A. Händchen halten
  B. Den Arm um die Schulter/Hüfte legen
  C. Umarmen
  D. Küssen
  E. Mit der Zunge küssen
  F. Starker körperlicher Kontakt (angezogen)
  G. Das Liebkosen von Genitalien (angezogen oder nackt)
  H. Oralverkehr
  I. Geschlechtsverkehr
5) Habt Ihr als verlobtes Paar speziell über Eure körperlichen Grenzen und über den Aufbau einer auf Reinheit basierenden Grundlage und das Streben nach Heiligkeit in Eurer Beziehung gesprochen? Ja ☐ Nein ☐
6) Welche(r) Schritt(e) in der Steigerung, die in Punkt Nr. 4 aufgelistet wird, ist/sind für Dich tabu?
A ☐ B ☐ C ☐ D ☐ E ☐ F ☐ G ☐ H ☐
I ☐   Unsicher ☐   Keiner ☐
7) Schreibe Deine eigene Interpretation der körperlichen Grenzen und die Deines Partners/Deiner Partnerin auf.
8) Was genau tut Ihr, um diese Grenzen zu schützen? War das bis jetzt immer effektiv für Euch? Ja ☐ Nein ☐
9) Wie geht es Dir mit den Entscheidungen, die Du in diesem Bereich getroffen hast? Was hat Dich zu dieser Folgerung bewegt?

Das erste Treffen mit Euren Mentees

10) Hast Du jemanden, der Dich regelmäßig über die Aufrechterhaltung dieser Grenzen hinterfragt? Ja ☐ Nein ☐
11) Falls nicht, möchtest Du, dass einer von uns das für Dich als Dein Mentor tut? Ja ☐ Nein ☐ Unsicher/Unentschieden ☐

D) Soziale Verfassung
1) Gibt es mit Deinen Eltern oder Geschwistern zerbrochene Beziehungen? Ja ☐ Nein ☐ Falls ja, erläutere bitte:
2) Hast Du noch Kontakt oder emotionale Verbindungen zu Ex-Freunden/Freundinnen? Ja ☐ Nein ☐ Falls ja, beschreibe das Verhältnis bitte näher (Dates, Häufigkeit und Ausmaß):
3) Haben Deine Ex-Freunde/Freundinnen noch Kontakt oder emotionale Verbindungen zu Dir? Ja ☐ Nein ☐ Falls ja, beschreibe das Verhältnis bitte näher (Dates, Häufigkeit und Ausmaß):
4) Bestehen noch legale oder finanzielle Verbindungen aus früheren Beziehungen? Ja ☐ Nein ☐ Falls ja, beschreibe diese Verbindungen bitte (Dauer und Ausmaß):

TEIL 3
*Die Verwendung einer
Beziehungsauswertung*

KAPITEL 3

Mögliche Schwierigkeiten durch die bisherige Lebensgeschichte

Einführung
Nach Durchführung des Paar-Assessments (Analyse) wird von den Mentoren (oder dem Anbieter des Tests) ein Auswertungsbericht erstellt. Dieser bildet die Grundlage für die Bestimmung der Themen, die mit dem Mentee-Paar in den zukünftigen Treffen besprochen werden sollen. Die Auswertungsergebnisse legen kompakte Abgleiche zwischen den Lebenshintergründen der Einzelpersonen dar, die den Mentoren die ersten Hinweise für Bereiche, die sie näher betrachten sollten, geben können.

Die Inhalte dieses Buches passen sowohl sehr gut zum PREPARE/**ENRICH**®-Programm von Life Innovations, als auch zu ähnlichen Auswertungsprogrammen, falls in Eurem Land vorhanden.

In diesem Kapitel werden wir uns auf die üblichen Elemente konzentrieren, die in Paarauswertungen behandelt werden – ganz ähnlich dem Bereich über die Informationen zur bisherigen Lebensgeschichte des PREPARE/**ENRICH**®-Berichtes. Dieser Teil erscheint nur im Bericht des Mentoren-Paares und sollte nicht an das Mentee-Paar weitergegeben werden, da es erschreckend und/oder verwirrend sein könnte.

Solltet Ihr ohne professionelle Analyse arbeiten wollen, sind Eure Fähigkeiten gefragt, um herauszufinden, was das Paar an Schwierigkeiten und Herausforderungen mitbringt. Das kann spannend sein, wenn das Paar gut mitmacht und selbst lernt, problematische Bereiche zu identifizieren. Die Erfahrung zeigt, dass Ihr durch dieses Vorgehen ca. 2-3 Treffen zum fundierten Kennenlernen vermieden werden können. Durch die Paarauswertung ist gewährleistet, dass Ihr zeitnah und gezielt zu den wichtigen Themen vordringen könnt. Um den höchstmöglichen Qualitätsstandard gewährleisten zu können, empfehlen wir auch noch Jahren und Jahrzehnten die konsequente Einbindung einer solchen Auswertungsmethode.

Der finanzielle Anteil für z.B. PREPARE/**ENRICH**® liegt bei ca. € 25,-- pro Paar (Stand 2013).

Erarbeitet Eure eigene Lebensgeschichte und bindet diese mit ein
Sucht nach Bereichen, in denen Ähnlichkeiten mit Eurer eigenen Lebensgeschichte bestehen, und erwähnt kurz solche, die Euch helfen könnten, eine gute Beziehung zu dem Paar aufzubauen. Habt keine Angst davor, über Eure eigenen Fehler in der Ehe zu sprechen. Paare können mehr von Euren Fehlern lernen, als vom Hören einer aufpolierten Version davon, wie die ideale Ehe aussehen sollte.
Lebensgeschichte
Tipps zum Besprechen einer bisher schwierigen
Wenn Ihr die einzelnen Bereiche besprecht, solltet Ihr sowohl nach potenziellen Stärken, als auch nach besorgniserregenden Bereichen Ausschau halten. Beachtet auch die Zusammenhänge verschiedener Bereiche (z.B. idealistische Falscheinschätzung und Passivität).

Bereich[1]	Anhaltspunkte für eine mögliche Unterhaltung
Alter	Fragt nach der Beziehung zu ihren Eltern, sprecht noch einmal über die Probleme in der Ursprungsfamilie und überprüft die Bewertung hinsichtlich idealistischer Falscheinschätzungen, wenn einer der beiden sehr jung ist oder ein großer Altersunterschied vorliegt.
Nationalität	Sollte die Nationalität verschieden sein, schaut Euch noch einmal das Kapitel über den Umgang mit kulturellen Unterschieden an.
Bildungsabschluss	Liegen Unterschiede vor, solltet Ihr besprechen, was die weniger gebildete Person bereits tut oder tun kann, um intellektuell zu wachsen.
Religionszugehörigkeit	Falls diese verschieden ist, könnt Ihr Euch noch einmal die Kapitel über geistliche Überzeugungen und das

	Entwickeln geistlicher Intimität, sowie über gegenseitige Erwartungen, Kindererziehung und die Handhabung von Feiertagen anschauen.
Berufsbranche	Sprecht darüber, ob es Unterschiede in den Arbeitszeiten oder Schichten geben wird, wie der Arbeitsweg und die Jobsicherheit aussehen werden und wie sie planen, mit damit verbundenen Schwierigkeiten umzugehen.
Berufliche Position	Gibt es verschiedene arbeitsbedingte Stressformen oder Frustrationen? Sind Veränderungen zu erwarten?
Beschäftigungszustand	Sprecht über Stress, der von Arbeitslosigkeit ausgelöst wird, und über einen „Notfallplan".
Individuelles Jahreseinkommen	Wie werden die Finanzen verwaltet werden, wenn es große Unterschiede gibt? Werden sie irgendwann einmal von einem Einkommen abhängig sein/leben? Wie hoch sind ihre Schulden und wie hoch sind ihre Ausgaben?
Geburtsposition in der Familie	Die Geburtsreihenfolge kann Menschen auf verschiedene Art und Weise beeinflussen. Für weitere Informationen könnt Ihr Euch das Kapitel über die Herkunftsfamilie anschauen.
Kinderanzahl in der Herkunftsfamilie	Gibt es unterschiedliche Meinungen zur Wunschanzahl der Kinder und des Zeitpunktes?
Aktuelle Wohnsituation *	Besprecht die Notwendigkeit von Flexibilität und die Schwierigkeiten des Anpassens an das Leben als Ehepaar, falls einer der beiden Partner für mehrere Jahre alleine

	gelebt hat.
Wo lebst Du?	Hat dies einen Einfluss darauf, wo sie zukünftig wohnen werden? Sind sie sich einig?
Dauer der Beziehung?	Weniger als 6-12 Monate? Sollte das der Fall sein, gibt es einen Grund dafür, so schnell wie möglich zu heiraten? Wie viel Zeit haben sie in dieser Zeit gemeinsam/voneinander entfernt verbracht? Falls die Beziehung schon mehrere Jahre andauert, gibt es einen Grund für das Hinauszögern? Wie wurde das gelöst?
Dauer der Verlobung?	Weniger als 3-6 Monate? Gibt es einen Grund zur Eile, falls dies der Fall ist?
Verbleibende Monate bis zur Hochzeit?	Wird es genügend Zeit geben, um Wachstumsbereiche in Mentoring-Treffen anzusprechen?
Wie lange habt Ihr zusammen gewohnt?*	Besprecht die Informationen im Bereich der Zusatzmaterialien „Wie Beziehungen durch das Zusammenleben beeinflusst werden".
Meinung der Freunde zu Euren Hochzeitsplänen	Falls sie die Hochzeit nicht unterstützen, warum? Hat das Paar sich ernsthaft Gedanken darüber gemacht? Was für eine Rolle werden diese Freunde nach der Hochzeit in ihrem Leben spielen?
Meinung der Familie zu Euren Hochzeitsplänen	Falls sie die Heirat nicht unterstützen, warum? Hat das Paar sich ernsthaft Gedanken darüber gemacht? Haben die Eltern ein Problem mit dem „Loslassen"? Empfehlt, dass die Einzelperson dieses Thema direkt mit ihren Eltern bespricht (und nicht mit den zukünftigen Schwiegereltern).
Aktuelle Anzahl Eurer	Schaut Euch noch einmal die

Kinder (falls zutreffend)	Informationen in den Kapiteln über Patchwork-Familien/Stieffamilien und Wiederheirat an.
Wie viele Kinder möchtet Ihr haben?	Müssen sie sich auf einen Kompromiss einigen? Was wäre, falls eine Person ihre Meinung ändern würde? Was würden sie tun, falls sie nicht schwanger werden können? Besprecht Ansichten und Verhütungsmöglichkeiten. Schaut Euch auch den Bereich über Familienplanung und Verhütung in Kapitel 12 an. Sprecht ggf. darüber, wie das neue Elternteil mit den Kindern des Partners umgehen wird (Elternrollen, Disziplin, usw.).
Wann wollt Ihr Kinder haben?	Sprecht über Ansichten und Verhütungsmöglichkeiten. Müssen sie sich auf einen Kompromiss einigen?
Ist die Frau schwanger?	Falls ja, wie werden sie die fehlende „Flitterwochen"-Zeit in der Ehe nachholen? Falls Schuldgefühle vorhanden? Haben sie Gott von Herzen um Vergebung gebeten? Erfolgte die Annahme des Kindes?
Anzahl der Trennungen	Hat sich dieses Paar im Laufe der Beziehung getrennt? Besprecht dies (z.B. gelernte Lektionen, Gefühle, Vergebung usw.).
Anzahl vorheriger Ehen (falls zutreffend)?	Unterhaltet Euch über diese Fragen, bevor eine Wiederheirat ernsthaft in Betracht gezogen wird! Was ist die biblische Grundlage? Haben sie sich darüber Gedanken gemacht, dass eine zweite Ehe einem erhöhten Scheidungsrisiko unterliegt? Was werden sie tun, um in dieser Ehe mehr Initiative zu ergreifen? (Wie

	werden sie in dieser Ehe proaktiver sein?)
Familienstand der Eltern	Was für ein Vorbild hatten sie in ihrer Kindheit? Was wollen sie für ihre Ehe beibehalten oder ausschließen? Haben sie darüber nachgedacht, dass sie aufgrund der Scheidung der Eltern einem höheren Risiko ausgesetzt sind?
Aufgezogen von ...	Sprecht über die Qualität der elterlichen Ehe, deren Erziehungsstil und inwiefern sie ihren Eltern ähnlich sind oder nicht.

* Diese Frage taucht gemäß der aktuellen Wohnsituation in Eurem Bericht auf oder nicht.

Paarübungen

Diese Hintergrundinformationen sind nur als Hinweise für die Mentoren gedacht, deshalb gibt es diesbezüglich keine speziellen Paarübungen. Eure ersten Bedenken sollten von anderen Bereichen des Berichtes bestätigt werden, bevor Ihr festlegt, dass Ihr daran arbeiten wollt.

Buchempfehlungen in englischer Sprache

David H. Olson, Ph.D. Amy K. Olson-Sigg, *Empowering Couples: Building on Your Strengths*, Life Innovations, Inc. Minneapolis, Minnesota, 2000.

David H. Olson, Ph.D., Amy K. Olson-Sigg, Peter J. Larson, Ph.D., *The Couple Checkup* ™, Thomas Nelson, 2008.

KAPITEL 4

Stressmanagement und Stressbewältigung: Das persönliche Stressprofil

Einführung
Stresstests (Stressanalysen) bilden einen guten Ausgangspunkt für jeden, der versucht, Stress zu bekämpfen. Diese Tests bieten den Mentoren die Möglichkeit, die Umstände des Mentees ganz objektiv zu betrachten und herauszufinden, wie Stress ihr oder sein Leben beeinflusst.

Da Stress ganz unterschiedliche Auswirkungen auf den Einzelnen hat, gibt es kein Universalheilmittel gegen Stress. Das Reduzieren von Stressquellen, wo es möglich ist, und das Erlernen effektiver Methoden zum Umgang mit Stress können eine wichtige Rolle bei der (Stress-)Bewältigung spielen.

Was Experten über Stress sagen
Wir haben alle schon Erfahrungen mit Stress in unserem Leben gemacht, aber was genau ist Stress eigentlich, und woher kommt er? Stress-Experten bieten folgende Definition an:

> „…ein Zustand der Anspannung, der von Individuen beim Antreffen von außergewöhnlichen Anforderungen, Einschränkungen oder Gelegenheiten empfunden wird."[1]

Die Online-Enzyklopädie Wikipedia grenzt Stress so ab:
> „**Stress** (engl. ‚Druck, Anspannung'; lat. *stringere*: ‚anspannen') bezeichnet zum einen durch spezifische äußere Reize (Stressoren) hervorgerufene psychische und physische Reaktionen bei Lebewesen, die zur Bewältigung besonderer

Anforderungen befähigen, und zum anderen die dadurch entstehende körperliche und geistige Belastung."[2]

Stress ist das, was wir als Folge der *Stressfaktoren* unseres Lebens *erleben*. Stressfaktoren können Menschen, Ereignisse, unrealistische Erwartungen sowie unsere Umgebung, sie können real oder nur subjektiv empfunden sein.

Niemand kann einen Haufen *Stress* über Dir ausschütten, aber man kann Dich dazu veranlassen, Dich sehr gestresst zu fühlen, indem Dir viele *Stressfaktoren* in den Weg gelegt werden. Stress ist eine emotionale, kognitive und physiologische *Reaktion*, die gleichzeitig Auswirkungen auf Deine *Gefühle*, Deine *Gedanken* und Deinen *Körper* hat.

Diese Mentoring-Einheit ist dazu gedacht, den Mentees zu helfen:

1) Stressfaktoren für jede Person zu identifizieren und herauszufinden, wie oft sie von diesen beeinflusst werden.
2) Die Stressfaktoren in ihrem Leben zu verstehen.
3) Effektive Umgangsmethoden bei schwerwiegendem oder andauerndem Stress zu entwickeln.

Häufige Stressfaktoren
Häufige Stressfaktoren im Leben als Paar sind:

1) *Stressige Situationen und Lebensereignisse*
    - Hochzeitsplanung
    - Große Lebensveränderungen
    - Ferien und Urlaub
    - Trauerfälle
    - Chronische und akute Gesundheitsprobleme
2) *Familiärer Stress*
    - Erstmalig Eltern werden
    - Das Sorgen für einen älteren oder kranken Elternteil oder Verwandten
    - Aufdringliche oder konfliktreiche Probleme im Familienkreis
    - Das Ausziehen des letzten Kindes („leeres Nest")
3) *Beziehungsprobleme*
    - Versagen der Ehe
    - Häusliche Gewalt

Die Verwendung einer Beziehungsauswertung

- Untreue

4) Stress am Arbeitsplatz
- (Drohender) Verlust des Arbeitsplatzes
- Unrealistische Anforderungen

Erarbeitet Eure eigene Geschichte und bringt diese ein
Berichtet den Mentees von einer sehr stressigen Situation Eurer Ehe, wie Ihr konstruktiv damit umgegangen seid und wie Eure Beziehung davon profitiert hat.

Mentoren-Tipps für die Mentees zum Besprechen von Stress

Gesunde Möglichkeiten zum Umgang mit kontrollierbaren Stressfaktoren
1) Erkenne Möglichkeiten, wie Du eine unvorhergesehene Krise vermeiden kannst, indem Du Deine Vorausplanung verbesserst und proaktiver bist.
2) Lerne es, öfter „nein" zu sagen. Konzentriere Dich auf die Dinge, die Dir am wichtigsten sind und vergiss den Rest.
3) Falls möglich, begrenze die Zeit, die Du mit Menschen verbringst, die Dich belasten.
4) Nutze Deine bestimmten Kommunikationsfähigkeiten häufiger, suche auch nach Kompromissmöglichkeiten.
5) Stelle Dir die Frage: „Ist diese Situation wirklich so wichtig? Hat sie eine Auswirkung auf das, was in den nächsten fünf oder zehn Jahren sein wird? Oder auf die Ewigkeit?"
6) Kannst Du irgendetwas Positives in dieser Situation erkennen? Falls ja, konzentriere Dich mehr auf diesen Bereich des Problems.
7) Beginne einen Trainings- und Ernährungsplan und sorge für mehr Ruhe.

Möglichkeiten zum Umgang mit unveränderbaren Stressfaktoren
1) Sei Dir bewusst, dass Du nicht über alles die Kontrolle besitzen kannst und lass´ Dich aus diesem Grund nicht von Problemen dieser Art vereinnahmen. Lass´ los!
2) Sprich mit einem engen Freund über Deine Gefühle. Es kann wohltuend sein, alle Gefühle im Gespräch mit einer passenden Vertrauensperson rauszulassen.

3) Erinnere Dich an die guten Dinge, die Gott für Dich getan hat.
4) Beginne einen Trainings- und Ernährungsplan und sorge für mehr Ruhe.
5) Verwöhne Dich selbst mit etwas Besonderem (vielleicht einer kurzen Reise), um aus der Situation herauszukommen und Dich emotional zu sammeln.
6) Finde etwas, das Dir Spaß macht und tue das mindestens einmal am Tag. Freue Dich jeden Tag auf diese besondere Zeit.
7) Versuche, Deinen Sinn für Humor am Leben zu halten.
8) Entspanne Dich aktiv mit einer Methode, die Dir entspricht, falls Du den Stress nicht abstellen können solltest.

Sollte der Mentee weiterhin Schwierigkeiten in diesem Bereich haben, zieht es in Betracht, ihn oder sie an einen professionellen Seelsorger zu verweisen.

Paarübungen

Stressfaktoren sind Ereignisse, die eine emotionale und/oder körperliche Reaktion hervorrufen. Stress kann von positiven Quellen (einer Hochzeit, Beförderung am Arbeitsplatz, neues Baby) oder negativen Quellen (Verlust des Arbeitsplatzes, Autounfall, schwere Krankheit, Tod eines Familienmitglieds) verursacht werden. Wichtig ist es, in der Lage zu sein, richtig mit den vielfältigen Stressfaktoren im Leben umgehen zu können.

Stress kann oft durch das Setzen von Prioritäten bewältigt werden. Nutzt die untenstehende Liste, um wichtige Dinge zu identifizieren, die Euch beschäftigen.

1) Entscheidet für jeden Punkt auf Eurer Liste, welche Situationen verändert oder gelöst werden können und welche außerhalb Eurer Kontrolle liegen.
2) Macht die Punkte, die Ihr kontrollieren/beeinflussen könnt und an denen Ihr arbeiten möchtet, zur Priorität.
3) Sprecht darüber, wie Ihr besser mit den unveränderlichen Punkten oder denen, die außerhalb Eures Einflussbereiches liegen, umgehen könnt.

Die Verwendung einer Beziehungsauswertung

Lebenssituationen & Stress[3]

	Stressige Lebenssituationen	Veränderbar? (Ja/Nein)	Priorität	Wie mit dem Stressfaktor umgegangen werden soll	Wie mit den unveränderlichen Stressfaktoren umgegangen werden soll
Stressfaktoren hoher Intensität	Tod des Ehepartners				
	Scheidung				
	(Vorübergehender) Auszug eines Partners				
	Tod eines nahestehenden Familienmitgliedes				
	Persönliche Verletzung oder Krankheit				
	Hochzeit				
	Verlust des Arbeitsplatzes/Rente				
	Gravierende Probleme in der Ehe				
	Ergänzung durch ein neues Familienmitgliedes				
	Gesundheitsprobleme eines Familienmitgliedes				
	Anderes				
Stressfaktoren mittlerer	Schwangerschaft				
	Sexuelle Schwierigkeiten				
	Missbrauch von Drogen/Alkohol				
	Veränderung der Arbeitsschicht				
	Bedeutsame finanzielle Veränderung				
	Tod eines nahestehenden				

Freundes				
Berufswechsel				
Umziehen				
Geltendmachung einer Hypothekenforderung				
Veränderung der Verantwortungen im Arbeitsbereich				
Kind verlässt das Zuhause				
Konflikt mit den Schwiegereltern				
Schwierigkeiten mit der Kinderbetreuung				
Einer der Ehepartner möchte mit dem Arbeiten anfangen oder aufhören				
Weiterbildung (Rückkehr an die Universität)				
Anderes				

Die Verwendung einer Beziehungsauswertung

	Stressige Lebenssituationen	Veränderbar ?	Priorität	Wie mit dem Stressfaktor umgegangen werden soll	Wie mit den unveränderlichen Stressfaktoren umgegangen werden soll
Stressfaktoren niederer Intensität	Störung der Lebensbedingungen				
	Ärger mit dem Arbeitgeber				
	Veränderung der Arbeitszeiten				
	Kreditaufnahme für eine große Anschaffung				
	Übertritt an eine neue Schule				
	Wechseln der Kirchengemeinde				
	Schlafschwierigkeit(en)				
	Urlaubsplanung				
	Ferien und Urlaub				
	Kleinere Gesetzeswidrigkeiten				
	Anderes				

Gesprächsanregungen
1) Wie geht Ihr Situationen, die sich ändern lassen, normalerweise hinsichtlich der Stressbewältigung an? Wie sieht es mit Situationen außerhalb Eures Einflussbereiches aus?
2) Wie stressig ist Euer Alltag normalerweise – von den aktuellen Hochzeitsvorbereitungen abgesehen?
3) Welche Wege habt Ihr gefunden, einander bei der Stressbewältigung zu helfen? Was habt Ihr ausprobiert?

Biblische Bezugsquellen
Philipper 4,6-7: *„Macht Euch keine Sorgen! Ihr dürft Gott um alles bitten. Sagt Ihm, was Euch fehlt, und dankt Ihm! Und Gottes Friede, der all unser Verstehen übersteigt, wird Eure Herzen und*

Gedanken im Glauben an Jesus Christus bewahren." (Hoffnung für Alle)

Matthäus 6,28-30: *„Weshalb macht Ihr Euch so viele Sorgen um Eure Kleidung? Seht Euch an, wie die Lilien auf den Wiesen blühen! Sie können weder spinnen noch weben. Ich sage Euch, selbst König Salomo war in seiner ganzen Herrlichkeit nicht so prächtig gekleidet wie eine dieser Blumen. Wenn Gott sogar das Gras so schön wachsen lässt, das heute auf der Wiese grünt, morgen aber schon verbrannt wird, wie könnte er Euch dann vergessen? Vertraut Ihr Gott so wenig?"(Hoffnung für Alle)*

1. Petrus 5,7: *„Alle Eure Sorge werft auf Ihn, denn Er sorgt für Euch." (Luther 1984)*

Matthäus 11,28-19: *„Kommt alle her zu mir, die Ihr müde seid und schwere Lasten tragt, ich will Euch Ruhe schenken. Nehmt mein Joch auf Euch. Ich will Euch lehren, denn ich bin demütig und freundlich, und Eure Seele wird bei mir zur Ruhe kommen." (Neues Leben Bibel)*

Römer 5, 3-5: *„ ...Doch nicht nur darüber freuen wir uns; wir freuen uns auch über die Nöte, die wir jetzt durchmachen. Denn wir wissen, dass Not uns lehrt durchzuhalten, und wer gelernt hat durchzuhalten, ist bewährt, und bewährt zu sein festigt die Hoffnung. Und in unserer Hoffnung werden wir nicht enttäuscht. Denn Gott hat uns den Heiligen Geist gegeben und hat unser Herz durch Ihn mit der Gewissheit erfüllt, dass Er uns liebt." (Neue Genfer Übersetzung)*

Buchempfehlungen in deutscher Sprache

Parrott Leslie & Les: *Mehr Zeit für uns. Wie wir im hektischen Alltag miteinander verbunden bleiben.* Gerth Medien, Asslar 2010.

Buchempfehlungen in englischer Sprache

Schermerhorn, John R., Osborn, Richard and Hunt, James G. *Organizational Behavior*. 9th ed. New York: Wiley, 2005.
STRESS Obstacle or Opportunity?, A. Pihulyk. Source: Canadian Manager (Summer 2001): 26.2, p.24.

KAPITEL 5

Emotionale Ausgeglichenheit

Einführung
Emotionale Ausgeglichenheit zeigt sich durch unsere Fähigkeit, auch in Stresssituationen entspannt und ruhig zu bleiben – im Gegensatz zu Menschen, die stärker auf die Stressfaktoren in ihrem Leben reagieren. Wie wir unsere Emotionen (durch negative und positive Kommunikation) ausdrücken, verrät viel über unsere emotionale Ausgeglichenheit.

Unsere eigenen Emotionen sind vermutlich das am schwersten zu überwindende Hindernis, um gute Beziehungen mit unseren Mitmenschen zu führen. Es ist extrem schwierig, andere Menschen zu lieben, wenn wir unter unseren eigenen Verletzungen leiden. Jesus leitet in Johannes 13,34-36 seine Jünger an, einander so zu lieben, wie er sie geliebt hat. Petrus war jedoch in diesem Moment nicht in der richtigen emotionalen Verfassung, um die Anweisungen von Jesus zu verstehen. Aus diesem Grunde konnte er seine Botschaft von der Notwendigkeit, einander zu lieben, nicht aufnehmen. Stattdessen konzentrierte er sich darauf, warum er nicht an den Ort, an den Jesus ging, gehen konnte. Oftmals reagieren wir genauso.

In der Lage, zu jemandem nett zu sein oder jemand anderen zu lieben, fühlen wir uns oft nur dann, wenn es uns selbst einigermaßen gut geht. Sind wir aber frustriert, reagieren wir schnell gereizt oder sogar gemein auf unsere „geliebten Mitmenschen". Aus diesem Grund ist das bewusste Steuern unserer Gefühlswelt absolut notwendig, um emotional stabil zu sein. Um andere Menschen mit der Liebe von Jesus Christus lieben zu können, müssen wir unsere Gefühle beherrschen können, anstatt von ihnen beherrscht zu werden.

Ziele dieser Mentoring-Einheit sind,
1) den Mentees ein Verständnis dafür zu vermitteln, woher ihre Emotionen kommen,

2) dem Paar dabei zu helfen, Fähigkeiten zu entwickeln und einzusetzen, mit denen es seine Emotionen besser steuern kann,
3) konkrete Schritte anzubieten, damit die Paare mit ihren emotionalen Unterschieden umgehen lernen, anstatt sich gegenseitig verändern zu wollen.

Häufige emotionale Stolpersteine
In den folgenden Bereichen sind Paare in ihrer Beziehung oft herausgefordert:

1) Grundlegende Unsicherheiten bzgl. der eigenen Identität, des Selbstwertgefühls und der emotionalen Bedürfnisse.
2) Kommunikation findet hauptsächlich auf der „logischen" Ebene statt, anstatt „tiefer liegende" Bedürfnisse wie z. B. Sicherheit, Liebe, Annahme und Vergebung zu berücksichtigen.
3) Kommunizieren, ohne das grundlegende Bedürfnis des Partners nach Bedeutsamkeit zu erfüllen (Wichtigkeit, Sinn, Wertschätzung).

Sofern wir nicht die tiefen persönlichen Bedürfnisse und Sehnsüchte ansprechen, wird es uns nicht gelingen, mehr als nur ein oberflächliches Verständnis über die gegenseitigen Emotionen zu gewinnen. Dies soll nicht heißen, dass die geschlechtsspezifischen Bedürfnisse grundverschieden sind – teilweise decken sie sich. Sowohl Männer als auch Frauen suchen und brauchen Sicherheit, Liebe, Annahme und Vergebung. Sowohl Frauen als auch Männer brauchen und suchen nach Bedeutsamkeit, Wichtigkeit, Sinn und Wertschätzung. Aber beide Geschlechter nähren diese Bedürfnisse unterschiedlich.

Vergegenwärtigt Euch Eurer eigenen Lebenserfahrung und bindet diese ein
Gebt einen Einblick in Methoden, die für Euch hilfreich gewesen sind und wie diese Erfahrungen den emotionalen Zustand Eures Lebens und Eurer Ehe bereichert haben.

Tipps, um das Thema „emotionale Ausgeglichenheit" mit dem Paar zu besprechen
Der Psychologe Dr. Albert Ellis hat die sogenannte ABC Theorie[1] der Emotionen erarbeitet, die uns hilft, unsere Verantwortung für unsere Gefühle zu verstehen. Seine Theorie besagt, dass ein Ereignis (A) die Konsequenz (C) nicht durch sich selbst hervorruft. Zwischen (A) und (C) steht (B), welches unsere *Überzeugungen* repräsentiert. Nach dieser Theorie ist folglich das, was wir bedingt durch das Ereignis (A) über uns selbst glauben, der bestimmende Faktor für unsere Gefühle. In Folge tragen wir selbst die Verantwortung für unsere Gefühle. Somit können wir nicht mehr andere oder die Umstände für die Folgen unserer Handlungen verantwortlich machen. Ein Schlüssel zur emotionalen Ausgeglichenheit liegt somit darin, die Verantwortung für unsere Gefühlswelt zu übernehmen.

Folgen wir der Aussage von Dr. Ellis, dann können wir in jeglichen Situationen über unsere Gefühle selbst bestimmen, indem wir darüber entscheiden, was wir über uns selbst glauben[2]. Emotionale Ausgeglichenheit ist dann möglich, wenn wir die Wichtigkeit der Rolle unseres inneren Monologes (Gespräche, die wir im Stillen mit uns selbst führen) verstehen, um dann in jeder gegebenen Situation zu bestimmen, wie wir uns fühlen.

Unsere emotionalen Reaktionen zu beherrschen bedeutet nicht, dass wir seelischen Schmerz vermeiden können. Wenn wir unsere Gefühle nicht im Griff haben, lassen wir uns jedoch von unserem Schmerz in zerstörende und sündhafte Reaktionen führen, die uns jeder Kontrolle berauben. Das Verarbeiten negativer Gefühle ist wichtig, um Menschen, die uns verärgern, mit göttlicher Liebe entgegenzutreten, um Qualen mit „unaussprechlicher und glorreicher Freude" (1. Petrus 1,8) zu ertragen und unseren Ängsten mit dem „Frieden Gottes, der allen Verstand übersteigt" zu begegnen (Philipper 4,7).

Da unsere Überzeugungen die Qualität unserer Gefühle entscheidend prägen, ist es wichtig zu verstehen, was wir über uns selbst glauben sollten. Dann können wir unsere eigenen Emotionen steuern.

Obwohl wir Jesus als Vorbild haben, glauben viele Menschen beispielsweise immer noch, dass wir Schmerz und Leid durch gottgefällige Taten vermeiden könnten. Wir halten an der Überzeugung fest, dass Gott gut zu uns ist, wenn wir gut zu Ihm sind. Wenn wir böse sind, dann ist Gott böse zu uns. Diese Überzeugung regt negative Gefühle als Reaktionen auf negative Umstände an – vor allem dann, wenn wir ungerechterweise leiden. Ertragen wir Leid jedoch wie Jesus, der die Qualen des Kreuzes mit Blick auf die ihn erwartende Freude ertrug, werden auch wir mit Vorfreude auf das, was vor uns liegt, durchhalten können.

Macht Euer Paar mit den folgenden Weisheiten vertraut:
1) Für ein besseres Verständnis müssen wir überlegen, woher unsere Emotionen kommen. Emotionen fallen weder einfach so vom Himmel, noch entstehen sie ausschließlich durch Ereignisse, die uns widerfahren. Unsere Gefühle sind auch das Ergebnis davon, was wir angesichts der bisherigen Geschehnisse über uns selbst denken (unsere Überzeugungen). Emotionale Reaktionen stammen von unserer Überzeugung zu zentralen Themen der Identität und der persönlichen Bedürfnisse. Zu oft verleihen wir unseren Gefühlen jedoch über oberflächliche Themen, die sich aus gegenwärtigen Umständen ergeben, Ausdruck.

Um die Kernfragen erkennen und besprechen zu können, müssen wir über die oberflächlichen Themen hinausgehen. Fragen wie zum Beispiel: „Wie empfindest Du, wenn Du über Dich selbst nachdenkst?" oder „Was denkst Du über Dich selbst?" helfen, tiefer zu gehen und unsere Kernüberzeugungen zu entdecken.

2) Das Zuhören beim Besprechen oberflächlicher Themen ist wichtig, effektive Kommunikation geht aber noch einen bewussten Schritt weiter: Sie sucht nach den zugrundeliegenden Themen der Identität und der persönlichen Bedürfnisse. Es ist hilfreich, Menschen zuzuhören, die ihrer durch Umstände bedingten Frustration Luft verschaffen. Die tatsächlich benötigte Sicherheit und der gewünschte Trost werden ihnen jedoch nur durch das Ansprechen der zugrundeliegenden Kernthemen zukommen können.

3) Wenn es uns gelingt, unsere emotionalen Reaktionen unseren Familienmitgliedern und Mitmenschen gegenüber zu ändern, ist es wichtig, die Gründe für unsere Verhaltensänderung

ehrlich zu kommunizieren. Die Grenze zwischen dem Dienen und der Manipulation anderer ist nämlich sehr schmal: zugrunde liegt unsere innere Antriebskraft. Viel zu häufig versuchen wir, unseren Ehepartner, unsere Kinder oder Eltern unter dem Vorwand, „das zu tun, was für sie am besten ist", zu manipulieren. Trotz unserer Bemühungen, unsere egoistischen Beweggründe bestmöglich zu verschleiern, durchschauen unsere Familienmitglieder häufig unsere Manipulationsstrategien. Auch in diesem Bereich kann es uns mit Ehrlichkeit uns selbst und anderen gegenüber gelingen, unsere emotionalen Reaktionen zu verändern, um Versöhnung und eine stärkere emotionale Ausgeglichenheit zu erreichen.

4) Zur emotionalen Neuausrichtung müssen wir die wahre Herkunft unserer Beweggründe erkennen. Die Bibel stellt das von Angst, Schuld und Stolz angetriebene Leben dem von Glaube, Hoffnung und Liebe bewegten Leben gegenüber. Ein gesunder, von Gnade erfüllter Lebensstil wird auch als „Wandeln im Licht" oder „Wandeln im Geist" beschrieben. Dieser Lebensstil steht in extremem Gegensatz zu dem gesetzlichen oder religiösen Lebensstil, den die Bibel als das „Wandeln in der Eitelkeit unserer Sinne" oder „Wandeln nach dem Fleisch" beschreibt. Eine emotionalen Neuausrichtung gelingt, wenn wir unseren durch Angst, Schuld und Stolz geprägten Antrieb (ein durch Gesetzlichkeit bestimmter Lebensstil) in den von Glaube, Hoffnung und Liebe bewegten verwandeln (ein durch Gnade bestimmter Lebensstil).

Paarübungen:
Nachfolgend findet Ihr zwei Übungen, die Ihr mit Euren Mentees durchführen könnt.

Übung 1:
Beschreibe eine möglichst aktuelle Situation, in welcher Deine Gefühle durch das, was jemand anderes gesagt oder getan hat, verletzt worden sind. Was hast Du zu diesem Zeitpunkt empfunden (Ärger, Verletzung, Angst)? Tendierst Du generell dazu, der anderen Person die Schuld für Deine Gefühle zu geben, um Deine Reaktion zu rechtfertigen oder zu begründen?

Die Verwendung einer Beziehungsauswertung

Identifiziere die falschen Annahmen, die Du Dir selbst nach der Verletzung eingeredet haben könntest. Erkenne, dass die Schuldzuweisung gegenüber anderen wesentlich einfacher ist, als unsere eigenen, falschen Annahmen zu erkennen und diese anzusprechen.

Übung 2:
Nenne drei bis fünf wichtige Themen oder Probleme, die Du gerne mit Deinen Mitmenschen (zuhause, bei der Arbeit oder in Gesellschaft) besprechen würdest. Vergleiche diese Themen mit der Definition „Kernthemen" und mache Dir bewusst, wie viele unserer „wichtigen Themen" im Leben in Wirklichkeit eher oberflächlich sind. Als Kernthemen wird alles das bezeichnet, das mit der grundlegenden Identität einer Person, dem Selbstwertgefühl und den persönlichen Bedürfnissen, zu tun hat. Unabhängig davon, wie wichtig die anderen Probleme sein mögen – vergleicht man sie mit den „Kernthemen" einer gesunden Persönlichkeit und aufrichtigem Selbstwertgefühl, sind solche Probleme oberflächlich.

Gesprächsanregungen
1) In welchen Bereichen bist Du empfindlich und leicht verletzbar? Hast Du über diese Bereiche bereits mit Deinem Partner gesprochen?
2) Wie viel Zeit hast Du mit Deinem Partner verbracht, um über Deine „Gefühle" zu sprechen?

Biblische Bezugsquellen
1. Petrus 4, 12: *„Meine lieben Freunde, erschreckt nicht über die schmerzhaften Prüfungen, die Ihr jetzt durchmacht, als wären sie etwas Ungewöhnliches." (Neues Leben)*

Römer 5, 3-5: *„Doch nicht nur darüber freuen wir uns; wir freuen uns auch über die Nöte, die wir jetzt durchmachen. Denn wir wissen, dass Not uns lehrt durchzuhalten, und wer gelernt hat durchzuhalten, ist bewährt, und bewährt zu sein festigt die Hoffnung. Und in unserer Hoffnung werden wir nicht enttäuscht. Denn Gott hat uns den Heiligen Geist gegeben und hat unser Herz durch Ihn mit der Gewissheit erfüllt, dass Er uns liebt." (Neue Genfer Übersetzung)*

Römer 8, 28: *„Wir wissen aber, dass denen, die Gott lieben, alle Dinge zum Guten mitwirken, denen, die nach seinem Vorsatz berufen sind."* (Elberfelder Bibel)

Buchempfehlungen in deutscher Sprache

Parrott Leslie & Les: <u>*Mehr Zeit für uns*</u>. *Wie wir im hektischen Alltag miteinander verbunden bleiben.* Asslar, Gerth Medien 2010.

Smalley, Gary & Trent, John: *Bitte, segne mich! Auf der Suche nach dem verlorenen Segen.* Francke Buchhandlung, Marburg 2002.

Selye, Hans: *Stress beherrscht unser Leben.* Econ-Verlag, Düsseldorf 1957.

Buchempfehlungen in englischer Sprache

McMillen, S. I. & Stern, David E. *None of these Diseases: The Bible's Health Secrets for the 21st Century.* Grand Rapids, MI: F.H. Revell, 2000.

Glenn, John. *The Alpha Series: The Gift of Recovery.* Bloomington, IN: AuthorHouse, 2006.

TEIL 4
Kompetenzen für die Eheführung & Verantwortungsbereiche

KAPITEL 6

Kommunikation

Einführung
Kommunikation ist der Hauptbestandteil einer Beziehung. Die Kommunikation stellt die Verbindung zu jedem Bereich Deiner Beziehung her und ist absolut grundlegend. Dabei hängen der Verlauf von Gesprächen, daraus resultierende Entscheidungen über Finanzen, Kinder, Glauben, Berufe und auch der Ausdruck von Gefühlen und Wünschen von den Kommunikationsstilen, -mustern und -fähigkeiten ab, die Ihr Euch gemeinsam angeeignet habt.

Ziele dieser Mentoring-Einheit sind:
1) Dem Einzelnen zu helfen, den Kommunikationsstil, den er normalerweise in stressigen Zeiten verwendet, zu erkennen.
2) Den Paaren beizubringen, was *bewusste Kommunikation* ist und warum dieser Stil zu den lebendigsten Beziehungen führt.
3) Den Paaren aktives Zuhören und effektives Kommunizieren durch das Nutzen des Imago-Dialogs zu zeigen und zu üben.

Häufig auftretende Kommunikationsprobleme
Paare haben tendenziell in den folgenden Bereichen Verbesserungspotenzial:

1) Nicht alles zu glauben, was der Partner sagt.
2) Keine herablassenden und abwertenden Kommentare zu äußern.
3) Dem anderen Bedürfnisse und Wünsche mitzuteilen.
4) Dem anderen gegenüber negative Gefühle auszudrücken.
5) Sich gegenseitig gut zuzuhören.
6) Nicht in eine Verteidigungshaltung zu fallen, wenn der andere nicht mit ihnen übereinstimmt.
7) Nicht den Schuldigen, sondern eine Lösung zu suchen.

Paare weigern sich häufig, negative Gefühle auszudrücken, weil sie keine Probleme oder Auseinandersetzungen hervorrufen möchten.

Kommunikation

Leider verursacht dies das Entstehen zusätzlicher Probleme, weil alles in einem ungelösten Zustand bleibt. Unterdrückte Gefühle neigen dazu, wie Unkraut die Oberhand in einem verwilderten Garten zu übernehmen. Schlussendlich können sie zu Bitterkeit und Desinteresse an der Beziehung führen. Partner, die zu lange nicht über das, was sie stört, sprechen, werden mit der Zeit dem anderen gegenüber unempfindlich.

Werdet Euch Eurer eigenen Lebenserfahrung bewusst und bindet diese ein:
Gebt Einblick in verschiedene Kommunikationsmethoden, die Ihr gelernt habt, und zeigt, wie Eure Ehe davon profitiert hat.

Paarübungen zur Kommunikation
Die beiden folgenden Übungen sollen dem Paar neue Kommunikationsfähigkeiten beibringen.

Es gibt vier Kommunikationsstile: passiv, aggressiv, passiv-aggressiv und bestimmt. Obwohl der bestimmte Stil normalerweise der effektivste dieser vier ist, nutzen viele Paare diesen Stil nicht, was zu frustrierenden und unbefriedigenden Unterhaltungen führt.

Lasst die beiden Mentees die folgende Analyse über ihren jeweiligen Kommunikationsstil einzeln ausfüllen. Besprecht die Ergebnisse im Anschluss mit ihnen.

Übung 1 – Analyse des Kommunikationsstils
Während eines Konfliktes mit meinem Partner neige ich dazu,…

Kommunikationsstil (Gewichtung pro Feld)	Immer (9)	Oft (6)	Manchmal (3)	Selten (1)	Nie (0)
Bereich 1					
…meistens ruhig zu bleiben und nicht zu sagen, was ich wirklich empfinde.					
…der anderen Person nach Möglichkeit aus dem Weg zu gehen.					
…schnell um Entschuldigung zu bitten.					
… für meine entgegensetzte Ansichtsweise zu kämpfen.					
… sanft zu sprechen und					

geduldig auf meine „Redelücke" zu warten.					
… keinen Augenkontakt zu halten oder mich von der anderen Person wegzudrehen.					
… die Wünsche und Anforderungen der anderen Person für viel wichtiger als meine eigenen zu halten.					
…mich selbst als den Auslöser des Konflikts zu sehen.					
…mich hilflos, nicht respektiert oder verärgert zu fühlen.					
…Angst vor Ablehnung zu haben.					
…es der anderen Person recht zu machen, egal was für einen Effekt das auf mich selbst haben könnte.					
Gesamtsumme Bereich 1					

Kommunikation

Während eines Konfliktes mit meinem Partner neige ich dazu,...

Kommunikationsstil (Gewichtung pro Feld)	Immer (9)	Oft (6)	Manchmal (3)	Selten (1)	Nie (0)
Bereich 2					
...meine Ansicht sehr überzeugend darzulegen und davon auszugehen, dass sie grundsätzlich besser ist.					
...de andere Person oder ihre gegnerische Meinung zu beleidigen.					
...mich als Konkurrent zu fühlen und mich selbst als Sieger zu bezeichnen, wenn ich die Meinungsverschiedenheit gewinne.					
...die andere Person mit Blicken niederzuzwingen oder auf sie herabzuschauen.					
...der anderen Person gegenüber laut zu werden, damit sie versteht, was ich meine.					
...meine Ansicht für die beste, die es gibt, zu halten.					
...wegen der Strategien, die ich zum Siegen angewendet habe, manchmal ein schlechtes Gewissen oder Schuldgefühle zu haben.					
...die Sichtweise des anderen für dumm, ignorant oder unbegründet zu halten.					
...die Wünsche des anderen zu ignorieren.					
...die Gesprächsrichtung zu bestimmen.					
...meine eigenen Rechte beim unerbittlichen Kampf um den Sieg zu verteidigen.					
Gesamtsumme Bereich 2					

Während eines Konfliktes mit meinem Partner neige ich dazu,…

Kommunikationsstil (Gewichtung pro Feld)	Immer (9)	Oft (6)	Manchmal (3)	Selten (1)	Nie (0)
Bereich 3					
…meinen Verpflichtungen aufgrund der Umstände, die außerhalb meines Einflussbereiches liegen, nicht gerecht zu werden.					
…es schwierig zu finden, Verantwortung für das Enttäuschen anderer zu übernehmen.					
…mich zur Durchsetzung meines Willens berechtigt zu fühlen, auch wenn das mit den Verpflichtungen, die ich anderen gegenüber eingegangen bin, in Konflikt gerät.					
…mich nicht ganz für meine Handlungen verantwortlich zu fühlen.					
…Angst davor zu haben, abgelehnt zu werden, wenn ich bestimmter auftreten würde.					
…Angst vor Konfrontation mit anderen zu haben.					
…meinen eigenen Willen durchsetzen zu wollen, ohne zu viel Verantwortung übernehmen zu müssen.					
…mich über das, was andere von mir erwarten, zu ärgern.					
…dem anderen schnell Recht zu geben, nur damit ich mich nicht weiter mit dem Problem beschäftigen muss.					
… mich den gestellten Anforderungen indirekt zu widersetzen, indem ich es hinausschiebe oder eine unbestimmte oder mehrdeutige Antwort gebe.					
…andere oder Umstände für das Problem verantwortlich zu machen, um mein Verhalten zu rechtfertigen.					
Gesamtsumme Bereich 3					

Kommunikation

Während eines Konfliktes mit meinem Partner neige ich dazu,…

Kommunikationsstil (Gewichtung pro Feld)	Immer (9)	Oft (6)	Manchmal (3)	Selten (1)	Nie (0)
Bereich 4					
…meine Wünsche und Gefühle selbstbewusst, direkt und ausführlich ausdrücken zu können.					
…der Sichtweise der anderen Person gegenüber offen zu sein, da ich mir bewusst bin, dass sie Einsichten haben könnten, die ich selbst noch nicht in Betracht gezogen habe.					
…mich mit der Einsicht wohlzufühlen, dass ich nicht mit der Ansicht des anderen einverstanden bin.					
…entspannt zu bleiben.					
…mir darüber bewusst zu sein, dass die andere Person einen Standpunkt vertreten kann, den ich nicht teile.					
…Augenkontakt zu herzustellen und diesen auf angemessene Art und Weise zu halten.					
..zu glauben, dass wir beide etwas Wertvolles zu der Diskussion beizutragen haben, deshalb gebe und nehme ich.					
…Verantwortung für das, was und wie ich es sage, zu übernehmen.					
…ein gutes Gefühl bzgl. meines Umgangs mit anderen zu haben.					
…nicht das Gefühl zu haben, jede Auseinandersetzung „gewinnen" zu müssen.					
…mein Verhalten zu beherrschen, ohne zu versuchen, das Verhalten oder die Gefühle meines Partners zu beeinflussen.					
Gesamtsumme Bereich 4					

Addiere die Punktanzahlen jedes Bereiches. Der Bereich mit der höchsten Punktanzahl beschreibt den Hauptkommunikationsstil der jeweiligen Person. Besprecht die folgenden Beschreibungen mit den Mentees, um die Ergebnisse zu erklären.

Gesamtsumme Bereich 1 = Punktanzahl des Passiven Stils

Dieser Kommunikationsstil zeichnet sich durch die Unfähigkeit, die Anforderungen anderer zu ignorieren, aus. Eine Person mit passivem Kommunikationsstil ist nicht in der Lage, die ihr offenstehenden Möglichkeiten zu erkennen und lässt sich stattdessen von anderen beherrschen. Sie vermeidet Meinungsäußerungen zu bedeutsamen sowie bedeutungslosen Themen und wartet normalerweise darauf, dass andere ihre Meinung zuerst äußern. Um es der anderen Person recht zu machen, kann es sein, dass diese Person einfach zustimmt oder ihre Meinung ändert, sich im Endeffekt aber hilflos fühlt.

Gesamtsumme Bereich 2 = Punktzahl des Aggressiven Stils
Dieser Stil zeichnet sich dadurch aus, dass versucht wird, die andere Person durch verbale Manipulation dazu zu bringen, sich dem Gesprächspartner zu fügen. Personen mit diesem Stil spielen die Meinung einer anderen Person als dumm oder falsch herunter. Sie stehen der Sichtweise des Anderen kritisch gegenüber und versuchen, die Meinung anderer durch Einschüchterung, Sarkasmus oder lautstarke Äußerungen zu ändern. Dieser Stil scheint zwar in dem entsprechenden Augenblick effektiv zu sein, hat aber er oft Bitterkeit und den Verlust von Zuneigung und Loyalität des Anderen zur Folge.

Gesamtsumme Bereich 3 = Punktanzahl des Passiv-Aggressiven Stils
Dies Stil vereint Elemente von beiden Stilen, dem Passiven (Angst) und dem Aggressiven (Wut) zur gleichen Zeit*. Diese Person möchte sich aus Wut rächen, wird aber von Angst zurückgehalten, es auf direkte Art und Weise zu tun. Das Ergebnis davon ist „versteckte Aggression". Personen mit diesem Kommunikationsstil weichen auf Angriffsformen zurück, die es ihnen ermöglichen, nicht ertappt zu werden. Damit vermeiden sie eine offene und direkte Unterhaltung.

* Nicht mit der Person zu verwechseln, die zwischen dem Passiven und dem Aggressiven Stil hin- und herwechselt. Für diese Menschen ist das Hauptproblem oft, dass sie normalerweise am Anfang zu passiv sind, sich dann bis zum explosionsartigen Wutausbruch hochschaukeln lassen, bevor sie wieder in Passivität fallen.

Gesamtsumme Bereich 4 = Punktanzahl des bestimmten Stils

Kommunikation

Bestimmtheit ist eine sehr nützliche Kommunikationsfähigkeit. In einer gelungenen Partnerschaft sind die Partner meist in der Lage, bestimmt miteinander zu kommunizieren. Bestimmte Menschen gehen nicht davon aus, dass ihr Partner ihre Gedanken lesen kann. Sie drücken direkt aus, was sie möchten.

> *Bestimmtheit ist die Fähigkeit, nach dem, was Du brauchst und möchtest, zu fragen und Deine wahren Gefühle auszudrücken.*

Das Ziel des bestimmten Stils ist es, Beziehungen zu führen, die weder die Bedürfnisse des anderen, noch die eigenen verleugnet. Es ist keine Strategie, unseren eigenen Kopf durchzusetzen. Bestimmt zu sein, stellt Dich mit dem anderen auf die gleiche Stufe.

Die bestimmte Kommunikation ermöglicht es, sich auf gesunde, nicht verteidigende und unaufdringliche Art auszudrücken. Dies beinhaltet das klare und direkte Fragen nach dem, was der andere möchte, sowie positive und respektvolle Kommunikation. Menschen, die bestimmt kommunizieren, übernehmen für ihre Worte Verantwortung, indem sie „Ich"-Aussagen machen. Sie vermeiden es, Sätze mit „Du" zu beginnen. Wenn einer der Partner mit Bestimmtheit spricht, ermutigt das die andere Person, auch auf positive und bestimmte Weise zu antworten. Die Intimität wird durch das Hören und Verstehen einer Person vertieft.

Eine „Ich"-Aussage ist eine Aussage über Deine Gefühle. „Ich"-Aussagen sind deshalb wichtig, weil sie Tatsachen vermitteln, ohne jemanden zu beschuldigen. Dabei ist es unwahrscheinlich, dass sie das Gegenüber dazu veranlassen, in eine Verteidigungshaltung zu gehen. Im Gegensatz dazu veranlassen „Du"-Aussagen das Gegenüber häufig dazu sich zu verteidigen, weil sie beschuldigend wirken. Denke darüber nach, wie Du zum Beispiel auf die folgenden „Ich"- und „Du"-Aussagen reagieren würdest:

„Du"-Aussagen:

1) „Vor Deinen Freunden bist Du mir gegenüber so rücksichtslos!"

2) „Du hast gesagt, dass Du das Auto zur Inspektion bringen würdest und Du hast es nicht gemacht. Du tust nie, was Du sagst."

„Ich"-Aussagen:

1) „Es verletzt mich, wenn Du mich vor Deinen Freunden niedermachst."
2) „Ich bin enttäuscht, dass das Auto vor unserer Reise nicht mehr in der Inspektion war. Ich mache mir echt Sorgen um die Reifen, und das Öl muss auch gewechselt werden. Hast Du Zeit, es heute Morgen in die Werkstatt zu bringen?"

Menschen mit Bestimmtheit drücken Respekt für die Gefühle und Ansichten anderer aus, ohne diese unbedingt selbst anzunehmen oder die gestellten Erwartungen und Forderungen zu erfüllen.

Bestimmtheit heißt nicht, dass Du die Wünsche anderer nicht berücksichtigst, sondern, dass Du Dir die Wünsche und Erwartungen anhörst und Dich dann entscheidest, ob Du sie erfüllst oder nicht.
Sei Dir jedoch bewusst, dass es nicht ununterbrochen notwendig ist, bestimmt aufzutreten.

Der Prozess des aktiven Zuhörens
Beim Prozess des aktiven Zuhörens wird dem Sprecher durch das Wiederholen des Inhaltes und der ausgedrückten Gefühle vermittelt, ob das Gesagte klar verstanden worden ist oder nicht. Aktive Zuhörer vermeiden das Urteilen oder Kritisieren und hören stattdessen neugierig und in der Hoffnung, ihren Partner zu verstehen, zu. Anstatt sich zu überlegen, was er als nächstes sagen könnte, konzentriert sich der aktive Zuhörer auf das, was im Moment gesagt wird – im Wissen, dass er bald genug die Gelegenheit zu sprechen bekommen wird.

Zum aktiven Zuhören gehört, aufmerksam und ohne Unterbrechung zuzuhören und so lange das Gehörte zu wiederholen, bis der Sprecher zufriedenstellend gehört und verstanden worden ist

Kommunikation

Obwohl dieser Vorgang des Rückmeldens das Gespräch verlangsamt, wird dadurch das Risiko eines Missverständnisses oder Konfliktes verkleinert. Außerdem gibt es dem Sprechenden das Gefühl, verstanden und geschätzt zu werden.

Wiederholt nun die Kommunikationsstile, die Eure Mentees häufig in Konfliktsituationen nutzen. Fragt dann die folgenden Fragen: Unterscheidet sich dies davon, wie Du reagierst, wenn Du keine schwierige Unterhaltung führst? In welchem Bereich sind Du und Dein Partner ähnlich? Wo seid Ihr verschieden?

Übung 2 – Drei Schritte zur besseren Kommunikation – der Imago Dialog[1]

Der Imago-Dialog wurde von den Professoren Dr. Harville Hendrix und Dr. Helen LaKelly Hunt entwickelt. Er ist ein aus drei Schritten bestehender Vorgang zur Beziehungsherstellung: *Spiegeln*, *Wertschätzen* und *Einfühlen*.

Die Mentees üben die Anwendung der drei Schritte des Imago Dialogs, indem sie ein paar Bedenken oder Probleme von ihrer Wunschliste mit dem Partner teilen (siehe unten).

Spiegeln

Eine Person (der Sender) macht eine Aussage, die der anderen Person (dem Empfänger) seine/ihre Gedanken, Gefühle oder Erfahrungen mitteilt. Dies geschieht in der „Ich"-Form, beispielsweise: „Ich fühle", „Ich liebe" oder „Ich brauche." Es soll vermieden werden, den Partner zu beschämen, zu beschuldigen oder zu kritisieren, stattdessen wird über sich selbst gesprochen.

Als Antwort wiederholt der Empfänger die Aussage des Senders, in dem er sie umformuliert und um einen Einführungssatz ergänzt, wie zum Beispiel: „Lass' mich sehen, ob ich Dich verstanden habe. Was ich Dich sagen hörte, ist ..."

Wenn der Empfänger richtig wiederholt hat, was der Sender gesagt hat, fragt der Empfänger: „Gibt es sonst noch etwas?" Nach dieser Frage sollte der Empfänger auf eine Antwort warten, um seine Aufrichtigkeit und seinen Wunsch, mehr zu hören, zu unterstreichen. Der Partner wird häufig die Antwort geben: „Nicht wirklich... ähm... lass mich nachdenken... vielleicht gibt es doch noch etwas ...". Hat das Paar Zeit zur Verfügung, wird das Gespräch oft tiefer und die Beiden teilen sich noch mehr mit. Dieses Mitteilen tieferer Gefühle ist oft der faszinierendste Teil des Gesprächs.

Der Empfänger kann seinen Partner ermutigen, indem er sagt: „Aha, das ist ja interessant. Ist da noch mehr?" Je mehr der Empfänger seinem Partner versichern kann, dass er wirklich am Gesagten interessiert ist, desto stärker ist die Verbindung mit dem Sender – auch wenn der Themenbereich herausfordernd oder gar uninteressant für ihn ist.

Wenn der Sender sagt: „Nein, das war's", kann der Empfänger alles mit den Worten: „Also zusammengefasst, habe ich Dich sagen hören...", noch einmal wiedergeben. Es ist wichtig, dass der Empfänger noch einmal nachfasst, um sicher zu gehen, dass er alles verstanden hat.

Wenn der Empfänger seinen Partner gut spiegelt, fühlt sich der Sender zufrieden, da seine Sichtweise wahrgenommen und wertgeschätzt wurde.

Wertschätzen
Das Wertschätzen kann, vor allem wenn die Partner eine sehr unterschiedliche Sichtweise haben, herausfordernd sein. Um als Paar verbunden zu sein, ist es aber wichtig, dass Eure Mentees realisieren und anerkennen, dass das, was sie beide sagen, jeweils sinnvoll für den anderen ist. Das Herstellen einer solchen Verbindung ist die Hauptaufgabe in diesem Teil des Dialogs. Wer recht oder unrecht hat, ist zweitrangig. Wie schon viele Ehementoren gesagt haben: „Du kannst Recht haben oder verheiratet sein!" Eure Mentees können in der Imago-Vorgehensweise vielleicht eine Lösung finden, bei der es nicht wichtig ist, ob einer der beiden bezüglich des Problems recht hat oder nicht, da der tieferliegende Schmerz freigelegt wurde und nun besprochen werden kann.

Nachdem der Mentee das Gesagte für den Partner zusammengefasst hat, kann er es durch ein einfaches: „Das macht Sinn für mich" oder „Ich verstehe, wie Du Dich fühlst" bestätigen. Der Partner muss dem anderen nicht zustimmen, aber Respekt für die Realität seiner Meinung zeigen. Ermutigt dazu, Sätze wie: „Das ergibt Sinn für mich, weil..." zu nutzen.

Einfühlen
Beim Schritt des Einfühlens möchtet Ihr, dass Eure Mentees sich vorstellen, welche Gefühle der andere haben könnte, wie zum Beispiel Wut, Traurigkeit, Einsamkeit, Angst, Freude und so weiter.

Kommunikation

Ein Partner könnte den anderen fragen: „Ich kann mir vorstellen, dass Du vielleicht Angst hast und vielleicht ein bisschen traurig bist. Stimmt das?" Nachdem diese Vermutung bestätigt und/oder um weitere Gefühle ergänzt wurde, sollte derjenige, der versucht sich einzufühlen, das Gehörte spiegeln: „Ah, Du scheinst auch ein bisschen aufgeregt zu sein."

Feedback aus Mentoren-Sicht geben
Achtet auf die folgenden Dinge, während die Mentees die eben beschriebenen Fähigkeiten üben. Haben beide …:

1) …eine selbstbewusste Haltung gezeigt?
2) …klare und präzise Aussagen gemacht?
3) …einen positiven Aspekt erwähnt, bevor sie auf das Problem zu sprechen kamen?
4) …ein Thema nach dem anderen besprochen?
5) …Augenkontakt gehalten und angemessene Gesichtsausdrücke und Körpersprache verwendet?
6) …mit einem beständigen, entspannten Ton gesprochen?
7) …auf gute Art „Ich"-Aussagen genutzt?
8) …nicht beschuldigt („Du bringst mich dazu, mich so… zu fühlen") und keine absoluten Aussagen verwendet („Du machst nie…")?
9) …in Momenten des Schweigens gewartet?

Nachdem Ihr diese Übung mit Euren Mentees probiert habt, solltet Ihr ihnen Feedback darüber geben, wie gut sie den bestimmten Kommunikationsstil verwendet haben (inklusive guter Körpersprache) und Spiegeln (aktives Zuhören), Wertschätzen und Einfühlen gezeigt haben.

Wie haben sich die Mentees während dieser Übung gefühlt? Hat es ihnen dabei geholfen, sich gegenseitig besser zu verstehen und sich einander näher fühlen?

ACHTUNG: Solltet Ihr feststellen, dass Eure Mentees Schwierigkeiten mit dieser Übung haben, könnte unterschwelliger Groll die Ursache sein. Geht mit dem Paar auf Entdeckungsreise…

Tipps für Mentees beim Gespräch über Kommunikation
Das Bemühen der Mentees, diese Fähigkeiten zu entwickeln, lohnt sich, denn sie bewirken viel Positives, wie zum Beispiel:

1) Weniger Konflikte, Nervosität und Bitterkeit in der Beziehung mit anderen Menschen.
2) Entspannter in der Gegenwart anderer zu bleiben.
3) Die Fähigkeit, Dich auf die Gegenwart zu konzentrieren, anstatt zuzulassen, dass die Kommunikation von altem Ärger verseucht wird.
4) Deine Selbstachtung zu wahren, ohne den anderen anzugreifen.
5) Steigendes Selbstbewusstsein durch weniger Versuche, unrealistischen Maßstäben anderer gerecht zu werden, sowie ein geringeres Bedürfnisses nach Anerkennung.
6) Das Recht anderer, über ihr Leben selbst zu bestimmen, anzuerkennen.
7) Mehr Kontrolle über Dein eigenes Leben: Wenn das Gefühl der Hilflosigkeit seltener auftritt, kann die bestimmte Kommunikation auch Gefühle der Nervosität, Ängstlichkeit und Depression verringern.

Bestimmtheit ist die einzige Strategie, die es uns ganz erlaubt, in der Beziehung zu *sein*. Wenn wir diese Fähigkeit nicht bewusst anwenden, kann unsere natürliche Reaktion auf stressige Situationen zu unbestimmter Kommunikation führen (siehe Pfeildarstellung unten).

> *„Bestimmtheit bedeutet, dass Du Dich mit anderen über Deine Gedanken, Gefühle oder Wünsche über eine Situation austauschst. Dies bedeutet, einer Person gegenüber ehrlich zu sein, ohne sie zu bedrohen oder Dich dafür zu entschuldigen, dass Du Deine Wünsche mitteilst."*
>
> ~ Charles Cerling

Nervosität und unbestimmtes Verhalten[2]

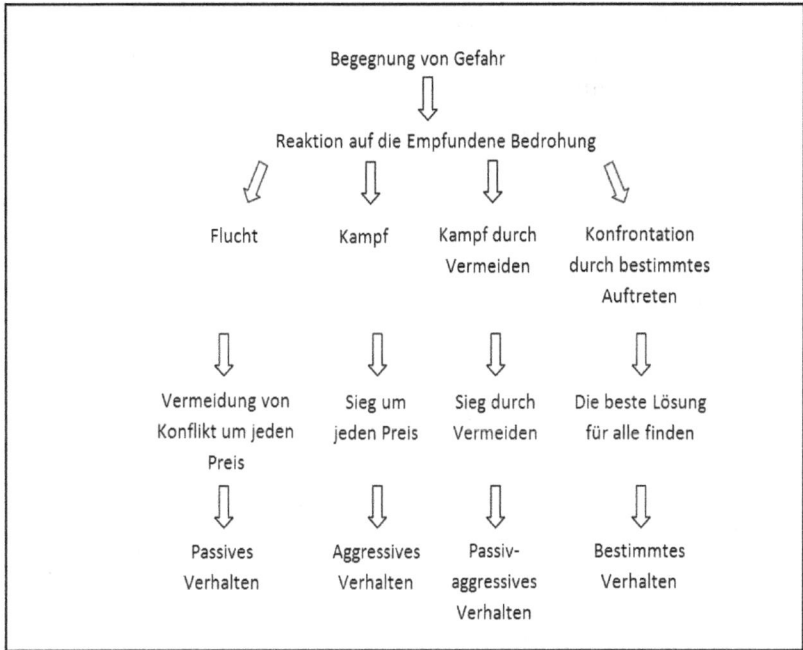

Tipps für gesunde Kommunikation

Gebt Euren Mentees die folgenden Tipps:

1) Schenkt Eurer Ehe jeden Tag Aufmerksamkeit. Widmet ihr mindestens 15 Minuten bedeutsamer Unterhaltung. Der Schwerpunkt dieses täglichen Gesprächs sollte auf Euren Gefühlen füreinander und Eurem gemeinsamen Leben liegen.
2) Studiert Euren Gefährten. Schenkt Eurer Beziehung dieselbe Priorität und Aufmerksamkeit wie zur Zeit der Schmetterlinge im Bauch – fragt viele Fragen.
3) Seid bereit, Euch selbst zu offenbaren. Teilt Eure tiefsten Gedanken und Eure persönlichsten Erfahrungen.
4) Fragt nach Rat, wenn Kommunikationsprobleme bestehen bleiben. Lasst es nicht zu, dass sie ernster werden.

Noch mehr Ratschläge von großartigen Kommunikatoren

1) *Zieht keine voreiligen Schlüsse.* Ein Kernpunkt des aktiven Zuhörens ist es, keine voreiligen Schlüsse über die Person und ihre Äußerungen zu ziehen.
2) *Unterbrecht den anderen nicht.* Das Reden hilft Euch nicht, die Perspektive des anderen zu verstehen. Ihr werdet mehr lernen, wenn Ihr den anderen nicht mit Euren eigenen Ideen unterbrecht.
3) *Strebt danach, mehr zu wissen.* Durch nachfragen über das Gehörte werdet Ihr vollständigere Informationen erhalten.
4) *Nehmt Euch vor, aufmerksam zuzuhören.* Es ist ganz natürlich, dass sich unsere Gedanken ablenken lassen. Aber immer, wenn Ihr das feststellt, solltet Ihr die Verbindung wieder herstellen und weiter zuhören. Mit der Übung könnt Ihr Euch dazu trainieren, zurück „in den Moment" zu kommen.
5) *Seid Euch der geschlechtlichen Unterschiede bewusst.* Die Körpersprache unterscheidet sich normalerweise bei den Geschlechtern. Männer neigen dazu, während des Zuhörens zu starren und zu nicken, um ihr Verständnis auszudrücken. Frauen können auch nicken, um den Sprecher zu ermutigen weiter zu sprechen, wenn sie es noch nicht verstehen.

Kommunikation

Die Auswirkung der Kommunikation auf die Intimität

Die folgende Tabelle zeigt, wie die verschiedenen Kommunikationsstile die Intimität in einer Ehe beeinflussen.

Kommunikationsstile und Stufen der Intimität[4]				
Kommunikationsstil				
Person A	Person B	Beziehung	Wer gewinnt?	Stufe der Intimität?
passiv	passiv	leblos	beide verlieren	gering
passiv	aggressiv	dominiert	ich gewinne, Du verlierst	gering
aggressiv	aggressiv	konfliktreich	beide verlieren	gering
bestimmt	passiv	frustrierend	beide verlieren	gering
bestimmt	aggressiv	konfrontativ	beide verlieren	gering
bestimmt	bestimmt	lebendig	beide GEWINNEN	HOCH

Quelle: Life Innovations

Gesprächsanregungen
1) War Dein Partner ein guter Zuhörer und fiel es ihm leicht, seine oder ihre Gefühle über heikle Themen auszudrücken?

2) Was könntest Du zur Verbesserung der Kommunikation beitragen, wenn Dir das Mitteilen Deiner Gefühle gegenüber Deinem Partner schwerfällt?
3) Was könnte Dein Partner tun (oder lassen), um Dir das Gefühl zu geben, gehört zu werden? Was hält Dich davon ab, gute Lösungen für Eure Verschiedenheiten zu finden?
4) Fühlst Du Dich beim Besprechen von Problemen normalerweise verstanden?
5) Fällt es Dir generell leicht, andere um das zu bitten, was Du möchtest?

Biblische Bezugsquellen

Kolosser 4,6a: *„Euer Wort sei allezeit mit Gnade [...] gewürzt..."* (Schlachter 2000)

Matthäus 12,35-37: *„Ein guter Mensch bringt Gutes hervor, weil sein Herz mit Gutem erfüllt ist. Ein böser Mensch dagegen bringt Böses hervor, weil sein Herz mit Bösem erfüllt ist.*

Ich sage Euch: Am Tag des Gerichts werden die Menschen Rechenschaft ablegen müssen über jedes unnütze Wort, das sie geredet haben." (Neue Genfer Übersetzung)

Epheser 4,29: *„Über Eure Lippen komme kein böses Wort, sondern nur ein gutes, das den, der es braucht, stärkt und dem, der es hört, Nutzen bringt."* (Einheitsübersetzung)

Sprüche 18,13: *„Wer antwortet, bevor er gehört hat, dem ist es Torheit und Schande."* (Schlachter 2000)

Sprüche 10,19: *„Wo viele Worte sind, da geht es ohne Sünde nicht ab; wer aber seine Lippen im Zaum hält, der ist klug."* (Schlachter 2000)

Sprüche 17,27: *„Wer seine Worte zügelt, besitzt Erkenntnis; und wer kühlen Geist bewahrt, ist ein verständiger Mann."* (Elberfelder)

Jakobus 3,10: *„Aus ein und demselben Mund kommen Segen und Fluch. Das, meine Geschwister, darf nicht sein!"* (Neue Genfer Übersetzung)

Buchempfehlungen in deutscher Sprache

Chapman, Gary: *Die fünf Sprachen der Liebe*. Francke Buchhandlung, Marburg 2013.

Cobb, Nancy; Grigsby, Connie: *Bitte sprich mit mir. So öffnen Sie das Herz ihres Mannes.* Francke Buchhandlung, Marburg 2008.

Mack, Cornelia: *Kleiner Unterschied, große Wirkung: So verstehen sich Mann und Frau.* SCM Hänssler, Holzgerlingen 2011.

May, Sharon Morris: *Wie man sich streitet, so liebt man. Wie Konflikte Ihre Partnerschaft stärken.* Brunnen Verlag, Gießen 2011.

Ruthe, Reinhold: *Duett statt Duell. Wie eine Ehe und Partnerschaft gelingen.* Concept Leben, Eicklingen 2011.

Buchempfehlungen in englischer Sprache

Burke, H. Dale. *Different by Design: God's Master Plan for Harmony between Men and Women in Marriage.* Chicago: Moody, 2000.

McNulty, James K. and Karney, Benjamin R. "Positive Expectations in the Early Years of Marriage: Should Couples Expect the Best or Brace for the Worst?" *Journal of Personality and Social Psychology* 86.5 (2004): 729-43.

Parrott, Les and Leslie L. *Saving Your Marriage before It Starts: Seven Questions to Ask Before--and After-- You Marry*, Grand Rapids. MI: Zondervan, 2006.

Stanley, Scott. *A Lasting Promise: A Christian Guide to Fighting for Your Marriage.* San Francisco: Jossey-Bass, 1998.

Townsend, John Sims. *Who's Pushing Your Buttons?: Handling the Difficult People in Your Life.* Nashville, TN: Integrity, 2004.

Wright, H. Norman. *Communication: Key to Your Marriage: a Practical Guide to Creating a Happy, Fulfilling Relationship.* Ventura, CA: Regal, 2000.

KAPITEL 7

Konfliktlösung[1]

Einführung
Es ist nicht die Abwesenheit von Konflikten, die eine gute Ehe ausmacht, sondern die Art, wie mit Konflikten umgegangen wird und wie sie gelöst werden. Dieses Kapitel beschäftigt sich mit der Fähigkeit des Paares, Meinungsverschiedenheiten zu besprechen und zu lösen. Außerdem analysiert es, wie effektiv sie über Meinungen, Ideen und Gefühle mit ihrem Partner kommunizieren können – auch in stressigen oder konfliktreichen Zeiten.

Ziele dieser Mentoring-Einheit sind:
1) Dem Paar dabei zu helfen, den Wert konstruktiv gelöster Konflikte zu erkennen.
2) Mit dem Paar drängende und ungelöste Konflikte zu erkennen.
3) Wege und Schritte zur Lösungsfindung für wichtige oder dauerhafte Probleme aufzuzeigen.

Gängige Schwierigkeiten im Zusammenhang mit Konfliktlösung
Paare haben meistens Verbesserungsbedarf in den folgenden Bereichen:

1) Einer der Partner nimmt die Meinungsverschiedenheiten nicht ernst.
2) Schwerwiegende Auseinandersetzungen über unwichtige Themen.
3) Ungelöste Konflikte, die nie gelöst werden konnten oder bereits über einen längeren Zeitraum bestehen.
4) Der eine Partner neigt dazu, sehr schnell nachzugeben, nur um Auseinandersetzungen zu beenden.
5) Die Partner sind sich über die Art, wie Konflikte am besten geklärt werden, uneinig.

Vergegenwärtigt Euch Eurer eigenen Lebenserfahrung und bindet diese ein
Berichtet von einem schwerwiegenden Konflikt, den Ihr in Eurer Ehe erlebt habt, wie Ihr konstruktiv mit ihm umgegangen seid und wie diese Erfahrung Eure eheliche Bindung gestärkt hat.

Tipps zum Besprechen des Themas Konfliktlösung mit Euren Mentees
Macht Euer Paar mit den folgenden Weisheiten über das Thema „Konflikt" vertraut:

1) Konflikte sind in allen zwischenmenschlichen Beziehungen – auch in der Ehe – etwas ganz Natürliches. Da wir alle eine sündhafte Natur haben, sind Konflikte zu erwarten. Wie das Paar mit Konflikten umgeht (der Welt oder dem Heiligen Geist untergeordnet), bestimmt, ob sie der Beziehung schaden oder beim Reifen helfen.
2) Der Großteil aller ehelichen Konflikte wird nicht auf konstruktive Weise behandelt, weil den meisten Menschen nicht beigebracht worden ist, wie man effektiv mit Konflikten umgeht.
3) Ein ungelöster Konflikt kann zwar „vergraben" werden, wird aber weiterhin wachsen und an einer anderen Stelle in der Beziehung wieder auftauchen. Je mehr Menschen versuchen, Konflikte zu vermeiden oder sich vor ihnen zu verstecken, desto größer wird das Problem werden.
4) Ungelöste Konflikte in Bereichen großer Wichtigkeit für einen oder beide Partner führen zu einer frustrierenden Ehe.
5) Wie ein Paar mit Konflikten umgeht bestimmt, ob der Konflikt zu tieferer Intimität oder zu einem größeren Problem führt.
6) Das Entwickeln von starken Konfliktlösungsfähigkeiten muss für beide Partner Priorität haben, wenn Konflikte einen konstruktiven Beitrag zu einer gelungenen Ehe leisten sollen. Die Paare, die Konfliktlösungsfähigkeiten vor der Ehe erlernen, reduzieren das Scheidungsrisiko um bis zu 50%.[2]
7) Vergebung ist absolut notwendig. Das wiederkehrende Bitten um und das Empfangen von Vergebung sind für eine gesunde, Christus-zentrierte Ehe grundlegend.

8) In den ersten Ehejahren erfordert es Mut, das Risiko eines konstruktiven Konfliktes einzugehen, um gegenseitiges Vertrauen aufzubauen und weiter zu entwickeln.

Die Vorgehensweisen, die ein Paar zur Lösung von Konflikten wählt, bestimmen das Ergebnis. Je konstruktiver ihre Vorgehensweise ist, desto wahrscheinlicher ist der Erfolg.

Strategien zur Konfliktlösung
Gebt die folgenden Strategien an Eure Mentees weiter:

1) Distanziert Euch von der Situation und nehmt Euch Zeit, über Eure Wut nachzudenken. So werdet Ihr in der Lage sein, das Problem mit klarem Kopf zu besprechen. Das Nachdenken über die Wut ist nicht das gleiche, wie die Wut zu unterdrücken. Verschafft Euch Klarheit über Eure Gedanken, Gefühle und tatsächlichen Prioritäten. Fragt Euch: „Was ist hier das eigentliche Problem?" und „Wo möchte ich Veränderung sehen?"

2) Konzentriert Euch auf das, was Ihr Euch von der Beziehung wünscht und wie dieses Ziel erreicht werden kann. In einer Win-Win-Situation werden die Bedürfnisse beider Seiten erfüllt. Kompromisse sind dann nicht unbedingt nötig, zumal Kompromisse oft nur eine Notlösung darstellen, mit deren Ergebnis keiner zufrieden ist. Außerdem können dabei die eigentlich wichtigen Probleme übersehen werden.

3) Verhandelt nicht, wenn ihr verärgert, übermüdet oder hungrig seid etc.

4) Konzentriert Euch nur auf das aktuelle und relevante Problem.

5) Beschäftigt Euch mehr mit der Wurzel des Problems als mit dem offensichtlichen Ereignis. Wiederholt die Frage: „Warum hast Du Dich so gefühlt?" einige Male, um an die Wurzel des Problems zu gelangen.

6) Identifiziert die Ursache Eurer Gefühle ganz bewusst und besprecht sie dann ruhig und selbstbewusst mit Eurem Ehepartner.

7) Wie bei einer Krankheit oder einem mechanischen Problem gilt auch hier: Je früher man das Problem behandelt, desto einfacher ist die Lösung. Da Probleme selten mit dem Lauf der Zeit verschwinden (sie verschlimmern sich oft), ist die Wahl des richtigen Zeitpunktes essenziell. Ignoriert keinesfalls die ersten Warnzeichen, die Euch darauf hinweisen, dass Eure Beziehung Aufmerksamkeit benötigt.

8) Erkennt und akzeptiert, dass nur selten eine Einzelperson die Schuld an einem Problem trägt.

9) Sprecht über negative *und* positive Gefühle.

10) Seid zugänglich. Helft dem anderen, sich verstanden zu fühlen, wenn er ein Problem anspricht. Verhaltet Euch so, dass Euer Partner zum Mitteilen seiner Gefühle und Meinungen während Eurer Auseinandersetzungen ermutigt wird.

11) Arbeitet auf Gemeinsamkeit hin und akzeptiert zugleich, dass Ihr Euch nicht in allen Punkten einig sein werdet. Geduldige Zurückhaltung ist ein Akt der Liebe.

12) Nehmt Meinungsverschiedenheiten ernst und schenkt ihnen so viel Beachtung, wie sie es verdienen.

13) Sprecht die Wahrheit auf liebevolle Art und Weise aus. Für das erfolgreiche Verarbeiten von Konflikten ist aufrichtige, ehrliche und liebevolle Kommunikation notwendig. Erinnert Euch daran, Eure Motive zu prüfen. Könntest Du Deine Worte annehmen, wenn eine andere Person diese genau so zu Dir sagen würde? Die Liebe ist sich der Gefühle und der Persönlichkeit des Gegenübers auf eine sehr rücksichtsvolle Art und Weise bewusst.

14) Geht vorausschauend mit Wut und Verletzung um. Verleugnet sie nicht, unterdrückt sie nicht und lasst sie nicht zu Bitterkeit werden.

Wir empfehlen Euch sehr, jeden Streit mit der Bitte um und dem Gewähren von Vergebung zu beenden und Euch Eure Liebe auf jegliche Art zu zeigen.

Schritte zur Konfliktlösung
Nutzt die folgenden Schritte, wenn Ihr vor einem Problem steht, das nicht nur durch Kommunikation gelöst werden kann. Bei kleineren Problemen könnt Ihr die Schritte relativ schnell durcharbeiten. Bei emotional belastenden, schwierigen Problemen solltet Ihr die Schritte jedoch langsam und sorgfältig bearbeiten.

1) Wählt eine gute Zeit und einen geeigneten Ort, um das Gespräch zu führen.
2) Betet über die Situation.
3) Definiert das Problem oder das Thema, über das Ihr Euch uneinig seid.
4) Sprecht über das, was Ihr als Einzelperson zu diesem Problem beitragt.
5) Überlegt Euch in Frage kommende Vorgehensweisen zur Konfliktlösung.
6) Besprecht und bewertet die Vor- und Nachteile all dieser Lösungsmöglichkeiten.
7) Fasst sie zusammen, findet einen Kompromiss, legt Prioritäten fest und einigt Euch
dann auf eine Vorgehensweise, die Ihr probieren möchtet.
8) Einigt Euch darauf, was Ihr beide tun werdet, damit diese Lösung zum Erfolg führt.
9) Legt ein Treffen fest, um zu beurteilen, wie gut die gewählte Lösung funktioniert hat.
Überdenkt Euren Lösungsweg, falls notwendig.
10) Belohnt Euch gegenseitig für Euren Beitrag zur Problemlösung.

HINWEIS: *Solltet Ihr weiterhin Schwierigkeiten haben oder könnt Ihr alleine keinen Lösungsweg finden, fragt einen Ältesten, einen*

Pastor, einen Mentor, ein gläubiges Ehepaar, einen gläubigen Freund oder christlichen Seelsorger um Rat.

Das Gute an Konflikten verstehen lernen
Ist eine Beziehung ohne Konflikte besser? Überhaupt nicht! Obwohl sich viele Paare eine möglichst konfliktfreie Beziehung wünschen, können gelegentliche, gut gelöste Konfrontationen Gelegenheit bieten, durch das gemeinsame Arbeiten enger zusammen zu wachsen, voneinander zu lernen und eine größere Liebe füreinander zu entwickeln. Eine konfliktlose Beziehung kann darauf hindeuten, dass das Paar die Klärung bedeutsamer Probleme vermeidet. Das Ziel, möglichst selten zu streiten, ist dann gesund, wenn sicher ist, dass im Konfliktfall die nötigen Strategien zur Verfügung stehen, um gestärkt aus der Konfrontation herauszugehen.

Seid stets zum Zuhören bereit!
Vergesst nicht, dass die Bedürfnisse beider Partner, im Konflikt gehört und verstanden zu werden, gleich groß sind. In den meisten Auseinandersetzungen führen bereits die bestimmte Kommunikation und das aktive Zuhören zu positiven Ergebnissen. Das Zuhören und der Versuch, den Partner zu verstehen, bringen Liebe und Ehre zum Ausdruck und geben dem Gespräch Glaubwürdigkeit.

Wartet mit dem Reden!
Die Worte, die während einer Auseinandersetzung im Affekt gesprochen werden, können sehr schnell die Gefühle des Partners verletzen. Im Nachhinein bereuen wir häufig gemeine Worte, die aber leider nicht mehr zurückgenommen werden können. Vergesst nicht, dass Ihr Euch auch selbst verletzt, wenn Ihr etwas Verletzendes sagt. Unser Bedürfnis, die Gefühle der Wut durch wütende Worte auszudrücken, ist keine geeignete Art, mit Frustration umzugehen. Worte, die wütend und unbedacht gesprochen werden, kommen nicht von Gott und sind nicht förderlich.

Wie ausgeprägt ist Eure Wut/Anspannung auf einer Skala von 1 bis 10?
Schaut Euch die untenstehende Skala an. Wenn unsere Anspannung steigt, sinkt unsere Fähigkeit, klar zu denken und Probleme effektiv

zu lösen. Viele Paare versuchen, ihre schlimmsten Probleme zu lösen, während sie noch in einer hohen Konfliktzone stehen! Gespräche dieser Art bringen oft nicht die gewünschten Ergebnisse.

Versucht also nicht, die Probleme zu lösen, wenn Eure Feindseligkeit gerade in der erhöhten Konfliktzone liegt (8-10). Versucht, Euch zu beruhigen, indem Ihr betet, Euch nach Gottes Frieden und Führung ausstreckt, spazieren geht oder Sport macht, Eure Gefühle aufschreibt und tief durchatmet. Seid Euch bewusst, dass Ihr schnell in die erhöhte Konfliktzone gelangen könnt, wenn Ihr Euch noch in der gemäßigten Zone (4-7) befindest. Seid extrem vorsichtig! Im Idealfall sollten wir in der ruhigen Zone (1-3) miteinander sprechen und dabei das Gebet und die Vergebung nicht vergessen.

0 1 2 3	ruhige Zone
4 5 6 7	gemäßigte Zone
8 9 10	erhöhte Konfliktzone

Quelle: Apostolic Christan Counseling and Family Services, adaptiert

Seid geduldig!
Nehmt Euch Zeit zum Beten, wenn Auseinandersetzungen vorkommen! Streckt Euch nach Gottes Weisheit aus, um Eure Gefühle richtig ausdrücken zu können. Versucht, Euren Ehepartner zu verstehen, wenn er seine Gefühle offenbart.

Man bezeichnet die Wut oft als „sekundäre Emotion", da sie die Folge eines anderen Problems ist. Versucht zu erkennen, welche der folgenden Kategorien die Ursache Eurer Verärgerung ist, wenn Euch etwas aufgeregt hat:

1) Deutliche Verletzung (z. B. Demütigung, Gefühl der Ablehnung, Ungnade),
2) Erschwerende Umstände,
3) Angst,
4) Physischer Schmerz,
5) Ungerechtigkeit oder Unrecht (z.B. gerechte Wut).

Sobald Ihr feststellt, dass einer der obenstehenden Aspekte Eure Reaktionen beeinflusst, solltet Ihr versuchen, den Konflikt auf eine Weise zu lösen, die Christus ehrt. Normalerweise kann der Konflikt durch das Beruhigen, Gebet und das Reden gelöst werden. Falls Ihr jedoch weiterhin Schwierigkeiten haben solltet, den Konflikt zu lösen, zögert nicht, Euch Unterstützung und Rat bei einem Ältesten, Pastor, Mentor, Seelsorger, einem gläubigen Ehepaar oder Freund zu suchen.

Vermeidet die Extreme!
Manche Personen "vermeiden Konflikte" in ihrer Beziehung. Zwar streiten sie nicht, es kann aber sein, dass sie der Behandlung wichtiger Themen aus dem Wege gehen, die geistliche, emotionale und auf die Beziehung bezogene Probleme beeinflussen. Auf der anderen Seite beginnen „konflikt- und streitlustige" Partner Auseinandersetzungen oft mit harten und lieblosen Aussagen.

In Jesus haben wir ein perfektes Beispiel zum Umgang mit Konflikten. Manchmal war Er ruhig oder sagte nur ein paar wenige Worte, während Er in anderen Momenten auf kraftvolle und direkte Art sprach. Ein großartiges Beispiel findet sich in Johannes 8,7, wo die Pharisäer eine Ehebrecherin zu Ihm bringen: *„Als sie jedoch darauf bestanden, auf ihre Frage eine Antwort zu bekommen, richtete Er sich auf und sagte zu ihnen: 'Wer von Euch ohne Sünde ist, der soll den ersten Stein auf sie werfen.'"* In Johannes 8 und in anderen Teilen der Bibel finden wir zusätzliche Beispiele für die Art, wie Jesus mit Konflikten umging.

Beispiele schädlichen Konfliktverhaltens
Es gibt verschiedene Konfliktarten, die Ihr kennen und vermeiden solltet. Ein Forscher hat sie als die *„Vier Reiter der Apokalypse"*[3], bezeichnet.

1) *Kritik oder Eskalation* – kommen dann vor, wenn sich Ehepartner verbal mit negativen Aussagen, Verleumdungen und feindseligen Worten über den Charakter oder die Persönlichkeit angreifen. So lange, wie diese feindselige Unterhaltung anhält, wird auch die Wut und Frustration bestehen bleiben.

2) *Verachtung oder Entwertung* – kommen dann vor, wenn ein Partner auf direkte oder indirekte Weise die Gedanken, Gefühle, Integrität oder Persönlichkeit des anderen niedermacht. Dies sind Worte oder Gesten, die Deinem

Ehepartner zeigen, dass Du entsetzt und zutiefst bestürzt über ihn bist. Beispiele hierfür sind Verachtung, Zynismus, Spott, Beschimpfung, Sarkasmus, Augenrollen etc.

3) *Rechtfertigung oder negative Interpretationen* – kommen dann vor, wenn ein Partner glaubt, dass die andere Person verdeckte Motive hat, die sich nicht mit ihrem Reden decken. Anstatt aktiv zuzuhören und sich den Fähigkeiten der bestimmten Kommunikation zu bedienen, gehören zur Rechtfertigung auch das Beschuldigen des Ehepartners und das Kritisieren seines oder ihres Verhaltens, ihrer Meinungen etc.

4) *Hinhalten oder Zurückziehen und Vermeidung* – kommen dann vor, wenn einer oder beide Ehepartner sich weigern, die Unterhaltung fortzuführen. Zum Zurückziehen gehören das „Zurückweichen" und der Versuch, dem Gespräch zu entkommen. Die Vermeidung versucht schon den Beginn des Gesprächs zu unterbinden. Hinhalten bedeutet, nichts zu sagen oder nicht mehr mit dem Ehepartner zu sprechen.

Wann sollte man um externe Hilfe bitten?
Wenn mehrere Versuche, den Konflikt zu lösen, gescheitert sind, Abmachungen gebrochen wurden oder die Partner von der körperlichen und emotionalen Anstrengung ihrer Verschiedenheiten erschöpft sind, könnte es an der Zeit sein, eine weitere Person um Hilfe zu bitten, um den Konflikt zu lösen und Versöhnung zwischen den Partnern herzustellen. Weitere Signale, externe Hilfe hinzuzuholen, sind:

1) Das Gefühl, körperlich angegriffen werden zu können.
2) Das Gefühl, verbal angegriffen oder emotional verraten zu werden.
3) Wiederkehrender Streit über dasselbe Problem.
4) Einer von Euch lässt seine Wut an den Kindern aus.
5) Einer von Euch sucht emotionale Unterstützung bei Euren Kindern.
6) Häufige Drohungen des Verlassens oder der Scheidung.
7) Das Gefühl, aus der Ehe ausbrechen zu wollen oder darüber nachzudenken, Deinen Ehepartner zu betrügen.

8) Andauerndes sexuelles Desinteresse.

> „Körperlicher und verbaler Missbrauch sind in keinster Weise akzeptabel und sind in einer Ehe nicht zu tolerieren. Diese Arten des Missbrauchs sind sündhaft und da sie das Herz der Ehe treffen, bieten sie Satan die Gelegenheit, die Ehe zu zerstören. Während körperlicher Missbrauch sichtbare blaue Flecken verursacht, zerbricht emotionaler Missbrauch den Geist. Beispiele des emotionalen Missbrauchs sind die dauerhafte Verwendung verletzender Worte, Wutausbrüche, Schweigen, Isolation, Drohungen, usw., die zur Kontrolle und Manipulation der anderen Person dienen. Suche umgehend professionelle Hilfe, wenn emotionaler und/oder körperlicher Missbrauch in Deiner Beziehung vorkommen." [4,5]

Übungen für das Paar
Besprecht die folgenden Hinweise. Leitet dann Euer Paar durch die nachfolgenden Übungen.

Vermeiden des „Kreislaufes des Bittenden und des Teilnahmslosen"
Die meisten Paare haben verschiedene Meinungen darüber, welche die effektivste Strategie zur Konfliktlösung ist. Oftmals möchte die Frau das Problem sofort klären, wobei sich der Mann Zeit zum Nachdenken nehmen möchte und später darüber reden will. Das führt oft zum „Kreislauf des Bittenden und des Teilnahmslosen".

Die Ehefrau möchte zum Beispiel darüber reden, warum der Mann so viel geschäftlich reist. Sie fragt: „Warum musst Du für Deinen Beruf so viel reisen? Du hast nie Zeit, mir hier zu helfen." Er antwortet, dass er später darüber reden möchte und geht in ein anderes Zimmer. Dies veranlasst die Frau, noch gereizter und beunruhigter zu sein. Sie folgt ihm und bombardiert ihn mit einer Reihe zusätzlicher Fragen. Der Mann gibt eine negative Antwort auf die weiteren Fragen, weil er sich mittlerweile kritisiert und sogar angegriffen fühlt. Er nimmt die Herausforderung an, wird wütend und brüllt: „Ich arbeite den ganzen Tag und das ist der Dank dafür!", und verlässt das Zimmer.

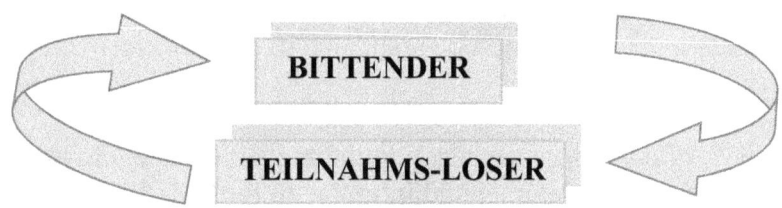

Wer „veranlasst" den Kreislauf des Bittenden und des Teilnahmslosen? Der Bittende oder der Teilnahmslose? Die Wahrheit ist, sie sind es beide. Wenn der Bittende Druck zu reden auf den Teilnahmslosen ausübt, zieht dieser sich zurück, weil er nicht zum Reden bereit ist. Da der Ehemann im Beispiel nicht versucht hat, das Problem sofort zu klären, hat sich die Frau Sorgen darüber gemacht, dass das Problem entweder in Wirklichkeit ernster sein könnte, als sie gedacht hatte, oder dass ihm ihre Probleme einfach egal seien.

Um diesen Kreislauf zu vermeiden, muss sich das Paar durch die folgenden Handlungen gegenseitig respektieren:

1) Gebt acht, dass Ihr nicht aggressiv werdet. Wenn Du dazu neigst, der Bittende zu sein, versuche, das Bedürfnis des Partners, im Moment „teilnahmslos" zu sein, zu verstehen. Anstatt mit Fragen Druck auszuüben, einigt Euch auf ein zeitnahes Treffen, in dem Ihr das Problem besprechen könnt. Nutzt dann Strategien zur Ordnung Eurer Gedanken, um Vorgehensweisen zu identifizieren, die bei der Problemlösung helfen können.

2) Zieht Euch nicht zurück, ohne Eurem Ehepartner eine Zeit zur Besprechung des Problems angeboten zu haben. Falls Du dazu neigst, der Teilnahmslose zu sein, ist es wichtig, Deinem Partner zu zeigen, dass Du an dem, was er oder sie sagen möchte, interessiert bist, dass der Zeitpunkt jedoch nicht passend ist. Bestimmt daher einen Zeitpunkt in naher Zukunft (nach dem Abendessen, vor dem Schlafengehen, morgen, usw.), wo Ihr Euch beide aussprechen und das Problem lösen könnt.

Übung 1: Konfliktlösungsstile

Die Paare gewöhnen sich oft eine bestimmte Art und Weise an, mit Konflikten umzugehen, die sich nicht ändert, egal worüber sie sich streiten.

1) *Bittende* – versuchen Verbindungen herzustellen, um sich näher zu kommen und Intimität zu fördern. Sie fühlen sich schnell zurückgestoßen, wenn ihr Partner mehr Raum braucht, was dazu führt, dass sie die Nähe noch intensiver suchen.
2) *Teilnahmslose* – sind emotional eher fern und es fällt ihnen schwer, ihre Verletzlichkeit und Abhängigkeit zu zeigen. Bei Stress ziehen sie sich in ihre eigene Welt zurück und können dazu neigen, eine Beziehung zu beenden, wenn sie ihnen zu intensiv wird. Es ist eher unwahrscheinlich, dass Teilnahmslose sich emotional öffnen, wenn sie das Gefühl haben, verfolgt zu werden.

Wie schätzt Du Dich selbst und Deinen Partner bezüglich der zwei erwähnten Konfliktlösungsstile ein?

Ich: _____

Mein Ehepartner: _____

Wie zeigt sich dies während eines Konfliktes?

Übung 2: Einfühlsame Gespräche

Seid im Fall eines Konflikts vorsichtig, wie und wann Ihr miteinander sprecht. Die Forschung zeigt, dass das Ergebnis eines Gesprächs in fast 96% der Fälle in den ersten drei Minuten vorhergesagt werden kann.[6] Gemeine Worte zu Beginn des Gesprächs können katastrophal sein und jegliche Konfliktlösungsversuche ruinieren. Dieses Dilemma könnt Ihr vermeiden, indem Ihr dem Beispiel in Jakobus 1,19-20, folgt:
„Darum, meine geliebten Brüder, sei jeder Mensch schnell zum Hören, langsam zum Reden, langsam zum Zorn; denn der Zorn des Mannes vollbringt nicht Gottes Gerechtigkeit!"

Denkt darüber nach, wie Ihr normalerweise auf die untenstehenden Situationen reagiert und sprecht über Eure Gefühle.

Trägt Eure Reaktion eher zu einer Vertiefung der Einheit in Eurer Beziehung bei, oder schadet sie dieser eher?

1) Du bist gerade von der Arbeit nachhause gekommen. Du denkst über eine Unterhaltung mit Deinem Chef nach, die Dich aus der Fassung gebracht hat. In diese Situation hinein fragt Dein Partner: „Hast Du die Post geholt?"
2) Du mähst gerade den Rasen. Dein Ehepartner fragt Dich, ob du zum Supermarkt gehen könntest, um Milch zu holen, obwohl Du eigentlich zuerst fertig mähen möchtest.
3) Ihr hattet schon wieder ein angespanntes Gespräch über Eure schwierige finanzielle Lage und die hohen Schulden, die Ihr habt. Kurz darauf findest Du heraus, dass Dein Ehepartner schon wieder etwas gekauft hat, das nicht im Budget war.
4) Dir fällt auf, dass Dein Partner immer dann, wenn Du etwas Wichtiges oder Konfrontatives ansprichst, gähnt, sich schnell ablenken lässt und desinteressiert wirkt.
5) Es scheint, als falle es Deinem Ehepartner schwer, seine oder ihre Sachen aufzuheben und aufzuräumen. Du fragst Dich, ob er/sie die Sachen, die neben dem Bett auf dem Fußboden liegen, überhaupt bemerkt.

Gesprächsanregungen
1) Wie sind Deine Eltern mit Konflikten umgegangen, als Du noch ein Kind warst? Bist Du mit ihrer Vorgehensweise einverstanden? Warum oder warum nicht?
2) Wie gehst Du normalerweise vor, um Unstimmigkeiten mit Deinem Partner zu klären?
3) Bist Du beim Besprechen von Verschiedenheiten in der Lage, die unterschwelligen Bedürfnisse Deines Herzens klar zu erkennen?
4) Hältst Du Dich eher für einen „Bittenden" oder einen „Teilnahmslosen"? Stimmt Dir Dein Partner zu?
5) Möchtest Du ein Problem eher sofort lösen, wenn Du sauer bist – oder brauchst Du mehr Zeit, um darüber nachzudenken?
6) Schweigst Du lieber und versuchst zu vermeiden, dass Ihr Euch gegenseitig verletzt?
7) Fühlst Du Dich am Ende eines Streites normalerweise für das Problem verantwortlich?

8) Wie fühlst Du Dich damit, Verschiedenheiten ungeklärt zu lassen?
9) Wie solltet Ihr Epheser 4,26: *„Sündigt nicht, wenn Ihr zornig seid, und lasst die Sonne nicht über Eurem Zorn untergehen"* Deiner Meinung nach als Paar ausleben?
10) Welche Themen vermeidest Du aus Angst, weitere Konflikte oder verletzte Gefühle hervorzurufen? Was muss getan werden, um diese bleibenden Probleme auf gesunde Weise zu klären?
11) Was bringt Deine Wut und Deine Anspannung dazu, in die hohe Konfliktzone zu steigen? Was kannst Du tun, um Dich zu beruhigen? Wie könnt Ihr Euch immer wieder bewusst vergegenwärtigen, in welcher Zone Ihr Euch befindet?
12) Wie sieht die Verantwortung des Ehemanns als geistlichem Leiter des Hauses dafür aus, sicherzustellen, dass eheliche Konflikte und Probleme auf angemessene Art und Weise angesprochen werden? Wie sieht die Verantwortung der Ehefrau hierbei aus?

Biblische Bezugsquellen

1. Korinther 7,28: *„…nur werdet Ihr als Verheiratete besonderen Belastungen ausgesetzt sein…"* (Hoffnung für Alle)

Epheser 4,26: *„Sündigt nicht, wenn Ihr zornig seid, und lasst die Sonne nicht über Eurem Zorn untergehen."* Hinweis: Der Zeitpunkt zur Konfliktlösung ist als Richtlinie gegeben; es ist *keine* gesetzliche Forderung.

Epheser 4,29: *„Kein böses Wort darf über Eure Lippen kommen. Vielmehr soll das, was Ihr sagt, gut, angemessen und hilfreich sein; dann werden Eure Worte denen, an die sie gerichtet sind, wohl tun."* (Neue Genfer Übersetzung)

Sprüche 12,18: *„Die Worte mancher Leute sind wie Messerstiche; die Worte weiser Menschen bringen Heilung."* (Gute Nachricht Bibel)

Sprüche 15,1: *„Eine sanfte Antwort wendet den Grimm ab, ein verletzendes Wort aber reizt zum Zorn."* (Schlachter 2000)

Buchempfehlungen in deutscher Sprache

Chapman, Gary: *Die fünf Sprachen des Verzeihens. Die Kunst, wieder zueinander zu finden.* Francke Buchhandlung, Marburg 2010.

Chapman, Gary: *Streithähne und Turteltauben. An Konflikten reifen.* Francke Buchhandlung, Marburg 2008.

Grabe, Martin: *Lebenskunst Vergebung. Befreiender Umgang mit Verletzungen.* Francke Buchhandlung, Marburg 2007.

Lehnert, Felicitas A. & Volker A.: *EHE der Zoff uns scheidet. Was sie tun können, bevor sie was tun müssen – 12 Denkanstöße.* Aussaat Verlag, Neukirchen 2008.

May, Sharon Morris: *Wie man sich streitet, so liebt man. Wie Konflikte Ihre Partnerschaft stärken.* Brunnen Verlag, Gießen 2011.

Ruthe, Reinhold: *Duett statt Duell. Wie eine Ehe und Partnerschaft gelingen.* Concept Leben, Eicklingen 2011.

Weingardt, Beate M.: *Das verzeih' ich Dir (nie)! Kränkung überwinden, Beziehung erneuern.* SCM R.Brockhaus, Witten 2012.

KAPITEL 8

Vergebung zusprechen:
Was es ist, was es nicht ist und wie man gut vergibt[1]

Einführung
Manch einer hat schon gesagt, dass die drei wichtigsten Sätze im Leben „Ich liebe Dich", „Es tut mir leid" und „Ich vergebe Dir" sind. Obwohl die Vergebung ein zentrales Thema im Christentum und in allen erfolgreich geführten Beziehungen ist, scheint sie für viele ein verwirrender und komplizierter Prozess zu sein.

Viele Menschen glauben, dass sie durch die Vergebung den anderen „von der Leine lassen"; obwohl sie auf diese Weise die Konsequenzen ihrer harten Handlungsweise tragen müssen.

Gängige Schwierigkeiten im Zusammenhang mit „Vergebung"
1) Menschen, die von der Bitterkeit aus vergangenen Verletzungen eingeholt werden.
2) Menschen, die sich selbst Sünden oder Handlungen in der Vergangenheit nicht vergeben können.
3) Mangelnde Bereitschaft, Probleme aus der Vergangenheit, die die Intimität in der Beziehung des Paares immer noch einschränken, anzusprechen.

Vergegenwärtigt Euch Eurer eigenen Lebenserfahrung und bindet diese ein
Was für eine Rolle hat Vergebung in Eurer Ehe oder Eurem Leben gespielt? Wählt eine herausfordernde Situation, der Ihr Euch in Eurer Ehe oder Familie stellen musstet. Erzählt Euren Mentees, wie Ihr es geschafft habt, Vergebung und Wiederherstellung zu erreichen.

Vergebung zusprechen: Was es ist, was es nicht ist und wie man gut vergibt

Tipps zum Austausch über Vergebung

Häufige Missverständnisse zum Thema Vergebung[2]
Manch einer glaubt, dass erst um Vergebung gebeten werden muss, bevor man vergeben kann. Tatsächlich kann man aber jemandem vergeben, der gar nicht mehr lebt oder der gar nicht realisiert hat, dass Schaden angerichtet wurde, oder jemandem, der die Ernsthaftigkeit der Verletzung nur teilweise versteht. Zur *Vergebung* braucht man nur eine Person, während zur *Versöhnung* zwei kooperierende Parteien notwendig sind.

Beim Vergeben geht es nicht nur darum, über „etwas hinwegzukommen". Einige der Verletzungen, die Du erlebt hast, sind sehr ernst zu nehmen und dürfen nicht einfach ignoriert werden. Manche Menschen sind *irrtümlicherweise* davon überzeugt, dass Vergebung...:

1) ...die Ernsthaftigkeit der sündigen Handlung verleugnet.
2) ...Menschen zu einfach aus der Verantwortung entlässt.
3) ...dem Opfer zu viel Verantwortung zuweist.
4) ...den Schmerz automatisch heilt.

Wahre Vergebung jedoch ....:[3]
1) ...erkennt, dass Unrecht geschehen ist.
2) ...versteht, dass das Unrecht eine Verpflichtung zur Wiedergutmachung für den Täter bewirkt.
3) ...ist sich bewusst, dass der Täter die Verletzung manchmal nicht auf angemessene Weise kompensieren kann.
4) ...erkennt, dass Rache – auch wenn sie ein natürliches Verlangen ist – keine gute oder gesunde Lösung ist.
5) ...erlässt die Schuld des Täters als Folge der Gehorsamkeit gegenüber Gott.

Vergebung ist nicht...:
1) ...*vergessen*. Man vergisst ein Vergehen nicht unbedingt ganz, wenn man vergibt. Christus-ähnliche Vergebung bedeutet, dass wir keine Wut, Bitterkeit oder Feindseligkeit über die Person aufrechterhalten werden. Nicht das Vergessen des Vergehens ist das Ziel, sondern Befreiung von der ungesunden emotionalen Kraft, die es auf Dich ausübt.

2) *...begnadigen.* Begnadigung ist ein juristischer Fachausdruck für das Erlassen einer Strafe oder dafür, jemanden für ein Verbrechen oder Vergehen nicht zu bestrafen.
3) *...Versöhnung.* Versöhnung ist ein Prozess, in welchem zwei Menschen aktive Schritte unternehmen, die geschädigte oder verletzte Beziehung wiederherzustellen. Versöhnung ist das, was beide Menschen, der Täter und das Opfer, tun, um eine zerbrochene Beziehung zu heilen.
4) *...Entschuldung für das Vergehen.* Die Vergebung gibt dem Täter nicht das Recht, wieder anzugreifen. Das Setzen gesunder Grenzen ist wichtig, damit wir den verletzenden und sündhaften Handlungen einer anderen Person keinen Raum mehr verschaffen.
5) *...Vertrauen.* Vertrauen ist keine Voraussetzung für das Vergeben. Es braucht Zeit, Vertrauen aufzubauen und der Verursacher muss akzeptieren, dass das Vertrauen nicht immer sofort zurückgewonnen werden kann.
6) *...ein Gefühl.* Die Vergebung basiert nicht auf einem Gefühl. Du darfst nicht darauf warten, bis es Dir besser geht oder bis es der anderen Person wirklich leid tut. Stattdessen ist die Vergebung ein von Gott geführter Akt der Gehorsamkeit.
7) *...zeitabhängig.* Eine Aussage, die in Bezug auf emotional Verletzungen oft zitiert wird, ist: „Die Zeit heilt alle Wunden." Das stimmt aber einfach nicht! Wir sollten eher sagen: „Die Zeit in Verbindung mit der Vergebung führt zur Wundheilung."

Vergebung ist...:
1) *...durch Gnade gegeben.* Als Gott den Vergebungs- und Versöhnungsprozess mit uns begann (Römer 5,6; Epheser 2,4-5), hat Er uns gezeigt, wie das Schenken von ultimativer Gnade aussieht. Einem anderen Menschen Vergebung zuzusprechen, basiert auf der Entscheidung eines Menschen. Das Zusprechen von Vergebung kann sich unfair *anfühlen*, da die, denen vergeben werden muss, die Vergebung nicht unbedingt verdienen. Der Täter mag nicht die nötige Reue und das schlechte Gewissen entgegenbringen, das für die *Annahme* der Vergebung notwendig ist. Das schließt aber das *Zusprechen* der Vergebung nicht aus.

2) *...eine bewusste Entscheidung und ein Prozess.* Wir müssen uns bewusst für den Prozess der Vergebung entscheiden. Dies ist ein vom Heiligen Geist bevollmächtigter Prozess, der Zeit in Anspruch nimmt. Es ist wichtig, dass beide Parteien sich entscheiden, zu vergeben und sich dem zeitintensiven Vergebungsprozess verpflichten.
3) *...harte und facettenreiche Arbeit.* Die Vergebung setzt sich aus emotionalen, zwischenmenschlichen, geistlichen und physiologischen Komponenten zusammen. Dazu gehört, dass wir unsere Einstellungen, Verhaltensmuster, Gefühle und Überzeugungen verändern. Die Vergebung ermöglicht uns, ein Gefühl der Befreiung zu empfinden, wenn wir an das Vergehen denken.
4) *...der Erlass einer Schuld.* Vergebung ist oft die einzige Möglichkeit, eine Schuld zu begleichen. Wir entscheiden uns dazu, dem Schuldigen seine oder ihre Schuld zu erlassen. Zudem befreit uns diese Entscheidung von Bitterkeit, Verärgerung und Wut. All diese Zustände könnten uns auf unserer Reise mit Gott aufhalten (Hebräer 12,1-2).

Schritte zur Vergebung[4]
1) *Erinnere Dich an die Verletzung.* Der erste Schritt zur Vergebung beinhaltet das Erkennen der Verletzung oder des Unrechts. Ziel dieses Schrittes ist anzunehmen, dass Dir Unrecht widerfahren ist. Nur so kannst Du anfangen, Dich in diesem Prozess nach vorne zu bewegen. Wenn Du den Schmerz entweder leugnest oder das Ereignis wie besessen immer wieder in Deinem Kopf abspielst, führt das zum Entstehen einer unüberwindbaren emotionalen Barriere.
2) *Zeige Mitgefühl.* In diesem Schritt werden negative Gefühle wie zum Beispiel Wut durch Empathie ersetzt. Dabei versucht man, das Geschehen aus der Perspektive des anderen zu sehen. Versuche Dir vorzustellen, was die andere Person gedacht oder empfunden haben könnte. In keinster Weise versuchst Du aber, ihr Verhalten zu entschuldigen oder stillschweigend zu dulden. Je furchtbarer das Vergehen war, desto schwieriger ist es, Empathie zu haben. Falls Empathie zu schwer ist, versuche zunächst einmal, Verständnis aufzubringen. Du kannst beispielsweise

denken: „Wie furchtbar muss es sein, ein derart verwirrtes Gewissen zu haben, dass diese Person ... tun konnte...?!"[5]

> *Obwohl man Mitgefühl und Verständnis oft als gleichwertig erachtet und benutzt, gibt es einen kleinen Unterschied: Mitzufühlen bedeutet, auf den empfundenen emotionalen Zustand einer Person mit dem Empfinden ähnlicher Gefühle zu reagieren. Verständnis bedeutet nur, dass einem das Gefühlsleben der anderen Person ein Anliegen ist.*

3) *Verpflichte Dich zu vergeben.* Gehe eine heldenhafte Verpflichtung zur Vergebung ein und suche Dir ein „Eben-Eser", um Dich daran zu erinnern. Nach 1. Samuel 7,12 ist ein Eben-Eser ein Hinweis oder ein Denkmal. Es erinnert uns daran, dass Gott uns geholfen hat, bis hierher zu gelangen. Am erfolgreichsten ist es, wenn Du jemand anderem von Deiner Verpflichtung zur Vergebung erzählst (z.B. der Person, die Dir Unrecht angetan hat, Deinem Ehepartner, einem Freund, einem Pastor usw.). Es muss Dir möglich sein, Dich an Deine Verpflichtung zu erinnern, wenn schmerzhafte Erinnerungen aus der Vergangenheit wieder hochkommen. Hilfreich ist auch, das Vergehen aufzuschreiben, das Blatt zu zerknüllen und es wegzuwerfen oder zu verbrennen.

4) *Vergebung ist ein Prozess.* Es kann sein, dass Du vor dem Abschluss des Vergebungsprozesses jeden Tag mehrere Male vergeben und Deine Verurteilung loslassen musst. Sobald Du ohne Bitterkeit und mit bedingungsloser Liebe an diese Person denken kannst, weißt Du, dass der Vergebungsprozess abgeschlossen ist.

5) *Zeige Reue für das Richten dieses Menschen.* Die Wurzel aller Unvergebenheit ist das Urteilen. Kehren wir davon nicht um, wird unsere Vergebung oberflächlich und unvollständig sein.

6) *Segne die Person, der Du vergeben möchtest.* Segne sie nach Anleitung des Heiligen Geistes im Gebet. Wenn Du so betest, wird es Dir immer schwerer fallen, an Unvergebenheit festzuhalten.

Der hohe Preis der Unvergebenheit und der Bitterkeit
Die Vorteile der Vergebung sind eindeutig. Durch das Befolgen von Gottes Beispiel und Auftrag erfährst Du Hoffnung und Heilung. Im Gegensatz dazu hat Unvergebenheit viele schädliche Folgen. Mangelnde Bereitschaft zur Vergebung führt häufig zu Bitterkeit. Wenn man an Verletzungen der Vergangenheit festhält und sich weigert zu vergeben, fügt man sich selbst Schaden zu. Bitterkeit auch den uns am nächsten stehenden Menschen schaden.

1) *Geistliche Folgen der Unvergebenheit* – Bitterkeit ist die häufigste geistliche Folge davon, nicht vergeben zu wollen. Die Bibel warnt uns vor Bitterkeit (Hiob 10) und dem geistlichen Schaden, den Bitterkeit anrichten kann, wenn wir ihr Raum in unserem Leben gewähren. Die offensichtlichste Folge hiervon ist häufig das erschwerte Vorwärtskommen auf unserer Reise mit Gott.

2) *Emotionale und zwischenmenschliche Konsequenzen der Unvergebenheit* — Unvergebenheit ist, als wenn man Gift trinken würde und dabei erwartet, dass die andere Person stirbt. Bitterkeit frisst sich wie Krebs durch die Person, die an ihr festhält. Wenn wir nicht zur Vergebung bereit sind, breiten wir das Gift auch auf andere Beziehungen aus – auch auf Menschen, die mit der Person, die uns geschadet hat, überhaupt nichts zu tun haben.

Schritte zur Versöhnung[6]
Die Versöhnung ist ein Zeugnis für Gottes Kraft und die Kraft der Einheit im Leib Christi. Um eine Beziehung nach einem Angriff wiederherzustellen, braucht man zwei kooperierende Parteien. Versöhnung ist nur dann möglich, wenn die zwei Parteien sich in jedem Schritt zur Versöhnung einig sind. Versöhnung bedeutet, dass eine Beziehung wiederhergestellt wird. Im Folgenden findet Ihr notwendige Schritte, die für den Wiederaufbau des Vertrauens notwendig sind und so die Versöhnung ermöglichen.

1) *Umkehr.* Der erste Schritt ist die Umkehr. Der Täter muss bereit dazu sein, sein Vergehen zu gestehen und den Schmerz, den er dem Opfer angetan hat, zu erkennen. Er oder sie muss zusätzlich ein aufrichtiges Verlangen danach

haben, die Umstände, die zur Verletzung geführt haben, zu ändern. Aufrechte Umkehr zeigt sich durch eine Verhaltensänderung.
2) *Entschädigung.* Wenn derjenige, der das Unrecht zugefügt hat, versucht, es so gut wie möglich wiedergutzumachen, zeugt das von der Aufrichtigkeit seiner oder ihrer Reue. Versöhnung ist dann möglich, wenn das Opfer ebenfalls am Entschädigungsprozess teilnimmt - ohne sich zu rächen, sondern um Gerechtigkeit herzustellen.
3) *Aufarbeitung.* Um zu einem besseren Lebensweg zurückzukehren, kann die Aufarbeitung des Geschehens für den Täter notwendig sein. Dies ist ganz besonders dann wichtig, wenn er oder sie in eine ungesunde oder gottlose Lebensform geraten ist. Dieser Schritt versichert uns, dass der Täter sich wirklich geändert hat.

Lernen, sich selbst zu vergeben
Manchmal fällt es Menschen am schwersten, sich selbst zu vergeben. Auch nachdem sie bekannt, bereut und um Gottes Vergebung gebeten haben, kann es sein, dass sie zwar wissen, dass Gott ihnen vergeben hat, aber dass sie sich aufgrund von Scham- und Schuldgefühlen immer noch verurteilt und nicht vergeben *fühlen*. Manche verurteilen sich selbst, weil sie glauben, dass Gott ihnen nie vergeben könnte oder würde.

Satan ist der Ankläger der Menschen (Offenbarung 12,10). Die Anklageversuche Satans dürfen nicht mit der Überzeugung durch den Heiligen Geist (z. B. wahre Schuld) verwechselt werden. Unterschätze das Ausmaß von Gottes Liebe und Vergebung nicht. Das Erarbeiten der folgenden Schritte kann dabei helfen, Dir selbst zu vergeben.

1) *Vertraue dem Wort Gottes mehr als Deinen Emotionen.* Lies Texte über Gottes Vergebung und glaube daran, dass sie wahr sind, auch falls Deine Gefühle das nicht bestätigen sollten. In 1.Johannes 1,9 steht zum Beispiel: *„Wenn wir unsere Sünden bekennen, ist Er treu und gerecht, dass Er uns die Sünden vergibt und uns von jeder Ungerechtigkeit reinigt...".* Entscheide Dich zu glauben, dass das wahr ist, auch wenn es sich nicht sofort danach anfühlen sollte.

2) *Sei kein Einzelkämpfer.* Unterhalte Dich mit einem Familienmitglied, einem Freund, Mentor oder einem christlichem Seelsorger, der etwas von Vergebung versteht, und der Dir durch Unterstützung und Gebet beim Aufarbeiten dieses Themas helfen kann.
3) *Akzeptiere, dass Du nicht perfekt bist und in Deinem irdischen Dasein Fehler machen wirst.* Obwohl wir uns alle nach einem Leben ohne Fehler und Vergehen sehnen, gelingt uns das nicht immer. Zum Glück können wir uns daran erinnern, dass Gott uns versteht. Die Worte des Psalms 103,13-14 können uns trösten: *„Wie ein Vater seinen Kindern voller Güte begegnet, so begegnet der HERR denen, die Ihm in Ehrfurcht dienen. Denn Er weiß ja, was für Geschöpfe wir sind, Er denkt daran, dass wir nur aus Staub gebildet wurden."*
4) *Zögere nicht, um Hilfe zu bitten.* Manchmal führen klinische Depression, Perfektionismus oder andere emotionale Probleme zur Selbstverurteilung und zur Unfähigkeit weiterzumachen. Wenn Du einen Pastor oder einen christlichen Seelsorger um Rat bittest, wird er Dir helfen, die Mauern der Selbstanklage zu entdecken und zu überwinden.

Paarübungen zum Thema „Vergebung"
Identifiziert einen Bereich, in dem Ihr Euren Partner vor nicht allzu langer Zeit verletzt habt und in dem Ihr noch nicht um Vergebung gebeten bzw. Vergebung zugesprochen habt. Wendet die Schritte zur Bitte um und zum Zuspruch von Vergebung an.

Gesprächsanregungen
1) Wie schwer/leicht fällt es Dir, ein Vergehen Deines Partners zu vergeben?
2) Was ist notwendig, damit Du bereit bist, jemandem zu vergeben?
3) Steht momentan etwas zwischen Euch? Zwischen Euch und anderen Menschen?

Biblische Bezugsquellen
   Lukas 17,3-4: *„Wenn Dein Bruder Schuld auf sich geladen hat, dann sag ihm, was er falsch gemacht hat. Tut es ihm leid, dann vergib ihm! Und wenn er Dir siebenmal am Tag Unrecht tut und*

Dich immer wieder um Vergebung bittet: Vergib ihm!" (Hoffnung für Alle)

Lukas 23,34a: *„Jesus betete: 'Vater, vergib ihnen, denn sie wissen nicht, was sie tun!'"(Hoffnung für Alle)*

Kolosser 3,13: *„Ertragt einander und vergebt Euch gegenseitig, wenn einer Klage gegen den anderen hat; wie auch der Herr Euch vergeben hat, so auch Ihr!" (Elberfelder Bibel)*

Daniel 9,9: *„Doch Du, Herr, unser Gott, bist barmherzig und vergibst uns, obwohl wir von Dir nichts mehr wissen wollten." (Hoffnung für Alle)*

Matthäus 18,21-22: *„Da wandte sich Petrus an Jesus und fragte: ‚Herr, wie oft muss ich meinem Bruder vergeben, wenn er immer wieder gegen mich sündigt? Siebenmal?' – ‚Nein', gab Jesus ihm zur Antwort, ‚nicht siebenmal, sondern siebenundsiebzigmal!'" (Neue Genfer Übersetzung)*

Buchempfehlungen in deutscher Sprache

Chapman, Gary: <u>Die fünf Sprachen des Verzeihens</u>. *Die Kunst, wieder zueinander zu finden.* Francke Buchhandlung, Marburg 2010.

Chapman, Gary: <u>Streithähne und Turteltauben</u>. *An Konflikten reifen.* Francke Buchhandlung, Marburg 2008.

Grabe, Martin: <u>Lebenskunst Vergebung</u>. *Befreiender Umgang mit Verletzungen.* Francke Buchhandlung, Marburg 2007.

Lehnert, Felicitas A. & Volker A.: <u>EHE der Zoff uns scheidet</u>. *Was sie tun können, bevor sie was tun müssen – 12 Denkanstöße.* Aussaat Verlag, Neukirchen 2008.

Weingardt, Beate M.: <u>Das verzeih' ich Dir (nie)!</u> *Kränkung überwinden, Beziehung erneuern.* SCM R.Brockhaus, Witten 2012.

Buchempfehlungen in englischer Sprache

Kendall, Jackie. *Free Yourself to Love: the Liberating Power of Forgiveness.* New York: Faith Words, 2009

Shriver, Gary & `& Mona. *Unfaithful: Rebuilding Trust After Infidelity,* David C. Cook Publishing, 2005.

KAPITEL 9

Der Umgang mit der Einzigartigkeit Deines Partners: Eigenschaften und Angewohnheiten des Partners

Einführung
Zahlreiche Paare beschweren sich in der Paartherapie über die seltsamen und störenden Angewohnheiten ihres Partners. Jeder von uns hat ein paar sonderbare Charakterzüge und Verhaltensweisen an sich, die für unseren Partner nur schwer zu tolerieren sind. Und unsere Partner haben ihre eigenen, besonderen Eigenarten, die uns oft aus der Fassung bringen. Ein russisches Sprichwort besagt: *„Jeder ist auf seine eigene Art und Weise verrückt."* Was sind diese sonderbaren, verrückten Eigenarten, die uns so verblüffen und wie können wir auf liebevolle Art mit ihnen umgehen?

Der Persönlichkeitstheoretiker Carl Rodgers liefert uns manche Einblicke in die Wichtigkeit unseres *Selbstbildes* (wie wir uns selbst sehen)[1]. Obwohl sich unser Selbstbild von dem, was andere in uns sehen *(Fremdbild)* unterscheiden kann, können sich beide auch von der Art, wie wir wirklich sind, unterscheiden *(reales Bild)*. Rodgers nimmt an, dass die innerliche Aufruhr und der innerliche Konflikt, der zu persönlichen und zwischenmenschlichen Störungen führt, ein Ergebnis davon ist, dass unser Selbstbild sich von dem anderer und/oder von dem, wer wir wirklich sind, unterscheidet (siehe Grafik 1).

Kompertenzen für die Eheführung & Verantwortunggbereiche

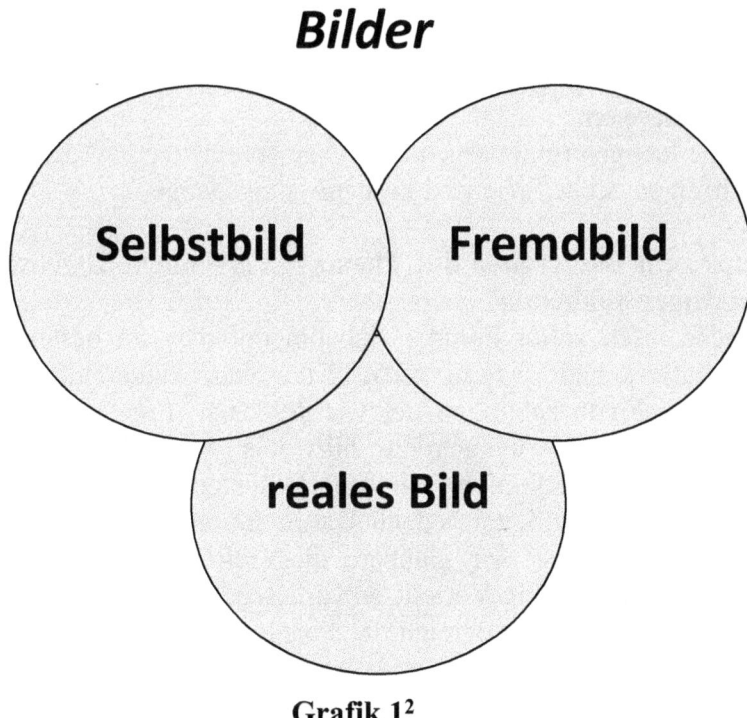

Grafik 1[2]

Ziele dieser Mentoring-Einheit sind:
1) Uns dabei zu helfen, die Herkunft unserer Angewohnheiten und unserer persönlichen Eigenschaften zu verstehen.
2) Die Eigenschaften und Angewohnheiten von Personen zu entdecken, die sich in ihrem Verhalten zeigen.
3) Eine Reihe von Schritten anzubieten, deren Verwendung den Mentees dabei helfen kann, die Angewohnheiten und die Vorlieben ihres Partners zu verstehen.

Gängige Schwierigkeiten im Zusammenhang mit den Eigenschaften und den Angewohnheiten des Partners
Paare neigen zu Verbesserungsbedarf in den folgenden Bereichen:

1) Die einzigartigen Eigenschaften und Angewohnheiten des anderen zu kritisieren.
2) Ungeduldig mit der Art des anderen zu sein und zu versuchen, den anderen zu ändern.
3) Schwierigkeiten, Respekt für den Partner zu zeigen.

4) Das Gefühl besteht: „Wenn Du nicht so bist wie ich, dann stimmt etwas nicht mit Dir."

Vergegenwärtigt Euch Eurer eigenen Lebenserfahrung und bindet diese ein
Welche lustigen (und nervenden) Angewohnheiten habt Ihr nach der Hochzeit entdeckt? Wie seid Ihr damit umgegangen?

Tipps zum Besprechen des Themas „Persönliche Eigenschaften und Angewohnheiten"
Manche rufen voller Freude: „Ich bin mit meinem besten Freund verheiratet", und das zu recht. Eine enge, unterstützende und liebevolle Freundschaft, in der wir geschätzt, respektiert, begehrt, gemocht und geliebt werden, hilft uns dabei, unser Potenzial auszuleben und effektiver mit den Herausforderungen des Lebens umzugehen. Sobald wir jedoch wahre Intimität aufgebaut haben, kann es sein, dass wir glauben, dies sei selbstverständlich und riskieren, dadurch ihre Vorteile zu verlieren.

Die Forschung im Bereich der sozialen Verbundenheit bestätigt, dass es Menschen, die Freunde haben, emotional und körperlich besser geht und sie länger leben, als diejenigen, die keine engen Freundschaften haben.

Eine Studie von Erin York Cornwell und Linda J. Waite zeigt: *„Soziale Unverbundenheit steht mit einem schlechteren Gesundheitszustand in direkter Verbindung, egal ob sie Gefühle der Einsamkeit hervorruft oder ein Mangel sozialer Unterstützung erkannt wird."*[3]

Wahre Freundschaft, in der beide Partner so, wie sie sind, angenommen und geehrt werden (für ihre Gedanken, Gefühle, und Handlungen), ist eines der wichtigsten Elemente einer guten Beziehung. Euren Partner anzunehmen heißt, Eure Verschiedenheiten zu erkennen und sich trotz alledem dafür zu entscheiden, ihn in Ehren zu halten. Das führt dazu, dass der Partner sich sicher fühlt, aufblühen kann und die Freiheit hat, die Liebe zu erwidern.

Wenn Paare sich besser kennenlernen, fangen manche an zu denken: „Wenn Du nicht so bist wie ich, dann stimmt etwas nicht mit Dir". Wenn wir an dem Glauben festhalten, dass die Art und Weise, wie wir sind, fühlen und handeln, die „einzig" akzeptable ist, sind wir für das Kritisieren und Herabsetzen unseres Partners anfällig. Negative Urteile und Missbilligung entfernen uns von der Liebe und dem Verständnis für unseren Gefährten.

Annahme ist ein wichtiger Bestandteil jeder Freundschaft. Sie wird von der Neugier und Faszination am Wesen des Anderen angetrieben. Die Annahme hält einen Menschen für wertvoll, auch wenn er oder sie nicht wie wir fühlt, denkt oder handelt. Sie sieht die gelegentlichen Fehler eines Menschen als etwas Normales und nicht als charakterliche Störung an. Die absolute Loyalität zum Gefährten, auch wenn er oder sie Dich gerade erst enttäuscht hat, ist für die Annahme notwendig. Eine annehmende Haltung misst peinlichen, tollpatschigen oder nervenden Eigenarten des anderen weniger Bedeutung bei und betont und bestätigt das Gute und Schöne.

Es ist wichtig, auf die Enttäuschungen, Verletzungen und Unsicherheiten des Partners so zu reagieren, wie Du Dir wünschst, dass der andere in Deinen schwächeren Momenten reagieren sollte. Reagiere mit Güte, Mitgefühl und beständiger Wertschätzung und Unterstützung.

Paarübungen
Besprecht die folgenden Dinge mit Eurem Mentee-Paar:

Übung 1:
1) Mit welchen Dingen oder Personen identifizierst Du Dich, um zu beschreiben, wer Du bist?
2) Was ist Dir an Deinem Selbstbild so wichtig?
3) Worin liegt die Bestimmung der einzelnen Charaktereigenschaften?

Übung 2:
Lest Prediger 1 und 2. Fasst zusammen, was König Salomo getan hat, um Zufriedenheit zu erlangen (Das „Salomo Syndrom").[4]
1) Was war seine Schlussfolgerung?
2) Welche Annahmen sind falsch?
3) Beschreibe egozentrisches Verhalten.
4) Warum ist ein falsches Ziel falsch?
5) In welchem Ausmaß kannst Du das „Salomo-Syndrom" in Deinem Leben erkennen?

Gesprächsanregungen
1) Welche Angewohnheiten Deines Partners stören Dich am meisten?
2) Wäre es in Ordnung für Dich, falls sich diese Angewohnheiten nie ändern würden?
3) Ist Dein Partner Dein „bester Freund"? Falls ja, warum?

Biblische Bezugsquellen
Matthäus 7,12: *„Alles nun, was Ihr wollt, dass Euch die Menschen tun sollen, das tut Ihr ihnen auch! Denn darin besteht das Gesetz und die Propheten" (Elberfelder Bibel)*
Galater 5,22-23: *„Die Frucht hingegen, die der Geist Gottes hervorbringt, besteht in Liebe, Freude, Frieden, Geduld, Freundlichkeit, Güte, Treue, Rücksichtnahme und Selbstbeherrschung. Gegen solches Verhalten hat kein Gesetz etwas einzuwenden." (Neue Genfer Übersetzung)*
Lukas 6,31: *„Handelt allen Menschen gegenüber so, wie Ihr es von Ihnen Euch gegenüber erwartet." (Neue Genfer Übersetzung)*
In den Kapiteln 1 und 2 von Prediger findet Ihr weitere Weisheiten zum Thema „Eigenschaften".

Buchempfehlungen in deutschen Sprache
Farrel, Pam & Bill: <u>Männer sind wie Waffeln - Frauen sind wie Spaghetti</u>. SCM Hänssler, Holzgerlingen 2010.

Hagee, John & Diane: <u>Was sich jede Frau von ihrem Mann wünscht/Was sich jeder Mann...</u> 10 Eigenschaften, die Einheit in der Beziehung fördern. Adullam Verlag, Grasbrunn 2010.

Lehnert, Felicitas A. & Volker A.: <u>EHE der Zoff uns scheidet</u>. Was sie tun können, bevor sie was tun müssen – 12 Denkanstöße. Aussaat Verlag, Neukirchen 2008.

Lewis, C. S.: *Pardon, ich bin Christ – meine Argumente für den Glauben*. Basel/Gießen: Brunnen-Verlag, 1997.

Mack, Cornelia: *Kleiner Unterschied, große Wirkung: So verstehen sich Mann und Frau*. SCM Hänssler, Holzgerlingen 2011.

Buchempfehlungen in englischer Sprache
Glenn, John. *The Alpha Series: the Gift of Recovery*. Bloomington, IN: Author House, 2006.

Lewis, C. S. *Mere Christianity: a Revised and Amplified Edition, with a New Introduction, of the Three Books, Broadcast Talks, Christian Behavior, and Beyond Personality.* New York: HarperCollins, 2001

KAPITEL 10

Der Umgang mit Finanzen

*„Es ist nichts falsch daran, dass Menschen Reichtümer besitzen.
Falsch wird es, wenn Reichtümer Menschen besitzen."*
~ Billy Graham ~

Einführung
Geld ist wichtig! Über 2.300 Mal wird in der Bibel über Geld gesprochen, und Jesus hat öfter über Geld gesprochen, als über Himmel und Hölle zusammen. Wir verbringen 80% unseres Daseins mit dem Geldverdienen, Geldausgeben und dem Nachdenken über Geld.

Dieser Abschnitt behandelt die Ansichten des Paares über Ersparnisse, Schulden, den Umgang mit Geld und das Treffen von kurz- und langfristigen finanziellen Entscheidungen.

Geld kann uns eine gewisse Sicherheit geben, dazu genutzt werden, Menschen in Not zu helfen oder die Gute Nachricht zu verbreiten und weise investiert werden. Es kann aber auch abhängig machen, einen zerstörenden Keil zwischen Ehemann und -frau treiben, unweise investiert oder verschwendet werden und ein falsches Gefühl der Sicherheit vermitteln. Winston Churchill hat eine weise Aussage gemacht: *„Wir bestreiten unseren Lebensunterhalt mit dem, was wir bekommen, aber wir leben unser Leben durch das, was wir geben."*

Unterschiedliche Ansichten bezüglich des Themas „Finanzen" und schlechtes Finanzmanagement gehören zu den Bereichen, die am häufigsten zu ehelichen Problemen führen. Eine Umfrage des Gallup-Instituts hat gezeigt, dass *„56% aller Scheidungen die Folge von finanziellem Druck sind."*[1] Außerdem beeinflussen die Ergebnisse von Diskussionen und Entscheidungen über Finanzen viele andere Bereiche der ehelichen Beziehung.

> *„Für manche Menschen bedeutet Geld Macht; für andere Liebe. Für einige ist das Thema flegelhaft, geschmacklos. Für andere ist es intimer als Sex. Dem füge man noch die Familiendynamiken hinzu und schon hat man für viele ein Thema direkt aus der Hölle."*
> ~ Karen S. Peterson[2] ~

Ziele dieser Mentoring-Einheit sind:
1) Einkommen und Ausgaben zu besprechen und den Mentees dabei zu helfen, ein realistisches Budget zu erstellen.
2) Den Paaren dabei zu helfen, grundlegende Prinzipien und Fähigkeiten des Finanzmanagements zu erkennen und aufzubauen.
3) Eine Reihe von Schritten anzubieten, die die Mentees dazu verwenden können, schwerwiegende finanzielle Fehlkalkulationen zu lösen.

Gängige Schwierigkeiten im Umgang mit Finanzen
Paare neigen dazu, große Verschiedenheiten in den folgenden Bereichen zu haben:

1) Die Ausgabegewohnheiten sind unterschiedlich.
2) Uneinigkeit über den Geldbetrag, der gespart werden sollte.
3) Sorgen über ein ausreichendes Einkommen.
4) Keine gemeinsame Budgetplanung, d.h. es liegt kein Plan der Geldverwendung und des Schuldenabbaus vor.

Vergegenwärtigt Euch Eurer eigenen Lebenserfahrung und bindet diese ein
Erzählt Eurem Mentee-Paar, wie Eure finanzielle Reise in den frühen Jahren Eurer Ehe ausgesehen hat, wie Ihr die Finanzen als junges Paar integriert habt und wie Ihr erlebt habt, dass Gott versorgt, wenn Ihr Ihn mit Euren Finanzen geehrt habt.

Tipps zum Thema „weises Finanzmanagement" für Paare

Macht Euer Paar mit den folgenden Einsichten bekannt

In unserer heutigen Kultur definieren wir Erfolg leider meist im Hinblick auf Finanzen. Das Ergebnis ist, dass sich viele Menschen dem ständigen Ansammeln von mehr Geld widmen und fälschlicherweise glauben, dass dies zu Glück und Erfüllung führen wird.

Solange Du nicht lernst, Geld den richtigen Platz in Deinem Leben zuzuweisen, kannst Du Gott nicht von ganzem Herzen dienen. Jesus macht deutlich, dass das Geld nicht Dein Lebensziel sein darf. Es ist keine Quelle ultimativer Sicherheit. Es ist kein bestimmender Faktor für den Wert oder den Erfolg einer Person.

Es gibt keine Paare, die immun gegen Geldprobleme sind. Egal wie viel Geld manche Familien besitzen, es scheint, als bräuchten sie immer noch mehr. Grundsätzlich gilt, dass die Ausgaben immer bis zum Einkommen (oder darüber hinaus) steigen. Zwanghafte Geldausgeber lieben es, Geld für sich selbst oder andere auszugeben, während zwanghafte Geldsparer Angst davor haben, Geld auszugeben oder sich Sorgen machen, dass sie in der Zukunft nicht genug haben werden. Die Häufigkeit von Auseinandersetzungen über das Thema „Geld", zeigt, dass das Paar seinen Umgang mit Geld noch nicht offen und gut organisiert hat.

Beim Heiraten in fortgeschrittenem Alter kann es dazu kommen, dass sich die Partner mehr anpassen müssen, wenn es um das Vereinen der eigenen Finanzen mit denen des Partners geht.

Auseinandersetzungen zum Thema „Geld" können Folgendes beinhalten:
1) Macht- und Kontrollprobleme.
2) Unterschiedliche Arten, Geld auszugeben und zu sparen (oft in Verbindung mit der Ursprungsfamilie).
3) Probleme beim Entscheiden, welche Anschaffung wichtiger ist (z.B. Möbel im Vergleich zu einem Auto).
4) Hohe Verschuldung.
5) Verschiedene Ansichten darüber, was Geld erreichen kann und was nicht.
6) Die persönlichen Gefühle, die Geld beim Einzelnen hervorruft.

Zwölf biblische Prinzipien für den weisen Umgang mit Finanzen
1)   Da Gott uns die Fähigkeit gegeben hat, uns Reichtümer zu erarbeiten, ist alles, was wir haben, ein Geschenk von Ihm (5. Mose 8,17-18, 1. Korinther 4,7).

2) Das Hauptziel irdischen Reichtums ist, unsere Familie versorgen zu können (1. Timotheus 5,8), Menschen in Not zu helfen (Sprüche 11,25) und in Dinge, die ewigen Bestand haben, zu investieren (Matthäus 6,19-20).
3) Das Geben des „Zehnten" ist ein Geschenk an uns, um uns zu helfen, unseren Hunger nach Reichtümern zu beherrschen. Des Weiteren ist es ein Hebel, den Gott gewählt hat, um uns zu segnen (Sprüche 3,10, Maleachi 3,10). Unsere erste Priorität soll es sein, Gott regelmäßig die ersten Früchte unserer Arbeit zu geben (Sprüche 3,9, 1. Korinther 16,2). Falls das Geben ein neues oder nur „schwer zu verdauendes" Konzept für Dich ist oder wenn es eine noch nicht entwickelte Gewohnheit ist, fang klein an. Gib einen kleinen Betrag und beobachte, was passiert. Fordere Dich selbst dazu heraus, die Prozentzahl, die Du gibst, alle paar Monate oder jährlich zu erhöhen, bis Du den von Gott auf Dein Herz gelegten Anteil erreicht hast.
4) Wir sollen fleißig und mit Exzellenz arbeiten (Kolosser 3,23) und weniger ausgeben, als wir verdienen (Sprüche 21,20).
5) Arbeitet ein vernünftiges Budget aus. Das Haushalten mithilfe eines Budgets ermöglicht dem Paar Kontrolle über sein Geld, anstatt die Rechnungen und Ausgaben über deren Leben herrschen zu lassen. Es geht darum, eine Balance zwischen Einkommen und Ausgaben ganz bewusst und systematisch herzustellen. Es ist unser Weg, dem Geld zu sagen, wo es hingehen soll, anstatt uns zu fragen, wohin es verschwunden ist. Ein Budget-Arbeitsblatt steht Euch im Ressourcen-Bereich auf www.DieLoesungFuerEhen.de zur Verfügung.
6) Vermeide, Schulden zu machen (Sprüche 22,7). Leih Dir (nur vorsichtig) etwas aus, um Dinge zu erwerben, deren Wert wahrscheinlich im Verlauf der Zeit zunehmen wird.
7) Sei in allen finanziellen Angelegenheiten aufrichtig (einschließlich Deinen Steuerabgaben) (Sprüche 13,11, Römer 13,7a, Matthäus 22,21b).
8) Sei mit dem zufrieden, was Gott Dir zur Verfügung stellt (Prediger 5,10, 1. Timotheus 6,6, Philipper 4,12-13, Hebräer 13,5).
9) Lege Geld für Notfälle zur Seite (Sprüche 6,6-8). Denk' darüber nach, wie lange Du brauchen könntest, um einen

neuen Job in einer schlechten Wirtschaftssituation zu finden und nutze dies als Richtlinie, um zu bestimmen, wie umfangreich Dein „Notfallgeld" für wie viele Monate sein muss.
10) Sei großzügig und sei Dir bewusst, dass wahre Großzügigkeit immer Opfer mit sich bringt (2. Samuel 24,24a, 2. Korinther 8,1-4, Lukas 21,1-4).
11) Bitte ggf. qualifizierte, unabhängige Finanzberater um weise Ratschläge (Sprüche 11,14; 15,22).
12) Gönne Dir einen Ruhetag pro Woche (2. Mose 23,12a).

> „Wenn ich nicht den zehnten Teil des ersten Dollars gegeben hätte, den ich verdient habe, hätte ich auch nicht den zehnten Teil meiner ersten verdienten Million gegeben."
> ~ John D. Rockefeller[3] ~

Paarübungen
Im Folgenden findet Ihr zwei Übungen, die Ihr als Mentoren mit Euren Mentee-Paaren durchführen könnt.

1) Wichtige Gesprächsthemen – wählt ein paar davon aus!
- Macht eine Liste mit allen Dingen, die Gott Euch geschenkt hat. Bittet Gott darum, Euch dankbarer zu machen.
- Betet um eine Einstellung, die Euch von ganzem Herzen sagen lässt: *„Ich habe genug."*
- Was sind Deine kurz- und langfristigen finanziellen Ziele als Einzelpersonen? Vergleicht und entscheidet, ob Ihr diese Ziele gemeinsam erreichen könnt.
- Was bedeutet Dir im Leben am meisten? Wie wirken sich Deine Werte auf Deinen Umgang mit Geld aus?
- Welche Schulden hast Du? Wie bald planst Du, sie abzuzahlen? Wie wirst Du das in der Realität umsetzen?
- Inwieweit zeigt sich durch Deine Bereitschaft des Investierens in Gottes Arbeit und in andere, wie sehr Du Ihm vertraust?

- Was machst Du Dir aus Geld? Gibt es Dir ein Gefühl von Macht, Unsicherheit oder Schuld, oder gibt es Dir das Gefühl geliebt, verantwortlich oder sicher zu sein?
- Welche Überzeugungen und Werte hast Du als Kind im Bezug auf Geld entwickelt?

2) Kommunikations-Szenario
Suchst Du nach einem Aha-Erlebnis, das Dir Deine „Augen öffnet"? Nimm Dir eine halbe Stunde Zeit und lies Dir das Buch „Prediger" komplett durch. Dieses Buch wurde vom König Salomo geschrieben und beschreibt die gründliche Suche eines Menschen nach Sinn und Freude. Besprecht Salomos' Schlussfolgerung über die vergänglichen Dinge.

Wann sollte man um Hilfe bitten?
Bittet eine qualifizierte Person um Hilfe beim Mangen Eurer Finanzen, falls Eure Versuche, effektiv mit Euren Finanzen gemeinsam zu haushalten, erfolglos geblieben sind oder die Gespräche über Eure Finanzen versagt haben.

Gesprächsanregungen
1) Seid Ihr Euch über die Prioritäten bezüglich Eurer Ausgaben oft uneinig? Welche Faktoren (persönliche Wünsche oder Bedürfnisse) beeinflussen das Treffen von Entscheidungen über Ausgaben?
2) Habt Ihr detailliert über Euer gegenwärtiges und erwartetes Einkommen, Ausgaben und finanzielle Ziele gesprochen?
3) Habt Ihr Euch ausreichend mit Euren zukünftigen Ausgaben für z.B. Wohnen, Versicherung, Steuern, Essen, Kleidung usw. befasst?
4) Werdet Ihr beide regelmäßig Rechenschaft für Eure Schulden oder Rechnungen ablegen?
5) Braucht Ihr Hilfe beim Erstellen eines Budgets oder eines Plans zum Umgang mit Euren Finanzen?
6) Worüber macht Ihr Euch im Bezug auf Eure zukünftige finanzielle Lage am meisten Sorgen?

Biblische Bezugsquellen

Hebräer 13,5: *„Hängt Euer Herz nicht ans Geld und begnügt Euch mit dem, was Ihr habt. Denn Gott hat gesagt: ‚Ich werde Dich nie verlassen und Dich nicht im Stich lassen.'" (Neues Leben Bibel)*

Lukas 16,13: *„Niemand kann zwei Herren dienen. Denn man wird immer den einen hassen und den anderen lieben oder dem einen gehorchen, den anderen aber verachten. Ihr könnt nicht Gott und dem Geld zugleich dienen." (Neues Leben Bibel)*

Sprüche 13,11: *„Erschwindelter Reichtum schwindet bald; was man langsam erwirbt, das vergrößert sich noch." (Hoffnung für Alle)*

Sprüche 22,7: *„Der Reiche hat die Armen in seiner Gewalt; wer Geld leihen muss, wird zum Sklaven seines Gläubigers." (Gute Nachricht Bibel)*

Lukas 21,1-4: *„Jesus blickte auf und sah, wie reiche Leute ihre Geldspenden in den Opferkasten warfen. Er sah auch eine arme Witwe, die steckte zwei kleine Kupfermünzen hinein. Da sagte Er: ‚Ich versichere Euch: Diese arme Witwe hat mehr gegeben als alle anderen. Die haben alle nur etwas von ihrem Überfluss abgegeben. Sie aber hat alles hergegeben, was sie selbst dringend zum Leben gebraucht hätte.'" (Gute Nachricht Bibel)*

Buchempfehlung in englischer Sprache

Blue, Ron, and Jeremy White. *Faith-based Family Finances*. Carol Stream, IL: Tyndale House, 2008.

KAPITEL 11

Gemeinsame Grundlagen finden: Freizeitaktivitäten

Einführung

Paare fühlen sich meistens auf körperlicher, emotionaler, und/oder geistlicher Ebene voneinander angezogen. Für die ersten Monate oder sogar die ersten Jahre der Ehe kann diese Anziehungskraft zum Erhalt der Beziehung ausreichen. Letztendlich müssen die Paare jedoch gemeinsame Interessen finden, damit die Ehe gedeihen kann. Je mehr gemeinsame Interessen die Paare haben, desto besser geht es ihnen im Normalfall.

Sharon Jaynes, die Autorin des Buches *Becoming the Woman of His Dreams* (dt. "Zur Frau seiner Träume werden"), sagt, dass die Intimität in der Ehe daher rührt, dass Paare „tausend Dinge teilen"[1], die den Bund der Ehe stärken. Das Verfolgen mehrerer Interessen, als Einzelperson und als Paar, macht das Leben interessanter. Dies ist ein wichtiger Bestandteil bereits beim Aufbau einer erfüllenden Ehe.

Vertrautheit kann in jeder Beziehung dazu führen, dass man sich gegenseitig für selbstverständlich hält und dann auseinander treibt. Das Entwickeln von aufrichtigem Interesse an ein paar Dingen, die der Partner mag, hilft, Leidenschaft und Aufregung in der Ehe aufrecht zu erhalten. Es ist wichtiger, dass sich die Paare wirklich regelmäßig Zeit für gemeinsame Aktivitäten nehmen, als die Aktivitäten selbst. Ermutigt Eure Mentees, jetzt und im Verlauf ihres gemeinsamen Lebens echtes Interesse an den Hobbys und Aktivitäten ihres Partners zu entwickeln.

Das durchschnittliche Paar in westlichen Industrieländern verbringt täglich nur etwa 15-20 Minuten qualitative Zeit miteinander. Wenn man das mit den 8-10 Stunden vergleicht, die man an jedem Arbeitstag mit seinen Kollegen verbringt, ist es leicht nachvollziehbar, dass verheiratete Paare sich entfremden können, wenn sie keine gemeinsamen Interessen haben. Um das Leben gemeinsam erfolgreich vollenden zu können, muss man seine eigene

Tagesordnung teilweise aufgeben – genauso wie in den ersten Tagen und Wochen der Beziehung, als alles andere egal war.

Ziele dieser Mentoring-Einheit sind:
1) Die Zufriedenheit des Paares mit der Quantität und der Qualität seiner gemeinsam verbrachten Freizeit zu betrachten.
2) Gemeinsame Interessen sowie die Zufriedenheit mit der Balance zwischen gemeinsam und getrennt verbrachter Zeit zu erkennen.
3) Dem Paar dabei zu helfen, Aktivitäten zu finden, die sie gemeinsam tun können.

Gängige Schwierigkeiten im Zusammenhang mit gemeinsamer Freizeitgestaltung

Paare neigen in den folgenden Bereichen zu Verbesserungsbedarf:

1) Zeit für gemeinsame Aktivitäten zu finden, nachdem sie Kinder bekommen haben.
2) Die Aktivitäten des einen führen dazu, dass sich der andere alleine fühlt.
3) Unterschiedliche Energiekapazitäten, körperliche oder geistige Fähigkeiten, verfügbare Zeit, und/oder Interessen der Partner.
4) Unterschiedliche Vorlieben für Einzelaktivitäten im Vergleich zu Gruppen- oder Gesellschaftsaktivitäten.
5) Die Karrieren ziehen die Partner in entgegengesetzte Richtungen oder sie haben unterschiedliche Arbeitszeiten.

Vergegenwärtigt Euch Eurer eigenen Lebenserfahrung und bindet diese ein

Berichtet über neue Aktivitäten, die Ihr jetzt tut, die Ihr vor Eurer Ehe oder in der ersten Zeit nicht getan habt. Sprecht über eine Sache oder einen Dienst, die Ihr beide leidenschaftlich unterstützt. Erklärt dem Paar, wie Euch das Ehe-Mentoring in Eurer eigenen Ehe geholfen hat, indem Ihr anderen Menschen gemeinsam dient.

Tipps zum Besprechen der Freizeitaktivitäten
1) Die Interessen und die Verfügbarkeit von Zeit und Geld verändern sich im Laufe unseres Lebens. Starke Paare suchen ständig nach neuen Dingen, die sie zusammen tun und ausprobieren können. Die Hobbys, die sie sich aussuchen, müssen weder extrem oder teuer sein, noch für immer interessant bleiben.
2) In diesem Bereich sind Dienerschaft und Kompromisse wichtig. Tut manchmal das, was ihm gefällt und ein anderes Mal, was ihr gefällt. Das wird den Bund der Freundschaft aufrechterhalten und vertiefen. Dies ist ganz besonders dann wichtig, wenn Kinder dazu kommen.
3) Die Kinder eines Paares sind nicht immer da, um ein gemeinsames Interesse darzustellen. Deshalb müssen die Paare einige Aktivitäten für sich zu zweit finden, damit ihre Beziehung wächst. Wenn sie das nicht tun, werden sie 20 Jahre später, wenn die Kinder ausgezogen sind, Fremde füreinander sein. Die Scheidungsraten in den ersten Jahren des Elternseins und kurz nach Auszug der Kinder sind sehr hoch.
4) Plant regelmäßige Abende zum Ausgehen und Wochenendaktivitäten. Falls nicht unmittelbar die Möglichkeit bestehen sollte, zusammen wegzufahren, ermutigt das Paar dazu, dies als Ziel zu setzen, auf das sie hinarbeiten.
5) Ignoriert den Mythos von „Qualität vor Quantität". Gesunde Ehen brauchen von beidem viel!
6) Es ist nicht notwendig, dass die Partner genau die gleichen Interessen verfolgen. Paare lernen voneinander und wachsen, indem sie aneinander teilhaben.
7) Zeige Interesse an der Arbeit Deines Ehepartners – innerhalb und außerhalb des Hauses. Diese stellt einen Großteil des Lebens dar, deshalb wird ein grundlegendes Verständnis davon gute Gespräche ermöglichen – ein großer Vorteil für jedes Paar.
8) Gemeinsame und individuelle Interessen sind wichtig. Nehmt Euch für beides Zeit und unterstützt einander beim Verfolgen persönlicher Interessen.

Für Paare, die auf diesem Gebiet Probleme haben, gilt:

1) Jedes Paar hat in seiner Ehe gelegentliche Trockenzeiten. Das gehört zum Menschsein dazu. Die Paare müssen sich vor längeren Trockenzeiten schützen und notfalls um Hilfe bitten.
2) Ermutigt das Paar dazu, nach vorne auf das zu schauen, was sie in den kommenden Jahren erreichen können, anstatt auf das zurückzublicken, was sie auf ihrem Weg verpasst haben. Die kommenden Jahre können die besten werden!
3) Starke Ehen können auch dann gebaut werden, wenn nur wenige gemeinsame Interessen bestehen. Dies erfordert von beiden Partnern jedoch größere Anstrengungen.
4) Sich selbst hinzugeben entspricht nicht unserer Kultur, muss aber ernst genommen werden. Versucht Kompromisse zu schließen, indem jeder ein paar seiner eigenen Rechte und Wünsche der Ehe zuliebe opfert.

Paarübungen
1) Diese Übung sollte zu einem entspannten Zeitpunkt, oder wenn das Paar ausgeht, gemeinsam durchgeführt werden. Sie sollen die Interessen, die sie momentan gemeinsam verfolgen und die, an denen beide in der Zukunft Gefallen haben könnten, herausfinden.
Kreist alle Aktivitäten ein, die Ihr derzeit allein ausübt – auch, falls es nur gelegentlich der Fall sein sollte.

Kompertenzen für die Eheführung & Verantwortunggbereiche

Wettkämpferische Aktivitäten	
Drinnen	**Draußen**
<ul><li>Schwimmen</li><li>Karten spielen</li><li>Brett-/Videospiele</li><li>Bowlen/Kegeln</li></ul>	<ul><li>Radfahren</li><li>Golfen</li><li>Tennis</li><li>Volley-/Softball</li></ul>
Aktivitäten ohne Wettkampf-Element	
Drinnen	**Draußen**
<ul><li>Malen/Zeichnen</li><li>Bummeln/Einkaufen</li><li>Theater/Konzerte/Filme</li><li>Sportveranstaltungen</li><li>Sammeln</li><li>Kochen</li><li>Trainieren im Sportstudio</li><li>Tanzen</li><li>Museen/Kunstausstellungen</li><li>Auswärts essen gehen</li><li>Einander vorlesen</li><li>Ehrenämter</li><li>Gemeinsamer Dienst</li></ul>	<ul><li>Fotografie</li><li>Tauchen/Schnorcheln</li><li>Spazieren gehen/Laufen/Inline-skaten</li><li>Formel 1</li><li>Motorradfahren</li><li>Boot fahren</li><li>Wandern/Spazierengehen</li><li>Jagen/Angeln</li><li>Schlitten-/ Kutschefahren</li><li>Im Garten arbeiten</li><li>Vögel beobachten</li><li>Ski fahren (im Schnee oder auf dem Wasser)</li><li>Zelten</li></ul>

2) Welche dieser Aktivitäten könntet Ihr gemeinsam und/oder öfter ausüben? Wählt ein paar Aktivitäten, die Ihr noch nicht tut, aber Euch vorstellen könntet auszuprobieren. Dies ist eine großartige Möglichkeit, neues Leben in Eure Ehe zu bringen.

Gesprächsanregungen
1) Welche Aktivitäten betreibt Ihr am liebsten gemeinsam?
2) Habt Ihr beide das Gefühl, dass Ihr eine gute Balance zwischen gemeinsam und getrennt verbrachter Zeit habt?

3) Gibt es Zeiten, in denen Du Dich von Deinem Partner unter Druck gesetzt fühlst, mitmachen zu müssen?
4) Seid Ihr Euch einig darüber, was eine „tolle Zeit" ausmacht? Hast Du mit Deinem Partner über diese Aktivitäten gesprochen? Wie war seine oder ihre Reaktion?
5) Führen diese Interessen zu Konflikten?
6) Fällt es Euch schwer, gemeinsame Aktivitäten zu planen? Wer fängt normalerweise damit an, etwas zu planen, das Spaß macht und aufregend ist?

Biblische Bezugsquellen

Johannes 15,13: *„Es gibt keine größere Liebe, als wenn einer sein Leben für seine Freunde hingibt." (Einheitsübersetzung)*

Buchempfehlungen in deutscher Sprache

Chapman, Gary: Die fünf Sprachen der Liebe. Francke Buchhandlung, Marburg 2013.

Buchempfehlungen in englischer Sprache

Jaynes, Sharon. *Becoming the Woman of His Dreams: Seven Qualities Every Man Longs For*. Eugene, OR: Harvest House, 2005.

Arp, David & Claudia. "Dating Exercise." *PREPARE/*ENRICH® *, Couple's Workbook*. Grand Rapids, MI: Zondervan Pub. House, 1997.

KAPITEL 12

Sexuelle Erfüllung und Intimität in der Ehe (wird mit dem Paar gemeinsam besprochen)

Einführung
In unserer Kultur ist Sex ein immer präsenteres Thema und man sollte erwarten, dass Paare perfekt informiert und auf eine befriedigende sexuelle Beziehung in ihrer Ehe vorbereitet sind. Nichts könnte der Wahrheit ferner sein! Obwohl Menschen schon *viel* über Sex gehört haben, verstehen ihn nur die wenigsten auf eine Art und Weise, die *beide* Seiten ehrt: denjenigen, der Sex geschaffen hat (Gott) und diejenigen, für die er geschaffen wurde (Ehemann und -frau). Das Besprechen von Kapitel 12-14 ist nach unserer Erfahrung für Paare besonders hilfreich, die die Heiligkeit und Fülle von Sex, wie Gott ihn für verheiratete Paare vorgesehen hat, verstehen und erleben wollen.

Das Besprechen des Themas „Sex" kann für die Mentoren anfangs sehr herausfordernd sein – insbesondere dann, wenn die Mentees bereits Schwierigkeiten auf diesem Gebiet haben. Wenn damit nicht angemessen umgegangen wird, können Gefühle der Ablehnung und Unzulänglichkeit hervorgerufen werden – Offenheit und Verwundbarkeit sind die wesentlichen Merkmale der Vereinigung von Mann und Frau.

Sex ist unter Christen ein durchaus umstrittenes Thema. Unsere Empfehlung an Euch als Mentoren ist, die Materialien von diesem und der nächsten zwei Kapitel zu bearbeiten und mit den jeweiligen Gepflogenheiten und Überzeugungen Eurer Gemeinde abzugleichen – insbesondere, wenn Ihr verlobte Paare begleitet. Die Entscheidung über die Verwendung des vorliegenden Materials liegt dann bei Euch als Mentoren-Paar.

In diesem Kapitel werden wir häufig auftretende Probleme und Missverständnisse ansprechen, die Paare häufig im Bereich „Sex" haben und zeigen, wie Ihr ihnen als Mentoren helfen könnt. Die sexuellen Erwartungen und der Zuneigungsgrad, die von den verlobten Paaren geäußert werden, sollten besprochen werden. Beim

Mentoring verheirateter Paare kann die Zufriedenheit in der sexuellen Beziehung zu einem angebrachten Zeitpunkt besprochen werden.

Gängige Schwierigkeiten im Zusammenhang mit sexueller Erfüllung und Intimität
Paare neigen zu Verbesserungsbedarf in den folgenden Bereichen:

1) Bedenken über sexuelle Erfahrungen, die einer oder beide von ihnen schon gemacht haben.
2) Gegenwärtiges oder vergangenes Vorkommen von sexuellem Missbrauch, Vergewaltigung oder Abtreibung.
3) Konsum von sexuell anstößigem Material (Pornographie).
4) Unterschiedliches Interesse und Verlangen nach Sex.
5) Unangenehme Empfindungen beim Sprechen über Sex aufgrund eines Mangels an reifem Vokabular.
6) Das Gefühl, nicht respektiert zu werden, wenn es an Zuneigung in der Beziehung mangelt oder sich manipuliert zu fühlen, wenn mehr Intimität erwartet wird.
7) Uneinigkeit über die Verwendung von Verhütungsmitteln (ob, wie, wer und wann).

Vergegenwärtigt Euch Eure eigene Lebenserfahrung und bindet diese ein
Teilt mit, wie Ihr von Gott im sexuellen Bereich Eurer Ehe gesegnet wurdet und was Ihr über Sex gelernt habt, wie beispielsweise:

1) Welche Unterschiede es zwischen Männern und Frauen im Bereich der Sexualität gibt.
2) Eure Wertschätzung dieser von Gott geschaffenen Unterschiedlichkeit, aber auch Ähnlichkeit.
3) Was Ihr Euch gewünscht hättet, in der Vorbereitung auf Eure Ehe gewusst zu haben.
4) Wie Ihr mit dem Thema der Familienplanung umgegangen seid und warum Ihr diese Entscheidungen getroffen habt.

Tipps zum Besprechen von sexuellen Erwartungen und Intimität
Dieses Thema kann für manche Paare durch ihre Erfahrungen sehr emotional sein. Bereitet diese Mentoring-Einheit besonders durch Gebet vor, um Gott durch Euer Reden über sein wunderbares Geschenk der Sexualität ehren zu können.

Die Haltung, mit der Ihr in diese Einheit geht, soll ein Beispiel dafür sein, wie ein Paar offen und ehrlich miteinander über Sex sprechen kann. Dies wird einen großen Einfluss auf Euer Mentee-Paar haben. Erinnert Euch an das Zitat eines Professors für Theologie.

> „Es sollte uns nicht peinlich sein über das zu sprechen, was Gott nicht zu peinlich war zu erschaffen."
>
> ~ Dr. Howard Hendricks[1] ~

Ermutigt Eure Mentees, diese Sichtweise ebenfalls anzunehmen! Wir weisen die Ehementoren darauf hin, dass es – in zutreffenden Fällen – sehr kraftvoll und daher unerlässlich ist, die Auswirkungen des Zusammenlebens und des Geschlechtsverkehrs vor der Ehe im Rahmen des Mentorings aufrichtig und liebevoll aufzugreifen. Wünschenswert ist dann die „Umkehr" der Mentees, nachdem die Mentoren für Gottes Wahrheit eingestanden sind.

Bezieht hierfür das Zusatzmaterial „Wie Beziehungen durch das voreheliche Zusammenwohnen beeinflusst werden" für die Vorbereitung und Durchführung dieser oder einer anderen passenden Mentoring-Einheit mit ein.

Es ist wichtig, das Thema Sexualität in Euer Mentoring aufzunehmen. Der Teufel unternimmt alles, um Paare vor der Hochzeit körperlich zusammenzubringen und um sie danach auseinanderzutreiben. Die folgenden Hinweise sind hilfreich, um einen gesunden Respekt und Disziplin im sexuellen Bereich einer Ehe entwickeln zu können:

Die Bestimmung von Sex
1) Gott hat Sex zu unserem Vergnügen geschaffen, dafür, Sein Ebenbild vollständiger widerspiegeln zu können, um uns eine Liebessprache zu geben, die die Tiefe seiner Liebe zu uns noch greifbarer macht und dafür, ein göttliches Erbe (Kinder) hervorzubringen.
2) Gesunder Sex ist intime Kommunikation, die unser ganzes Sein beansprucht: Körper, Seele und Geist. Um Sex in vollem Ausmaß genießen zu können, müssen alle drei

Bereiche der ehelichen Beziehung (emotional, geistlich und körperlich) in Harmonie miteinander stehen. Gottes Bestimmung für Sex meint viel mehr als nur eine körperliche und emotionale Handlung. Zudem gibt es eine tiefgründige Theologie der geistlichen Einheit und es betrübt das Herz Gottes, wenn wir dieses Element ignorieren oder verletzen.

Verzerrte Ansichten über Sex2
Während eines Großteils der Kirchengeschichte wurde Sex für etwas Ekelerregendes und Böses gehalten oder nur zum Zweck der Fortpflanzung gebilligt. Auch andere Kulturen und Religionen haben die eigentliche Bestimmung, die Gott für Sex hatte, verzerrt. Durch den weltlichen Einfluss der griechischen Kultur (z.B. Plato) hat die frühe Gemeinde Sex und Leidenschaft für etwas durch und durch Böses gehalten. Als Beispiele dafür dienen:

1) Tertullius, ein Pastor der christlichen Frühzeit (160-220 n.Chr.) und Ambrosius (4. Jahrhundert n. Chr.) zogen das Aussterben der Menschheit der Aufrechterhaltung sexueller Aktivität vor.
2) Origenes (185-254 n.Chr.) hielt Sex für etwas so Böses, dass er das Hohelied der Liebe ausschließlich als Allegorie interpretierte und sich selbst kastrierte, um sicher zu stellen, dass er niemals sexuelles Vergnügen erfahren würde.
3) Crisostamin (4. Jahrhundert n. Chr.) sagte, dass Adam und Eva erst nach dem Sündenfall eine sexuelle Beziehung miteinander gehabt hätten und Sex damit ein Ergebnis der Sünde sei.

Später veränderte sich diese Ansicht und Sex wurde als etwas verstanden, das von Gott zum Zweck der Fortpflanzung widerwillig toleriert wurde.

1) Thomas von Aquin (1225-1274 n. Chr.) hielt die Ehe für akzeptabel, solange der Sex ungenießbar sei.
2) Martin Luther (1483-1546 n. Chr.) sagte, dass es keinen Geschlechtsverkehr „ohne Sünde" gäbe.

Die Wahrheit, dass es Gottes Plan für verheiratete Paare ist, Sex tatsächlich zu genießen (z.B. Hohelied), fand in christlichen Kreisen nicht viel Zuspruch – bis Dr. Ed Wheat seinen klassischen christlichen Ratgeber über Sex und Intimität *„Intended for Pleasure"* (1977, dt. „Hautnah") veröffentlichte. Das Buch wurde ursprünglich mit Plastikfolie verpackt, um den Titel zu verdecken, und auf das oberste Regal vieler christlicher Buchhandlungen verbannt. Obwohl Christen eine Beziehung mit dem Schöpfer von Sex und Ehe führten, fühlten sich viele sehr unwohl mit dem, *was* Er erschaffen hat.[3]

Seit den 80er-Jahren hat sich die Ansicht durchgesetzt, dass Sex zum Vergnügen bestimmt ist. Es ist ein größeres Verständnis darüber entstanden, wie unsere Körper sexuell funktionieren und wie diese Erfahrung genossen werden kann.

Falls Eure Mentees von einer vertrauten Person über die früheren verzerrten Sichtweisen des Geschlechtsverkehrs unterrichtet wurden, solltet Ihr genug Zeit damit verbringen, die Heiligkeit und Herrlichkeit, die Gott für Sex vorgesehen hat, zu besprechen.

Sexuelle „Altlasten"
Wir leben in einer Welt, die im sexuellen Bereich zerbrochen ist. Als Folge davon werden viele Eurer Mentees Lebenserfahrungen haben, die von sexuellem Missbrauch, Ausnutzung, Fehlinformation und Pornografie geprägt ist. Einige der Lügen, Sünden und Verzerrungen, mit denen die Paare zu kämpfen haben, sind diese:

1) Unzucht und frühzeitiges sexuelles Erwachen, beides stark von einer Kultur beeinflusst, die Sex außerhalb der Ehe feiert.
2) Die Erinnerungen an sexuelle Partner aus der Vergangenheit und die damit verbundenen Vergleiche, Rückblenden, Ängste und Unsicherheiten.
3) Pornografie und Masturbation (siehe Kapitel 15 und 16 zum Thema „Pornografie").
4) Schuldgefühle als Folge einer Abtreibung, die einen der Partner betreffen.

Geheiligter Sex
Einige aktuelle christliche Autoren (Dillow, Gardner, Leman, LaHaye, Penner etc.) haben neue Einsichten und hilfreiche

Bezugsquellen zum Genuss von Sex und auch zum Verständnis des tiefgründigen theologischen Fundaments veröffentlicht.

Heutzutage verstehen viele Christen Sex als eine gesegnete Möglichkeit für Ehepaare, Gottes tiefste Wahrheiten über die Geheimnisse der Einheit und Liebe erfahren und erforschen zu können. Wenn Paare Sex für etwas Heiliges halten, ermöglicht ihnen diese Sichtweise, die tiefste Bedeutung von Sex zu genießen. Wir verwenden den Ausdruck „heilig", um etwas zu beschreiben, das ausgezeichnet und hervorgehoben wird, dem Ehrfurcht und Respekt gebührt, das hoch geschätzt, wichtig und nicht weltlich ist.

Betrachte die Eigenschaften, die Gott für etwas Heiliges verwendet:

1) Beiseite gelegt und in Ehren gehalten (z.B. die Kirche).
2) Für gut befunden und hoch angesehen (z.B. Gottes Schöpfung).
3) Hat eine symbolische Bedeutung (z.B. eine Taufe, ein Regenbogen oder eine Flut).
4) Soll regelmäßig und auf angemessene Art und Weise gefeiert werden (z.B. Abendmahl).
5) Wird oft angegriffen oder missbraucht (z.B. Gottes erwähltes Volk, religiöse Feiertage).

Betrachtet nun, wie sich Gottes Sicht von Heiligkeit auf Sex in der Ehe übertragen lässt.

1) Bei Seite gelegt und in Ehren gehalten (ausschließlich innerhalb der Ehe – 1. Mose 2,24; Hebräer 13,4).
2) Für gut befunden und hoch angesehen (wie das Probieren der ersten Früchte – Hohelied der Liebe 4,16 – 5,1).
3) Hat eine symbolische Bedeutung (die Offenbarung des Geheimnisses von Christus und der Kirche – Epheser 5,31-32).
4) Soll regelmäßig und in Erinnerung an den Bund, den wir an unserem Hochzeitstag eingegangen sind, gefeiert werden (als einzige Ausnahme gilt die beidseitige Einigung darauf, sich einer Zeit des Gebets zu widmen, um dann wieder zusammenzukommen – 1. Korinther 7,5).

5) Wird oft angegriffen, falsch verstanden oder missbraucht (z.B. Unzucht, Ehebruch, sexuelle Perversion, Pornografie etc.).

Sex ist heilig und kann uns in eine aufrichtige Erfahrung des Lobes und der Ehre unseres Schöpfers führen, wenn wir die wahre Einheit erfahren, die Er für den Ehemann- und Frau durch den Geschlechtsverkehr vorgesehen hat.

Christliche Ehepaare haben allen Grund, das körperliche Vergnügen ihrer Sexualität ganz auszukosten, da sie wissen, dass sie ein gesunder Teil ihrer Spiritualität ist und die Entwicklung ihrer persönlichen Beziehung mit Gott fördert. Wenn Ehemann und -Frau in der Intimität der ehelichen Liebe „ein Fleisch" werden, repräsentieren sie das Ebenbild Gottes am ehesten.[4]

Unterschiede zwischen Mann und Frau
Es ist erstaunlich, dass dieser Bereich der Ehe überhaupt funktioniert, da Männer und Frauen das Thema Sex und Intimität auf sehr unterschiedliche Weise angehen. Obwohl es in dieser Tabelle Ausnahmen gibt, informiert sie Euch über häufige Unterschiede in der sexuellen Natur von Männern und Frauen.

Sexuelle Unterschiede[5]

	Männer	Frauen
Hauptbedürfnisse	- Von seiner Frau respektiert und bewundert zu werden - Von ihr begehrt zu werden	- Sich von ihrem Ehemann geliebt, geschätzt und verstanden zu fühlen - Eine emotionale Verbindung mit ihm zu haben
Sichtweisen	- Körperlich orientiert - Ein Teil der Beziehung - Körperliche Nähe - Abwechslung - Hohe Priorität	- Beziehungsorientiert - Ein wesentlicher Teil der Beziehung - Emotionale Nähe - Sicherheit und Privatsphäre - Andere Prioritäten können höher liegen
Erregungsquellen	- Visuelle Orientierung - Ihr Körper und Geruch - Ihre Reaktion auf ihn	- Worte, Handlungen, Emotionen und Berührung - Ihre Beziehung
Sexuelles Verlangen und Reaktion	- Beständig - Plötzlicher Ausbruch von Erregung - Zielstrebig, konzentriert - Schnell und intensiv - Orgasmus ist für die Befriedigung notwendig	- Zyklisch - Schrittweise, Erregung baut sich auf - Leicht ablenkbar - Länger, tiefer und mehrfach möglich - Befriedigung auch ohne Orgasmus möglich

Aufgrund dieser gravierenden Unterschiede fühlen sich die Ehefrauen oft nicht geliebt, wenn ihre Ehemänner ihre emotionalen Bedürfnisse nicht stillen. Gleichzeitig fühlen sich die Ehemänner oft ignoriert oder nicht respektiert, wenn ihre körperlichen Bedürfnisse nicht von ihren Ehefrauen gestillt werden.

Es ist also durchaus normal, dass Paare ein unterschiedliches sexuelles Verhalten aufweisen, im Besonderen in den verschiedenen Etappen ihres gemeinsamen Ehelebens. In diesem Fall sollten die Paare versuchen, sich auf einen Kompromiss zu einigen, tieferliegende Probleme, die ihr Sexualleben beeinflussen könnten, ansprechen und sich in diesem Bereich ihrer Ehe gegenseitig dienen.

Seid vorsichtig! Wenn ein Partner Sex als Manipulationsmittel benutzt, indem er etwas anderes im Gegenzug für sexuelle „Gefälligkeiten" erwartet oder er sich zu seinem eigenen Vorteil häufig verweigert, kann das zu großem Schaden in einer Ehe führen. Das Geschenk des Geschlechtsverkehrs wird verramscht und die Lehre aus 1. Korinther 7,5 missachtet.

Tipps für die Hochzeitsnacht
1) Versucht, möglichst ausgeruht zu sein. Falls Ihr eine lange Reise vor Euch habt, um in Eure Flitterwochen zu kommen, überlegt Euch, nur einen kürzeren Weg bis zu Eurer ersten Nacht zu planen.
2) Entspannt Euch so gut wie möglich und freut Euch darauf, Euch gegenseitig zu ehren und in Besitz zu nehmen. Nehmt Euch Zeit, eine Verbindung auf emotionaler und geistlicher Ebene herzustellen. Versichert Euch gegenseitig Eurer Liebe und Zusammengehörigkeit. Betet zusammen.
3) Nehmt Euch Zeit, Euch frisch zu machen. Duscht und rasiert Euch, putzt Eure Zähne – macht Euch füreinander schön.
4) Nervosität kann einen Orgasmus verhindern – ganz besonders für sie. Einige Dinge, die Ihr gemeinsam tun könnt, um die Nervosität während Eurer ersten gemeinsamen Nächte zu senken, sind:
    - Besprecht Eure äußeren Erwartungen für die erste Nacht im Voraus (Wer geht zuerst duschen? Wie soll das Zimmer dekoriert sein? Was werdet Ihr tragen oder nicht tragen? Gemeinsames Gebet, usw.).
    - Lasst Euch von Eurer Vernunft, Zärtlichkeit und dem gegenseitigen Verständnis leiten. Es gibt keinen zu erreichenden Maßstab, nur selbst erhobene Ansprüche. Die eigenen Erwartungen stellen meist die größte Barriere dar. Sprecht gemeinsam darüber,

was sich im Hinblick auf die erste Nacht für jeden von Euch realistisch anfühlt.
5) Utensilien, die Ihr in die Flitterwochen mitbringen solltet:
   - Bademäntel für jeden von Euch.
   - Duftkerzen und Streichhölzer oder ein Nachtlicht für eine sanfte Beleuchtung.
   - Musik.
   - Massageöl.
   - Gleitgel.
   - Waschlappen in der Nähe für Körperausscheidungen.
   - Alles weitere, das zu Eurem gemeinsamen Vergnügen beitragen könnte.

Die emotionale Barriere, sich gegenseitig nackt zu sehen, wird am besten in der ersten gemeinsamen Nacht gebrochen.

Für einen frisch vermählten Ehemann ist es wichtig, dass er es in der Hochzeitsnacht *langsam* angehen lässt. Nimm Dir viel Zeit für das Vorspiel. Beginne mit dem Küssen und erforsche dann die verschiedenen Körperbereiche Deiner Frau. Sobald sich die Erregung aufbaut, ändere die Geschwindigkeit, den Druck und die Intensität, so wie sie Dich führt oder nach Einschätzung ihrer Reaktionen. Setze sanft mit der Zärtlichkeit fort, die sie genießt.

Es kann sein, dass die Ehefrau nicht entspannt und gelöst genug ist, um einen Orgasmus beim ersten Mal – oder während den ersten vielen Malen, die Ihr miteinander schlaft, zu haben. Eine jungfräuliche Braut kann zudem Schmerzen beim ersten Mal empfinden, da das Jungfernhäutchen gerissen wird. Sie sollte ihren Mann auf sanfte Art und Weise wissen lassen, was sie genießt und was genau sie sich anders wünscht. Erachtet diesen Zeitraum als Gelegenheit, um herauszufinden, wie Eure Körper auf verschiedene Stimulationsarten reagieren. In dieser Zeit ist es wichtig, dass der Mann sie versteht und ein dienendes Herz hat, ohne sie nervös zu machen oder Druck auf sie auszuüben, einen Orgasmus zu haben.

Miteinander zu schlafen ist etwas Natürliches, aber gegenseitige sexuelle Befriedigung ist ein zu erlernender Prozess. Ehemann und Ehefrau müssen zunehmend herausfinden, wie sie einander Vergnügen bereiten können. Seid nicht zu streng mit Euch selbst. Das Erlernen eines Orgasmus kann Zeit erfordern, insbesondere für sie, da viel von der Technik, aber auch viel von Vertrauen und Entspannung abhängt. Viele Frauen erleben ihren Orgasmus nicht nur durch den alleinigen Geschlechtsverkehr.[6]

Während und nach Euren Flitterwochen
1) Wir schlagen vor, mindestens einmal während Eurer Hochzeitsreise gemeinsam zu duschen.
2) Es kann zunächst unangenehm sein über das, was Ihr mögt oder nicht mögt, zu reden. Seid verständnisvoll und offen und hört nicht auf, über Euer Befinden zu reden – egal, wie seltsam dies scheinen mag. Im Endeffekt ist jeder von Euch für seinen eigenen Orgasmus verantwortlich!
3) Sorge dafür, dass Dein Ehepartner weiß, was Du magst oder nicht magst. Geht äußerst sanftmütig miteinander um, sodass Euer Selbstwertgefühl nicht verletzt wird und Offenheit und Verwundbarkeit möglich werden.
4) Nimm Rücksicht auf ihren Menstruationszyklus. Ihr sexuelles Interesse und ihre Reaktionen werden sich im Verlauf des Monats verändern. Setze ihren Orgasmus an oberste Stelle, insbesondere während den ersten zehn Tagen nach ihrer Periode. Besprecht, wie Ihr damit umgehen werdet, falls sie ihre Periode am Hochzeitstag oder während der Flitterwochen haben sollte.
5) Experimentiert im Laufe der Zeit mit verschiedenen Positionen und verschiedenen Arten, Euch gegenseitig zu stimulieren. Seid kreativ und nehmt Rücksicht auf die Wünsche, Vorlieben und das Wohlbefinden des anderen.

Ideen für ein tiefes sexuelles Erleben
1) Verpflichtet Euch gemeinsam dazu, die Sexualität des Gefährten als Teil von Gottes Plan zu sehen und sie mit Wertschätzung und, falls nötig, Vergebung zu behandeln.
2) Verpflichtet Euch dazu, Sex zu einer Priorität in Eurer Ehe zu machen. In stressigen Zeiten kann es sein, dass Ihr Zeit für Intimität einplanen müsst, auch wenn sich das nicht sehr romantisch anfühlt. Während Ihr in den ersten Tagen Eurer Ehe wahrscheinlich häufig miteinander schlaft, haben die meisten Paare in einer gesunden Ehe ein oder zweimal pro Woche Sex. Solltet Ihr weniger als einmal pro Monat Sex haben, kann das auf andere Probleme in der ehelichen Beziehung hindeuten, die behandelt werden sollten.
3) Bedient Euch einer Reihe verschiedener Techniken (verbal oder nonverbal), um Eure Zuneigung zu zeigen.

4) Seid kreativ, die sexuelle Beziehung lebendig zu halten (Technik, Zärtlichkeit, Duftkerzen, Lotion, Musik, Massageöl, Überraschungsausflüge).
5) Vergesst nicht, dass Männer und Frauen unterschiedlich reagieren. Gott hat uns so geschaffen, studiert also Euren Ehepartner und genießt Eure Verschiedenheiten.

Beibehalten von lebendigem Sex – nach der Hochzeit
1) Küsst Euch täglich und leidenschaftlich.
2) Tauscht Euch über Euer gemeinsames Sexualleben aus – über das, was Du magst, nicht magst oder wonach Du Dich sehnst. Falls Du in einem Zuhause aufgewachsen sein solltest, in dem Sex ein Tabu-Thema war, kann es mehr Mühe kosten herauszufinden, wie Du die Bedürfnisse des anderen erfüllen kannst.
3) Lest gute christliche Bücher über sexuelle Erfüllung gemeinsam und laut. Bleibt offen für neue Ideen, die zur Lehre der Bibel passen.
4) Macht Euer Sexualleben zur Priorität – selbst wenn das Terminvereinbarungen in Euren Kalendern zur Folge haben sollte.
5) Bleibt körperlich fit und gut gepflegt.
6) Konzentriert Euch mit Euren Augen, Gedanken und Wünschen auf Euer Zuhause. Satan versucht, Eure Aufmerksamkeit auf andere Dinge zu lenken, aber er offenbart den hohen Preis dafür erst dann, sobald es zu spät ist.
7) Wahrt Eure positive Einstellung. So wie man Zeit braucht, um ein Musikinstrument gut spielen zu können, benötigt man auch Zeit, um großartigen Sex zu haben.

Was ist im sexuellen Bereich akzeptabel und was nicht?
Es gibt manche Dinge im sexuellen Bereich, die in der Bibel ausdrücklich verboten werden. Zu diesen gehören:

1) Unzucht (1. Korinther 7,2; 1. Thessalonicher 4,3).
2) Ehebruch (3. Mose 20,10).
3) Gleichgeschlechtliche Beziehungen (3. Mose 18,22; 3. Mose 20,13; Römer 1,27; 1. Korinther 6,9).

4) Prostitution (3. Mose 19,29; 5. Mose 23,18; Sprüche 7,4-27).
5) Inzest (3. Mose 18,7-18; 20,11-21).
6) Gedanken der Begierde und außereheliche Leidenschaft (Matthäus 5,28).
7) Verwendung von Pornografie (Hiob 31,1).
8) Verwendung obszöner oder grober Sprache (Epheser 4,29).

Es gibt weitere Bereiche, die in der Bibel nicht direkt erwähnt werden. Für diese schlagen wir die Anwendung von fünf biblischen Prinzipien in Verbindung mit Gebet als Orientierungshilfe vor, um Gottes Führung in Übereinstimmung mit diesen Prinzipien erkennen zu können (z.B. die Verwendung eines Vibrators oder die orale Stimulation).

1) Ist es gemäß der Heiligen Schrift verboten? Falls nicht, dann *könnte* es zulässig sein (1. Korinther 6,12a).
2) Stört es eine gesunde und angenehme Sexualbeziehung? Falls nicht, *könnte* es zulässig sein (1. Korinther 6,12b).
3) Ist die Handlung schädlich oder dem Ehemann bzw. der Ehefrau zuwider? Falls ja, ist es *weder* zulässig *noch* von Vorteil. Schaffe eine Balance zwischen Deiner „Freiheit" und der Verantwortung Deinem Ehepartner gegenüber (Philipper 2,3).
4) Wird jemand außer Dir und Deinem Ehepartner mit einbezogen oder involviert? Falls ja, dann ist es *nicht* zulässig (Hebräer 13,4; Römer 14,13).
5) Wenn Ihr in Harmonie mit jedem dieser vier Prinzipien steht, legt fest, ob Gott Euch beiden einen Frieden darüber schenkt.

Gott ist voller Weisheit (Daniel 2,20). Er verspricht uns, dass Er uns Weisheit gibt, wenn wir Ihn darum bitten (Jakobus 1,5). Falls Ihr darüber nachdenkt, eine sexuelle Handlung, die nicht von der Schrift verboten wird und sich innerhalb dieser Richtlinien bewegt, auszuprobieren, dann tut es! Wenn es Euch beiden gefällt, könnt Ihr sie für moralisch angebracht halten und diese neue Art, einander zu lieben und Gefälligkeiten auszutauschen, genießen. Falls sich einer von Euch dabei angeekelt oder nicht wohl fühlt, sollte der Initiator nicht versuchen, etwas durch Manipulation oder Druck zu erzwingen. Falls es möglich ist und in Übereinstimmung mit den obenstehenden Prinzipien steht, sollte sich der zurückhaltende

Partner im Gebet auf das, was von seinem Ehepartner erbeten wird, hin entwickeln.

Gott hat Euch große Freiheit in Eurer sexuellen Beziehung mit Eurem Ehepartner geschenkt. Erinnert Euch an die Worte, die Er an Salomo und Schulamith gerichtet hat: *„Esst, Freunde, und trinkt! Berauscht Euch an der Liebe!"*(Hohelied 5,1b, Neues Leben Übersetzung)

Familienplanung und Empfängnisverhütung
Die Geburtenregelung gibt es schon seit ungefähr viertausend Jahren und lässt sich bis in die antiken Epochen der Ägypter und Chinesen zurückverfolgen, auch wenn nicht alle Methoden sicher oder effektiv waren. Die ganze Zeit hat Gottes Volk mit diesem Thema gekämpft, als sie nach Seinem Willen für ihr Leben gefragt haben. Es ist anzunehmen, dass einige Christen zu jeder Zeit Geburtenregelung mithilfe medizintechnischer Vorrichtungen, Medikamenten oder anderen Mitteln betrieben haben.[7]

Es gibt drei Hauptthemen, in denen sich das Paar einig werden muss.

1) *Sind Familienplanungs- und Geburtenregelungsmethoden aus biblischer Sicht zulässig und weise?*
   Bei dieser Frage sollte sich das Paar an die biblische Lehre wenden. Innerhalb der biblischen Erkenntnisse sollten weitere Überlegungen – emotionale Wünsche und Ängste, die finanzielle Lage, der Gesundheitszustand des Paares, die Bedürfnisse ihres Dienstes und die Fähigkeit des Paares, zusätzliche Kinder zu erziehen und versorgen zu können – miteinbezogen werden.

   Ermutigt die Paare dazu, nach Gottes Willen zu fragen, ihre Gründe für das Erwägen von Empfängnisverhütung zu prüfen, die verfügbaren Möglichkeiten zu ergründen und eine vom Gebet getragene, wohl bedachte Entscheidung zu treffen.

2) *Falls ja, werden wir Verhütungsmittel zur Familienplanung nutzen?*
   Da dies die persönliche Entscheidung des Paares ist, können nur sie eine Entscheidung treffen, nachdem sie um Gottes Einsicht und Führung gebetet haben. Moralisch gesehen, gibt

es richtige und falsche Gründe für die Verwendung von Verhütungsmitteln oder anderen Methoden zur Familienplanung. Es wäre zum Beispiel gegen Gottes Willen, wenn sich ein Paar selbstsüchtig dafür entscheidet, nie Kinder zu haben, um mehr reisen zu können. Ein anderes Paar könnte sich für das Verhüten entscheiden, um einem Kind keinen potenziellen Schaden zuzufügen, da die Mutter gerade mit Chemotherapie behandelt wird. Manche Paare halten eine Vorgehensweise zu Beginn ihrer Ehe für angebracht (z.b. die Pille) und greifen später auf alternative Methoden zurück (z.B. Kondome).

3) *Falls ja, für welche Vorgehensweise entscheiden wir uns?*
Dieses Gebiet entwickelt sich ständig weiter und es werden immer wieder neue Möglichkeiten eingeführt. Besucht die Homepage von Wikipedia, die der englischsprachigen Mayo Klinik[8] oder durchsucht andere verlässliche Seiten, um auf die aktuellsten, sichersten und medizinischen Informationen über verfügbare Möglichkeiten zuzugreifen. Jeder Frauenarzt gibt ebenfalls gerne Auskunft. Alle Medikamente und Vorrichtungen, die als Verhütungsmittel benutzt werden, unterscheiden sich in ihrer Wirksamkeit und ihren Nebenwirkungen, über die das Paar gründlich abwägen sollte. Christliche Paare sollten *keine* Methoden benutzen, die abtreibend wirken, falls bereits eine Befruchtung stattgefunden hat (z.B. RU 486 und einige Formen von IUPs und Antibabypillen, die nur Progesteron bzw. das Gelbkörperhormon enthalten).

Tipps zum Besprechen bisheriger sexueller Erfahrungen
Es ist durchaus sinnvoll zu fragen, ob der Lebensgefährte noch Jungfrau ist, aber man sollte sich auch gut überlegen, ob es besser oder schlimmer ist, die genauen Einzelheiten zu kennen – vor allem die Einzelheiten über die Zeit, bevor man sich bekehrt hat. Würden die genauen Einzelheiten zu einem stärkeren Gefühl der Nähe und Sicherheit oder zu Bitterkeit und Verunsicherung führen? Würden sie nur als Treibstoff für zukünftige Probleme, wie zum Beispiel Rückblenden, Vergleiche oder einer ausgeprägten Vorstellungskraft dienen?

Viele Paare sind der Ansicht, dass das Teilen jedes intimen Details nur selten zur Stärkung des ehelichen Bundes beiträgt, den sie zu bilden versuchen. Im Endeffekt muss jedes Paar selbst entscheiden, wie sie dieses Gespräch handhaben wollen. Dabei sollten sie stets ihr eigenes Wohl und das ihrer Beziehung im Auge behalten.

Ermutigt die Paare dazu, ...:

1) ...keine Geheimnisse vor ihrem zukünftigen Ehepartner zu bewahren. Wenn sie bereits Geschlechtsverkehr hatten, sollten sie ehrlich damit umgehen. Lügen oder abzuwarten, bis sie verheiratet sind, um die Wahrheit zu sagen, wird im Nachhinein nur zu größeren Vertrauensproblemen führen.
2) ...sich auf Geschlechtskrankheiten und -infektionen testen zu lassen, die sie möglicherweise haben könnten, und über die Ergebnisse zu sprechen.
3) ...jegliche Abtreibungen, Vergewaltigungen oder Vorkommnisse sexuellen Missbrauchs aus der Vergangenheit zu besprechen, die sie erlebt oder mitbekommen haben. In diesen Fällen ist professionelle, christliche Seelsorge sehr zu empfehlen.

Als Mentoren ist es Euer Ziel, Ehepartnern und zukünftigen Ehepartnern dabei zu helfen, wahre Freiheit von ihrer sexuellen Geschichte der Vergangenheit durch Jesus und in einander zu finden. Fordert sie dazu auf, zusammen Psalm 51 zu lesen und sexuelle Sünden in eine richtige Perspektive zu rücken. Macht diese deutlich, sodass beide diese sexuelle Sünde hauptsächlich gegen Gott gerichtet sehen können. Arbeitet heraus, ob eine Person die andere für die Sünde verantwortlich macht, und dabei jegliche eigene Sünden im sexuellen Bereich aus Bequemlichkeit ignoriert.

Auch wenn eine Person einen offensichtlichen Lebenswandel durchgemacht hat, der Wachstum und die Verpflichtung zur Nachfolge von Jesus Christus beinhaltet, kann sie von den sexuellen Sünden ihrer Vergangenheit eingeholt werden. Es ist sehr wichtig, dass Ihr als Mentoren dem Paar dabei helft zu beurteilen, wie stark der Einfluss dieser Sünden auf den Einzelnen sein könnte, und sie zu wahrer Heilung durch Christus führt. Das Paar muss letztendlich einschätzen, ob genügend Zeit verstrichen ist, um zu zeigen, dass die Macht der vergangenen Erfahrungen gebrochen wurde.

Anzeichen einer ungesunden sexuellen Beziehung
Weist Eure Mentees auf das Beachten der folgenden Anzeichen in ihrer Ehe hin:

1) Viel Körperkontakt mit wenig tiefgehendem, emotionalem oder geistlichem Austausch.
2) Druck seitens eines Partners, Dinge zu tun, bei denen sich der andere Partner unwohl fühlt.
3) Die Verweigerung von Sex von einem der Partner als Waffe oder zum Manipulieren der Beziehung.
4) Sex dazu zu nutzen oder zu fordern, um für das Versagen in anderen Beziehungsbereichen „aufzukommen".
5) *Jeglicher* Konsum von Pornografie.
6) Mechanisch wiederholter, „schneller" Sex, ohne Leidenschaft.
7) Eine der beiden Personen verhält sich gleichgültig, dem anderen sexuelle Gefälligkeiten entgegenzubringen.
8) Egoistisches Verhalten von einem der Partner.
9) So genannter „harter" Sex oder alles, was ganz bewusst zu körperlichem Schmerz führt.

Die Qualität der sexuellen Beziehung kann manchmal als emotionales Barometer für die gesamte Beziehung dienen. Eine gute sexuelle Beziehung ist häufig die Folge einer guten geistlichen und emotionalen Beziehung.

> **Denke darüber nach...**
>
> „Wenn Du seine Wäsche nicht waschen möchtest, kann er sie in die Reinigung geben. Wenn Du nicht mehr kochen möchtest, kann er in einer Vielzahl großartiger Restaurants essen gehen. Vielleicht hast Du so viele tolle Freunde, dass Du ihn nicht mehr als Freund brauchst.
> Er kann sich dazu entscheiden, mehr Zeit mit seinen Freunden, Sportskameraden oder Kollegen zu verbringen. Wenn er über seine Probleme reden möchte, kann er sich an einen Seelsorger wenden.
>
> ABER, wenn die sexuellen Bedürfnisse nicht zuhause mit Dir befriedigt werden und er woanders hingeht, erachtet dies Gott als Sünde. Sündigt er auf diese Weise, ist er dafür verantwortlich. Erkenne aber auch, dass die Ehefrau eine einflussreiche Rolle dabei spielt, ihm dabei zu helfen, sich von der Versuchung abzuwenden."
> ~ Barbra Rainey[9] ~

Paarübungen
1) Jede Person soll den Grund, weshalb Gott Sex geschaffen hat, nach eigenem Verständnis aufschreiben. Bringt sie dazu, sich über ihre Gedanken und Ideen auszutauschen und mit der richtigen biblischen Sichtweise und der des anderen zu vergleichen.
2) Tauscht Euch darüber aus, auf welche Weisen Ihr Gott mit Sex ehren oder schänden könnt.

Gesprächsanregungen
1) Wie offen seid Ihr und wie wohl fühlt Ihr Euch dabei, Eure persönlichen sexuellen Erwartungen zu besprechen?
2) Worin liegen Eurer Meinung nach die grundlegenden Verschiedenheiten, wie Männer und Frauen das Thema „Sex" angehen und Sex erleben?
3) Wo sollten Eurer Meinung nach die Grenzen Eures sexuellen Erlebens vor der Ehe sein? Und nach der Hochzeit?

4) Fühlt sich einer von Euch unwohl oder hinsichtlich der sexuellen Wünsche und Interessen des Partners unter Druck gesetzt?
5) Welche Erwartungen habt Ihr im Hinblick auf Sex in Euren Flitterwochen?
6) Habt Ihr Eure Pläne bezüglich des Nutzens oder Nicht Nutzens von Empfängnisverhütung besprochen und habt Ihr eine einvernehmliche Entscheidung getroffen?

Biblische Bezugsquellen
1. Korinther 7,3-5: *„Der Mann soll der Frau die eheliche Pflicht leisten und ebenso die Frau dem Mann. Die Frau verfügt nicht über ihren Körper, sondern der Mann; ebenso verfügt der Mann nicht über seinen Körper, sondern die Frau. Entzieht Euch einander nicht – höchstens, wenn Ihr Euch einig werdet, für eine gewisse Zeit auf den ehelichen Verkehr zu verzichten, um Euch dem Gebet zu widmen. Aber danach sollt Ihr wieder zusammenkommen; sonst verführt Euch der Satan, weil Ihr ja doch nicht enthaltsam leben könnt."* (Gute Nachricht Bibel)

Römer 8,1: *„Also gibt es jetzt keine Verdammnis für die, die in Christus Jesus sind."* (Elberfelder Bibel)

Psalm 103,12: *„ ...so fern, wie der Osten vom Westen ist, genau so weit schafft Er unsere Vergehen von uns fort."* (Neue Genfer Übersetzung)

Eine Anmerkung zum Thema „Abtreibung": In der Bibel wird das gleiche Wort, *brephos*, für Elisabeths ungeborenes Kind, Johannes den Täufer, in Lukas 1,41+44, für das ungeborene Baby Jesus in Marias Mutterleib in Lukas 2,12 und für die Kinder, die in Lukas 18,15 zu Jesus gebracht werden, verwendet. Gott hält ein ungeborenes Kind also eindeutig für einen vollwertigen Menschen.

Buchempfehlungen in deutscher Sprache
Leman, Kevin: *Spitzennächte, Das Geheimnis von erfülltem Sex*, SCM Hänssler, Holzgerlingen 2012.

Leman, Kevin: *Licht an, Socken aus! Ein erfülltes Sexleben als Basis einer guten Ehe*. SCM Hänssler, Holzgerlingen 2012.

Peckham, Colin N.: *Fliehet die Sexfalle. Versuchungen überwinden in einer Welt der Unmoral*. Betanien Verlag, Augustdorf 2010.

Penner, Clifford & Joyce. *Sex – Leidenschaft in der Ehe*, SCM Hänssler, Holzgerlingen 2010.

Buchempfehlungen in englischer Sprache
Dillow, Joseph C. *Solomon on Sex*. New York, NY: Thomas Nelson, 1977.
Gardner, Tim Alan. *Sacred Sex*. Colorado Springs, CO: WaterBrook Press, 2002.
LaHaye, Tim F.; LaHaye, Beverly. *The Act of Marriage: The Beauty of Sexual Love*. Grand Rapids: Zondervan Pub. House, 1976.

KAPITEL 13

Das Entwickeln von sexueller Erfüllung und Intimität in der Ehe: Vorbereitung auf den Geschlechtsverkehr und sexuelle Erwartungen

Ein Kapitel für Männer

Einführung
Dieses Kapitel hat mehrere Ziele für den Ehemann:
Erstens, ein grundlegendes Verständnis davon zu erwerben, dass Gott Männer und Frauen unterschiedlich geschaffen hat.
Zweitens, dem Ehemann zu helfen, Gottes Plan für das gemeinsame Sexualleben so zu erfüllen, sodass seine Frau befriedigt und die körperliche Intimität, die für die Ehe vorgesehen ist, verstärkt wird.

Gängige Schwierigkeiten, die einem Mann begegnen können
1) Das Interesse seiner Frau am Sex ist anders als sein eigenes.
2) Ihr Verlangen ist nach tieferer emotionaler Verbindung, während er sich eher nach visueller oder körperlicher Verbindung sehnt.
3) Das Denkmuster, dass es beim Sex mehr um die Leistung oder Technik geht, als darum, zunächst eine Verbindung auf spiritueller und emotionaler Ebene aufzubauen.
4) Die emotionalen und/oder körperlichen Folgen seiner oder ihrer vergangenen sexuellen Beziehungen.
5) Kontakt mit Pornographie von einer/beiden Seiten.
6) Unkenntnis der biblischen Sichtweise über Sex und Unwissenheit des Unterschiedes zum Hollywood-Mythos.

Das Entwickeln von sexueller Erfüllung und Intimität in der Ehe

Vergegenwärtige Dir Deine eigene Lebenserfahrung und binde diese ein
Teile Deine ersten Entdeckungen über Sex mit, dann die Reise, auf der Du Gottes Bestimmung für Sex kennengelernt hast, und schließlich, was Du Dir gewünscht hättest, über sexuelle Intimität schon vor der Heirat gewusst zu haben.

Tipps zum Besprechen des Themas „sexuelle Erwartungen"
Das folgende Material ist für den männlichen Mentee bestimmt, der noch keine oder noch keine gesunden, befriedigenden sexuellen Beziehungen gehabt hat. Es soll in einer Mentoring-Einheit unter vier Augen mit dem männlichen Mentor durchgenommen werden. Ihr könnt diese Themen gern ausführlicher besprechen – je nachdem, welche Fragen aufkommen und welche speziellen Bedürfnisse der Mentee hat.

Wir weisen auch hier die Ehementoren darauf hin, dass es – in zutreffenden Fällen – sehr kraftvoll und daher unerlässlich ist, die Auswirkungen des Zusammenlebens und des Geschlechtsverkehrs vor der Ehe im Rahmen des Mentoring aufrichtig und liebevoll aufzugreifen. Wünschenswert ist dann die „Umkehr" der Mentees, nachdem die Mentoren für Gottes Wahrheit eingestanden sind.

Beziehst hierfür das Zusatzmaterial „Wie Beziehungen durch das voreheliche Zusammenwohnen beeinflusst werden" für die Vorbereitung und Durchführung dieser oder einer anderen passenden Mentoring-Einheit mit ein.

Sich selbst verstehen
   1) Setze Dich selbst oder Deine Frau im sexuellen Bereich nicht unnötig unter Druck.
   - Es gibt keinen festgelegten Standard und kein Hollywood-Ideal, das Ihr erreichen müsst – jedes Ehepaar bestimmt seine eigenen Ideale.
   - Die erste gemeinsame Nacht wird etwas sein, woran Ihr Euch immer erinnern werdet. Es muss (und wird) nicht der „beste" Sex sein, also konzentriert Euch darauf, diesen neuen Bereich Eurer Beziehung zu genießen.
   - Ein erfülltes Sexleben ist etwas, das Ihr gemeinsam mit Übung, Kommunikation, Zärtlichkeit,

Anpassung, Ausprobieren, Abwechslung und indem Ihr es zu einer Priorität macht, entwickelt.
2) *Obwohl die meisten Männer keine Probleme damit haben, sexuelle Leistung zu erbringen, sind manche dennoch davon betroffen.* Die meisten dieser Probleme können behandelt und/oder kontrolliert werden. Schäme Dich nicht, medizinische Hilfe in Anspruch zu nehmen, falls das Problem nicht durch Deine eigenen Bemühungen gelöst werden kann. Zu den möglichen Problemen gehören:
   - frühzeitiger Samenerguss,
   - Impotenz.
3) *Gehe sehr langsam vor, insbesondere während der ersten Nacht – langsamer als Du denkst.*
   - Nehmt Euch Zeit, so dass sich jeder von Euch entspannen kann, betet zusammen, dankt Gott füreinander und für das Geschenk des Geschlechtsverkehrs, das Er Euch ab jetzt gegeben hat.
   - Fange mit nicht-sexuellen Berührungen an, wie zum Beispiel dem Küssen, Anschmiegen oder Massieren.
   - Erforsche den Körper Deiner Ehefrau und beginne herauszufinden, was Ihr beide genießt und welche Vorlieben Ihr habt (oder nicht habt). Du wirst feststellen, dass es neben den offensichtlichen viele weitere erogene Zonen gibt.
   - Das Vorspiel bereitet Eure Körper auf den Geschlechtsverkehr vor (Erektion bei Dir, Feuchtwerden bei ihr). Es bereitet Euch emotional vor, erhöht den Vergnügungsfaktor und bestimmt letzten Endes die Intensität Eures sexuellen Höhepunktes.
   - Falls notwendig, verwende Gleitgel, um Irritationen so geringfügig wie möglich zu halten. Aufgrund der vaginalen Dehnung, die in den ersten Tagen des Geschlechtsverkehrs stattfindet, ist dies eine häufige Notwendigkeit.
   - Verpflichte Dich dazuzulernen, wie Du Deiner Frau in Eurer Ehe gefallen und Gefallen bereiten kannst.

4) Pass auf Deinen Geist und Deine Augen auf, um vor Gott rein zu bleiben und die Heiligkeit Deines Sexuallebens zu schützen.
- Vermeide saloppe Umgangssprache oder abwertende Wörter im Zusammenhang mit Sex.
- Begehre keine anderen Frauen oder fantasiere über sie (Matthäus 5,27).
- Sei Dir der Pornografie-Falle und der Notwendigkeit männlicher Verantwortlichkeit bewusst. Konsultiere die Kapitel 15 und 16, da diese Themen nur sehr schwer allein überwunden werden können.
- Habe ausschließlich Augen für Deine Frau. Sobald Du verheiratet bist, wird sie Dir immer mehr ihre Schönheit offenbaren.

Sie verstehen
1) *Jede Frau ist einzigartig.* Dein von Gott gegebener Auftrag ist es, „Euch im Zusammenleben mit Euren Frauen verständnisvoll" zu zeigen (1. Petrus 3,7). Das bezieht sich ganz besonders auf den sexuellen Bereich Eurer Ehe.
- Das Verb „zusammenleben" wird im Alten Testament regelmäßig mit „miteinander schlafen" übersetzt. Gott möchte, dass ein Ehemann mit seiner Frau auf eine Art und Weise Geschlechtsverkehr hat, die von einem Verständnis davon, wie sie gestaltet und erschaffen worden ist, erfüllt ist.
2) *Konzentriere Dich auf die Bedürfnisse der „ganzen Person" Deiner Frau.*
- Geistliche und emotionale Intimität gehen der maximalen körperlichen Intimität voraus.
- Sorge immer für ein Umfeld der absoluten Annahme, Sicherheit, Privatsphäre und Geborgenheit.
- Lerne kontinuierlich die Bedürfnisse und Wünsche Deiner Frau kennen.
3) *Selbst sexuell befriedigt zu werden wird Dir wahrscheinlich leicht fallen, aber Deiner Frau sexuelle Befriedigung (inklusive Orgasmus) zu schenken ist ein Vorgang, der erlernt werden muss.*
- Während der Geschlechtsverkehr für Dich als Mann normalerweise genügend körperliche Erregung

liefert, so dass Du einen Orgasmus hast, ist es relativ unwahrscheinlich, dass dies genügend Erregung für Deine Frau sein wird, um auf den Höhepunkt zu kommen.
- Deine Frau wird den Genuss der vorsichtigen Stimulation des vaginalen Bereichs mit Deinen Händen, vor oder nach dem Geschlechtsverkehr, wahrscheinlich genießen. Die Schlüsselregionen für die vorsichtige Stimulation sind ihre Klitoris und ihre Schamlippen.

4) *Zum Höhepunkt gelangen.*
- Während der Orgasmus für Deine sexuelle Befriedung notwendig ist, muss er nicht unbedingt Voraussetzung dafür sein, dass sich Deine Frau befriedigt fühlt (das ist ihre Entscheidung). Folge ihrer Führung darüber, wie sie in diesem Bereich befriedigt werden möchte.
- Die Erfahrung wird für sie durch den Aufbau einer romantischen Atmosphäre und dadurch, dass Du sie Deiner Liebe versicherst, gesteigert werden.
- Paare könnten im Verlauf der Zeit etwas Abwechslung in ihr Sexleben bringen wollen (Ort, Positionen). Beckenbodentraining wie z.B. die Kegel-Übung kann den sexuellen Genuss für Euch beide steigern.
- Beachte, dass der männliche und der weibliche Orgasmus sowohl ähnliche Eigenschaften (Herzfrequenz, Atem, Kontraktionen) als auch Unterschiede haben (Zeitpunkt, Häufigkeit, Dauer). Während Du schneller und mit weniger Anstrengung einen Höhepunkt haben wirst, wird ihr Orgasmus mehr Zeit in Anspruch nehmen, aber auch länger andauern. Gott hat dies so geschaffen, damit Du Deine Liebe durch die Geduld und die Aufmerksamkeit, die Du ihr schenkst, zeigen kannst.

5) *Ihr Herz ist zerbrechlich.* Sie braucht Deine zärtliche Liebe, Unterstützung und Ermutigung. Das ist etwas, das sehr sexy auf sie wirkt – besonders wenn sie sich darauf vorbereitet, sich Dir zu schenken. Kritisiere ihr Aussehen, ihr Bemühen,

ihre Größe oder ihre Technik niemals. Das kann Deiner Ehe lebenslangen Schaden zufügen.

6) *Sei vorsichtig, dass Dein Verlangen nach Sex nicht so groß wird, dass sich Deine Frau zu fühlen beginnt, sie wäre nur ein Sexobjekt für Dich.*
   - Wenn Du jedes Mal, wenn Dir Deine Frau Zuneigung zeigt, Dich berührt oder Du sie nackt siehst, dies für eine Einladung zu Sex hältst, kann es sein, dass sie solche Situationen zu vermeiden sucht, weil sie sich von Dir mehr benutzt als geliebt fühlt.
   - Sei Dir bewusst, dass ihr sexuelles Verlangen zyklischer als das Deinige ist. Genieße also diese „kleinen Liebesbeweise", ohne sie unter Druck zu setzen, mehr zu geben.

7) *Als Reaktion darauf, dass Du ihr Deine bedingungslose Liebe zeigst, wird sie motiviert sein, Deinen Bedürfnissen mehr Respekt entgegenzubringen. (Epheser 5,33).*

Einander verstehen

1) *Habt Spaß dabei zu lernen, „wie man Musik macht"!* Entwickelt eine realistische Perspektive im Bezug auf die Zeit, die notwendig ist, um den Körper des anderen zu studieren, und auf die Komplexität des sexuellen Ausdrucks Eurer Liebe (genau wie das Erlernen eines Musikinstruments Zeit braucht). Zum Meistern dieser Fähigkeiten benötigt man vorsichtige Aufmerksamkeit, sanftmütige, offene und ehrliche Kommunikation, Kreativität und spielerisches Forschen.

2) *Falle nicht auf die Mythen der Medien herein!* Das erste Mal wird sich Dir ins Gedächtnis brennen, aber die besten Male werden im Laufe Eurer Ehe stattfinden. Es gibt keinen Grund, unnötigen Druck auf Euch auszuüben. Entspannt Euch und hört nicht auf, miteinander zu reden und dazuzulernen.

3) *Es gibt kein „Versagen" beim Aufbau der sexuellen Beziehung zwischen Dir und Deiner Frau.*

4) *Gott hat das sexuelle Verhalten von Männern und Frauen unterschiedlich geschaffen.* So wird die Fortpflanzung durch das Verhalten des Mannes ermöglicht, während eine tiefere

emotionale Verbindung des Paares durch das Erfüllen der weiblichen Bedürfnisse bewirkt wird.
5) *Erkenne Dein Bedürfnis nach geistlicher und emotionaler Bindung sowie nach körperlicher Berührung, die nicht im sexuellen Bereich stattfinden.* All dies trägt zur sexuellen Erfüllung verheirateter Paare bei.
6) *Besprecht die folgenden Fragen regelmäßig, nachdem Ihr geheiratet habt:*
    - „Wie kann ich Dir am besten zeigen, dass ich Interesse an Deinen sexuellen Bedürfnissen habe?"
    - „Wie oft wünschst Du Dir Geschlechtsverkehr?"
    - „Was findest Du an unserer sexuellen Beziehung am aufregendsten?"
    - „Was sollte ich öfter tun? Seltener tun? Aufhören zu tun?"
    - „Wie kann ich Dir, ohne Dir das Gefühl der Ablehnung zu geben, sagen, dass ich keine Lust auf Sex habe, während Du Lust verspürst?"

> *„Es wird nichts Gutes zwischen Ehemann und Ehefrau im Bett passieren, wenn nichts Gutes zwischen ihnen passiert ist, bevor sie ins Bett gegangen sind. Es ist nicht möglich, dass eine gute sexuelle Technik eine Beziehung heilt, die emotional arm ist."*
>
> ~ Masters and Johnson[1] ~

Übungen für den Mann
Besprecht die folgenden Fragen:

1) Wie war es, als Du zum ersten Mal etwas über Sex gehört hast? Wer hat Dir davon erzählt? Wie wurde damit umgegangen?
2) Welchen Einfluss hatte Dein erstes Bewusstwerden über Sex auf die Art, wie Du Sex wahrgenommen hast? Hast Du verstanden, dass Sex etwas Besonderes, Heiliges und ein Geschenk Gottes ist?
3) Was machst Du, um im sexuellen Bereich rein zu bleiben? In welchen Bereichen hast Du mit sexueller Versuchung zu

kämpfen? Gibt es jemanden in Deinem Leben, der Dich in diesem Bereich ermutigt und zur Verantwortung zieht?
4) In welchem Ausmaß bist Du der Pornografie ausgesetzt worden und/oder hattest mit ihr zu tun?
5) Bist Du jemals sexuell belästigt oder missbraucht worden?

Gesprächsanregungen
1) Wie wohl fühlst Du Dich dabei, mit Deinem Partner über Sex zu sprechen?
2) Falls Du Dich nicht wohl fühlen solltest, weshalb?
3) Falls Du eine Antwort auf eine Sex-Frage bekommen könntest, welche Frage wäre es?
4) Sobald Du künftig Fragen zum Bereich „Sex" hast, wohin würdest Du Dich wenden?

Biblische Bezugsquellen
Siehe Kapitel 12, Sexuelle Erfüllung und Intimität in der Ehe.

Buchempfehlung in deutscher Sprache
Eldredge, John: Der ungezähmte Mann. Auf dem Weg zu einer neuen Männlichkeit. Brunnen Verlag, Gießen 2009.
Peckham, Colin N.: *Fliehet die Sexfalle. Versuchungen überwinden in einer Welt der Unmoral.* Betanien Verlag, Augustdorf 2010.
Smalley, Gary: *Entdecke Deine Frau.* SCM Hänssler, Holzgerlingen 2012.

KAPITEL 14

Das Entwickeln von sexueller Erfüllung und Intimität in der Ehe: Vorbereitung auf den Geschlechtsverkehr und sexuelle Erwartungen

Ein Kapitel für Frauen von Glynis Murphy

Einführung
Dieses Kapitel hat zwei Ziele: Erstens ein grundlegendes Verständnis davon zu erwerben, wie unterschiedlich Gott Männer und Frauen geschaffen hat. Zweitens ihr zu helfen, Gottes Plan für das gemeinsame Sexualleben so zu erfüllen, dass ihr Ehemann befriedigt und die körperliche Intimität, die für die Ehe vorgesehen ist, verstärkt wird.

Gängige Schwierigkeiten, die einer Frau begegnen können
1) Ihr Interesse am Sex ist anders als das ihres Ehemanns.
2) Seine visuelle oder körperliche Erregbarkeit im Vergleich zu ihrem Verlangen nach einer emotionalen Verbindung.
3) Unkenntnis oder Unverständnis für den sexuellen Druck eines Mannes.
4) Ihre oder seine sexuellen Beziehungen der Vergangenheit.
5) Pornografie-Konsum von einer oder von beiden Seiten.
6) Sexueller Missbrauch oder Vergewaltigung in der Vergangenheit.
7) Sex aufgrund ihrer Erziehung für „dreckig" zu halten.
8) Unkenntnis der biblischen Sichtweise über Sex.
9) Das Gefühl, dass sie den Hollywood-Standard nicht erreichen kann.
10) Gehemmtes sexuelles Verlangen aufgrund körperlicher Erschöpfung und Ablenkungen.

Vergegenwärtige Dir Deine eigene Lebenserfahrung und binde diese ein
Berichte von Deinen ersten Entdeckungen über Sex, dann die Reise, auf der Du Gottes Bestimmung für Sex kennengelernt hast, und schließlich, was Du Dir gewünscht hättest, über sexuelle Intimität schon vor der Heirat gewusst zu haben.

Tipps zum Besprechen des Themas „sexuelle Erwartungen"
Das folgende Material ist für den weiblichen Mentee bestimmt, die noch keine oder noch keine gesunden, befriedigenden sexuellen Beziehungen gehabt hat. Es soll in einer Mentoring-Einheit unter vier Augen mit dem weiblichen Mentor durchgenommen werden. Ihr könnt diese Themen gerne ausführlicher besprechen, je nachdem welche Fragen aufkommen und welche speziellen Bedürfnisse die Mentee hat.
    Wir weisen die Ehementoren darauf hin, dass es – in zutreffenden Fällen – sehr kraftvoll und daher unerlässlich ist, die Auswirkungen des Zusammenlebens und des Geschlechtsverkehrs vor der Ehe im Rahmen des Mentoring aufrichtig und liebevoll aufzugreifen. Wünschenswert ist dann die „Umkehr" der Mentees, nachdem die Mentoren für Gottes Wahrheit eingestanden sind.
    Bezieht hierfür das Zusatzmaterial „Wie Beziehungen durch das voreheliche Zusammenwohnen beeinflusst werden" für die Vorbereitung und Durchführung dieser oder einer anderen passenden Mentoring-Einheit mit ein.

Sich selbst verstehen
1) *Erlaube Dir, sinnlich zu sein.* Gott hat Dich genau so geschaffen und dafür, dass Du es genießen kannst, sinnlich mit Deinem Ehemann zu sein. *„Denn alles, was Gott geschaffen hat, ist gut, und nichts ist verwerflich, was mit Danksagung empfangen wird."* (1. Timotheus 4,4, Luther). Wenn Gott ein Ehepaar sieht, das sich gegenseitig sexuell genießt, segnet Er sie und sagt: *„Esst, Freunde, trinkt und berauscht Euch an der Liebe!"* (Hohelied 5,1, Neues Leben Übersetzung).
2) *Festzustellen, was Dir im sexuellen Bereich gefällt, wird Zeit in Anspruch nehmen und sich im Verlauf Deines monatlichen*

Zyklus' ändern. Lerne Dich kennen und versuche, Dich nicht unter Druck zu setzen.

3) *Studiere die biblischen Anweisungen, die sich in 1. Korinther 7 und im Hohelied der Liebe finden*. Gott hat Sex für Deinen Genuss geschaffen und dazu, ein kreativer Ausdruck der Leidenschaft und Liebe innerhalb der Ehe zu sein. Lerne, in dieser Gelassenheit zu leben.

4) *Dein eigenes Bild Deines Körpers kann dem sexuellen Genuss in die Quere kommen*. Du hältst Dich daran höchstwahrscheinlich mehr fest als Dein Ehemann, also definiere Deinen „Traum"-Körper neu oder unternimm vernünftige Schritte, um Deinem Ideal näherzukommen. Lies im Hohelied der Liebe 7,1-9: Die beiden Liebenden ließen sich von ihrer *„Bauch wie ein Weizenhügel"*-Figur (Vers 3, Neues Leben Übersetzung) nicht stören! Es gibt keinen Grund, sich von Hollywoods bearbeiteten Bildern von „Schönheit" versklaven zu lassen. Durch Schönheitsoperationen, Airbrush-Methodik und Bildbearbeitungsprogramme haben die Medien künstliche Bilder erschaffen, mit denen sich keine sterbliche Frau vergleichen kann. Diese sind genauso unecht sind wie eine Plastikfrucht.

5) *Eine Frau, die sich schön fühlt, wird für ihren Mann noch schöner sein*. Vergiss nicht, dass er *Dich* ausgewählt hat, seine Frau zu sein, und keine andere.

6) *Solltest Du gehemmt sein, versuche, kleine Schritte zu gehen, um Dich von der Hemmung zur sexuellen Freiheit zu bewegen*. Du hast viel Zeit, um in Deiner sexuellen Liebe zu reifen. Die Buchempfehlungen dieses Kapitels können dabei behilflich sein.

7) *Die häufigsten sexuellen Probleme von Frauen sind Schwierigkeiten mit dem Orgasmus und ein Mangel an sexuellem Verlangen*. Die meisten Frauen brauchen mehr Stimulation der Klitoris, als allein durch den Geschlechtsverkehr erreicht werden kann. Falls das Verlangen ein Problem sein sollte, dann besprich es mit Deinem Arzt. Häufige Ursachen sind die Einnahme von Antidepressiva, manche hormonellen Verhütungsmittel, ein überlasteter Terminplan, Ablenkungen usw.! Versuche, „Zeit

als Paar" zu ermöglichen – auch wenn das bedeutet, dass Du diese Zeiträume in Deinem Kalender fest einplanst.

8) *Nutze die Erwartung als Werkzeug, das Verlangen anzuregen.* Erwähne schon früh am Tag etwas gegenüber Deinem Ehepartner, das helfen könnte, eine romantische Erwartung aufzubauen. Es kann einen positiven Einfluss auf die körperliche Vereinigung am Abend haben, wenn Du diese Gedanken über den Tag weiterentwickelst. Erinnere Dich daran, dass Sex ein angenehmes Geschenk ist, das Gott für Dich geschaffen hat. Überlege, wie Du Deinen Abend romantisch und sinnlich gestalten kannst.

9) *Führe die Hand Deines Ehemannes dorthin, wo Du stimuliert werden möchtest.* Wenn Du einen Orgasmus haben möchtest, bitte ihn, Dich mit seinen Fingern so zu stimulieren, dass es Dir Vergnügen bereiten wird. Lass Dir Zeit, Dein Ehemann wird es mit großer Wahrscheinlichkeit genießen zu sehen, wie er Dich allmählich bis zum sexuellen Höhepunkt erregt. Betrachte es nicht als Belastung für Dich oder ihn. Die zusätzliche Zeit bis zu Deinem Höhepunkt ist Teil von Gottes Plan und sorgt dafür, dass Sex nicht zu gehetzt und mechanisch wird. Außerdem kann so auch die Intensität seines sexuellen Höhepunktes erhöht werden.

10) *Viele Frauen benötigen ein hohes Maß an Stimulation, um einen Orgasmus zu haben.* Der Geschlechtsverkehr allein wird nicht unbedingt ausreichen. Als Ehefrau solltest Du Deinen Ehemann dazu anleiten, ergänzende Stimulation zu anzubieten. Zeige ihm, was Du brauchst und er wird höchstwahrscheinlich gern alles tun, was für Dein Vergnügen und Deinen Orgasmus notwendig ist – nicht nur, weil er Dich liebt und weil er möchte, dass es Dir genauso gut geht wie ihm, sondern auch, weil Dein Orgasmus zusätzlich seinen Höhepunkt vertieft.

11) *Lerne vom Beispiel Shulamiths anhand des Hohelieds der Liebe.* Sie hatte sinnliche Gedanken (5,10-16), hatte keine Hemmungen (2,6), war ausdrucksvoll (2,3), abenteuerlustig (7,11-13) und ging auf ihren Ehemann ein (4,16). Sie lernte, all das zu genießen, was Gott für sie im Bezug auf die Romantik und die Sexualität geschaffen hatte.

12) *Betrüge Dich nicht selbst, indem Du einen Orgasmus vortäuschst.* Das führt nur auf eine Abwärtsspirale gesenkter

Erwartungen. Manchmal ist Sex für eine Frau auch ohne Orgasmus befriedigend, dann lass´ Deinen Ehemann das wissen. Versuche, abhängig von Deinem Menstruationszyklus, durchschnittlichen mit „unvergesslichem" Sex auszubalancieren.

13) *Warte nicht immer darauf, „Lust zu haben", bevor Du Dich darauf einlässt, Sex zu haben.* Es ist eine Entscheidung, Deinem Mann die sexuelle Befriedigung zu ermöglichen, die er braucht. Du wirst vielleicht überrascht von dem Vergnügen sein, das auch Du aus dieser Vereinigung ziehst, wenn Du Dich darauf einlässt.

14) *Fantasiere ausschließlich über Deinen Ehemann (Matthäus 5,27).*

15) *Löse Dich von falschen Informationen, die Du vielleicht im Bezug auf Sex gehört hast, wie zum Beispiel:*
- Sex ist eher für Deinen Ehemann als für Dich gedacht.
- Ein großartiger Körper ist die Voraussetzung für tollen Sex.
- Nur ein paar Menschen haben das Glück, ein großartiges Sexleben zu führen.
- Großartiger Sex entsteht einfach. Falls Du daran arbeiten musst, stimmt etwas nicht mit Dir.
- Männer sind Tiere, die sich beherrschen müssen, wenn es um Sex geht.

16) *Die Wahrheit ist, dass Gott Sex für Euren gemeinsamen Genuss geschaffen hat. Er hat Sex dazu bestimmt, Eurem Geist, Euren Körpern und Eurer Ehe Freude zu bereiten.*

„Die Gegenwart des Heiligen Geistes ist im Bett, wenn Du Deinem Ehemann dienst, ebenso wichtig wie die Erfüllung mit dem Heiligen Geist, wenn Du die Bibel auslegst oder anderen Menschen dienst."

~ Vonette Bright[1] ~

Ihn verstehen
1) *Während Du als Frau Deine Weiblichkeit in einer Vielzahl von Dingen zum Ausdruck bringen kannst (Sexualität, Geburt, Stillen), beschränkt sich der Ausdruck der Männlichkeit Deines Ehemannes hauptsächlich auf den Geschlechtsverkehr.* Seine sexuelle Beziehung mit Dir ist ein untrennbarer Teil seiner männlichen Identität.
2) *Für Deinen Ehmann ist Sex eine Quelle der Bindung, des Vergnügens, der Liebe und der Leidenschaft.* Es schenkt ihm ein wundervolles Gefühl des Lebendig seins.
3) *Wenn die sexuellen Bedürfnisse Deines Ehemannes nicht erfüllt werden, kann die Tür für Versuchung geöffnet werden.* Das schließt sein Bedürfnis, sich von Dir begehrt zu fühlen, ein. Deshalb sind *alle* Warnungen über sexuelle Versuchung in dem Buch „Sprüche" an die Männer gerichtet.
4) *Dein Ehemann wird wahrscheinlich visuell stärker erregt als Du.* Gott hat ihn so geschaffen. Deshalb wird Deine „visuelle Großzügigkeit" im Verlauf des Tages viel zu seinem Vergnügen beitragen und ihm im Kampf gegen die Versuchung, andere Frauen zu begehren, helfen.
5) *Das, was er sieht und riecht, erregt ihn am meisten.*
6) *Nachdem sich Dein Ehemann auf körperlicher Ebene mit Dir verbunden hat, wird er Dir sein Herz auf emotionaler Ebene eher öffnen.* Normalerweise möchtest Du erst eine Verbindung auf emotionaler Ebene herstellen und Dich ihm dann sexuell öffnen. Gott hat uns so verschieden geschaffen, damit wir einander vervollständigen und dienen können.
7) *Auch wenn es wichtig ist, Deinen Ehemann in allen Lebensbereichen zu bestätigen (z.B. als Versorger, Liebhaber, Freund, Vater), gibt es wahrscheinlich nichts, das ihm ein besseres Selbstwertgefühl schenkt, als wenn Du ihn begehrst und mit allen Sinnen verführst.*
8) *Auch wenn er sich nach außen hin stark gibt, ist sein Ego zerbrechlich.* Er braucht Dich auf seiner Seite, um ihn anzufeuern, zu bestätigen und ihn zu respektieren. Wenn Du das beherzigst und in die Tat umsetzt, wirkt das sehr sexy auf ihn. Kritisiere niemals sein Aussehen, seine Bemühungen, seine Größe oder seine Technik. Das kann Deiner Ehe für den Rest Eures Lebens schaden.

9) *Dein Ehemann wird dadurch, dass Du ihm bedingungslosen Respekt entgegenbringst, motiviert sein, liebevoller mit Dir umzugehen* (Epheser 5,33).
10) *Das Verlangen nach Sex ist eines der stärksten Bedürfnisse Deines Ehemannes, ganz besonders dann, wenn es unbefriedigt ist.*
11) *Triff ganz bewusst die Entscheidung, Gott dafür zu danken, wie Er Deinen Mann geschaffen hat. Danke ebenfalls für die Rolle, die Er Dir geschenkt hat, um Deinen Ehemann zu vervollständigen.* Ansonsten könntest Du Dich darin verlieren, Gott über die Männlichkeit zu hinterfragen.

> „Dein Ehemann wird nie der Mann sein, als den Gott ihn geschaffen hat, wenn Du seine Männlichkeit nicht schätzt und sein Bedürfnis nach sexueller Intimität nicht befriedigst. Gott benutzt hauptsächlich Dich dazu, ihm Liebe und Bestätigung zu schenken, so dass er zu einem Mann Gottes werden kann. Du hast die Macht, ihn entweder zu vervollkommnen oder ihn zu zerbrechen, denn Männer werden nicht geboren, sie werden gemacht."
>
> ~ Barbara Rainey[2] ~

Einander verstehen
1) *Wenn Ihr beide Verantwortung dafür übernehmt, werdet Ihr den gemeinsamen Genuss von Sex erreichen.* Das heißt auch, dass Du lernen musst, wie Dein Körper auf Stimulation reagiert und es Deinem Mann dann auf liebevolle Art mitteilst. Erkenne Dein Bedürfnis nach geistlicher und emotionaler Bindung und nach körperlicher Berührung, die nichts mit Sex zu tun hat, an. Dann wirst Du bereit sein, Deinem Ehemann Deinen Körper beim Sex ganz zu schenken.
2) *Sei bereit, Vorschläge auf sanfte Art und Weise zu machen und anzunehmen.* Das Ablehnen einer bestimmten Art des

Liebesspiels muss als Ablehnung der Handlung und nicht des Ehepartners verstanden werden.
3) *Es wird eine Weile dauern, bis Du lernst, was Dir gefällt, noch länger, bis Du das Deinem Ehemann vermittelt hast und noch einmal länger, bis er es versteht und entsprechend umsetzt.* Habe Geduld mit Dir und Deinem Ehemann.
4) *Finde heraus, ob es andere, tieferliegende oder ungelöste Probleme in Eurer Ehe gibt (Wut, Konflikte, Stress, Medikamente, Krankheit usw.), falls Dein Liebesleben nicht erfüllend sein sollte.*
5) *Besprecht die folgenden Fragen regelmäßig nach Eurer Hochzeit:*
    - „Wie kann ich Dir am besten zeigen, dass ich Interesse an Deinen sexuellen Bedürfnissen habe?"
    - „Wie oft hast Du das Verlangen nach Sex?"
    - „Was findest Du an unserer sexuellen Beziehung am aufregendsten?"
    - „Was sollte ich öfter tun? Seltener tun? Aufhören zu tun?"
    - „Wie kann ich Dir, ohne Dir das Gefühl der Ablehnung zu geben, sagen, dass ich keine Lust auf Sex habe, während Du Lust verspürst?"
6) *Ihr könnt Sex beide mehr genießen, wenn Du Dein Schlafzimmer zu einem besonderen Ort machst, indem Du es mit Bildern, Kerzen und so weiter dekorierst.* Macht ein Schloss an Eure Tür, sobald Ihr Kinder habt und bringt ihnen bei, Eure Privatsphäre zu respektieren.

Übungen für die Frau
Besprecht die folgenden Fragen:

1) Wie war es, als Du zum ersten Mal etwas über Sex gehört hast? Wer hat Dir davon erzählt? Wie wurde damit umgegangen?
2) Welchen Einfluss hatte Dein erstes Bewusstwerden über Sex auf die Art, wie Du Sex wahrgenommen hast? Hast Du verstanden, dass Sex etwas Besonderes, Heiliges und ein Geschenk Gottes ist?

3) Was machst Du, um im sexuellen Bereich rein zu bleiben? In welchen Bereichen hast Du mit sexueller Versuchung zu kämpfen?
4) Bist Du jemals sexuell belästigt oder missbraucht worden, Opfer einer Vergewaltigung geworden oder hattest Du eine Abtreibung? Falls ja, hast Du diese Erlebnisse in der Seelsorge geklärt und hinter Dir gelassen?

Gesprächsanregungen
1) Wie wohl fühlst Du Dich dabei, mit Deinem Partner über Sex zu sprechen? Falls Du Dich nicht wohl fühlst, weshalb?
2) Falls Du eine Antwort auf eine Sex-Frage bekommen könntest, welche Frage wäre es?
3) Sobald Du künftig Fragen zum Bereich „Sex" hast, wohin würdest Du Dich wenden?

Biblische Bezugsquellen
Siehe Kapitel 12, Sexuelle Erfüllung und Intimität in der Ehe.

Buchempfehlung in deutscher Sprache
Eldredge, Stacy: Weißt du nicht, wie schön du bist? Brunnen Verlag, Basel 2006.

Peckham, Colin N.: *Fliehet die Sexfalle. Versuchungen überwinden in einer Welt der Unmoral.* Betanien Verlag, Augustdorf 2010.

Smalley, Gary: *Entdecke Deinen Mann.* SCM Hänssler, Holzgerlingen 2012.

Buchempfehlung in englischer Sprache
Dillow, Linda and Pintus, Lorraine. *Intimate Issues: 21 Questions Christian Women Ask about Sex.* Colorado Springs, CO: WaterBrook, 2009.

KAPITEL 15

Die Gefahren der Pornografie

Einführung

Im Durchschnittsalter von acht Jahren wird ein Mensch in westlichen Industrieländern heutzutage zum ersten Mal mit Pornografie konfrontiert. Vielleicht wurde manche/r Eurer Mentees durch die Konfrontation mit Pornografie oder sogar durch sexuellen Missbrauch in jungen Jahren beeinflusst, und diese Konfrontation war der Auslöser für eine Reihe von Begegnungen mit Pornografie in verschiedenen Etappen seines oder ihres Lebens. Das wird zu einem wachsenden Problem für diejenigen und die sie liebenden Menschen werden.

Was ist Pornografie? Warum macht sie so abhängig?

Das Höchste Gericht der Vereinigten Staaten hatte Schwierigkeiten, Pornografie aus rechtlicher Sicht zu definieren (*Jacobellis v. Ohio, 1964*). Damit ein Mensch diese Falle in seinem Leben jedoch siegreich überwinden kann, braucht er eine praktische, nützliche Definition davon, was Pornografie ist.

> *Jegliche* Form der Unterhaltung, die unanständige oder anstößige Bilder verwendet, um die sexuellen Gedanken oder Gefühle des Teilnehmers anzuregen, ist Pornografie.[1]

Gemäß dieser Definition kann auch eine gängige Fernsehsendung, Zeitschrift oder Werbung pornografische Inhalte haben. Auch wenn es eine Herausforderung ist, müssen diese Bilder vermieden werden, falls sie sexuelle Gefühle hervorrufen.

Bei Pornografie gibt es kein „nur mal anschauen". Das *Anschauen* ist das Problem. Man kann schnell süchtig nach diesen angenehmen Gefühlen werden und ganz besonders dann, wenn sie scheinbar zur Entlastung von Stress und Sorgen führen. Der Konsum von Pornografie kann einen Abhängigkeitskreislauf auslösen, der genauso stark wie eine Drogenabhängigkeit werden kann.

Pornografie kennen wir schon aus frühester geschichtlicher Dokumentation. Was ist also das Problem?

> „Obwohl es die Pornografie schon seit Jahrtausenden gibt, war sie noch nie so verfügbar und wurde sie noch nie so stark konsumiert wie in den letzten Jahren... Es liegt auf der Hand, dass mehr Menschen – Kinder, Jugendliche und Erwachsene – gelegentlich, unabsichtlich, oder beständig Pornografie konsumieren als je zuvor."[2]

Pornografie verfolgt und zerstört diejenigen, die sich auf sie einlassen, und hat aktuell die Macht und die Präsenz, die natürlichen Liebesbeziehungen einer gesamten Generation zu zerstören. Es ist absolut notwendig, dass Mentoren den Kampf, den wir gegen Pornografie kämpfen, erkennen und verstehen, da unsere heutige Gesellschaft von Pornografie durchdrungen und angegriffen wird.

Zum ersten Mal in der Geschichte der Menschheit hat das Fantasiebild einer nackten Frau die Macht und den Reiz, den Anblick einer reellen nackten Frau zu ersetzen. Die Folge davon ist, dass eine echte nackte Frau für manche von Pornografie gesättigte Männer nur noch als „schlechter Porno" im Vergleich zu den Bildern, die er sich anschaut, angesehen wird.

Als Beweis für dieses schnell wachsende Problem können das außerordentliche Wachstum und die weite Verbreitung von Pornografie dienen.

1) Hollywood produziert jährlich etwa 400 neue Filme. Im Jahre 2005 wurden 13.585 neue Videotitel mit hartem pornografischen Inhalt in den Vereinigten Staaten veröffentlicht. Zum Vergleich: im Jahr 1988 waren es 1.300 Titel.[3]
2) Ungefähr ein Viertel aller Suchanfragen im Internet haben Bezug zu Pornografie, davon zielen täglich etwa 116.000 dieser Anfragen auf Kinderpornografie ab (Stand 2012/ 2013).
3) Das weltweite Einkommen in der Pornografie-Branche wird auf 100 Milliarden US-Dollar geschätzt, wovon 13,3

Milliarden US-Dollar in den Vereinigten Staaten von Amerika erwirtschaftet werden (Stand 2012/ 2013).[4]
4) Schätzungen besagen, dass die Produktion und Herstellung expliziter Pornografie bereits als das siebtgrößte Gewerbe in den USA angesehen wird.
5) 66% aller das Internet nutzenden Männer im Alter von 18 bis 34 Jahren schauen sich monatlich mindestens einmal pornografische Inhalte im Internet an.
6) 80% der Pornografie-Konsumenten geben an, so viel Zeit auf pornografischen Seiten zu verbringen, dass sie damit ihre Beziehungen oder ihre Arbeitsstellen riskieren.[5]
7) 51% aller Pastoren geben zu, dass das Anschauen von Pornografie im Internet ihre größte Versuchung sei. Der Pornografie-Konsum ist für 37% der US-amerikanischen Pastoren ein echtes Problem.[6]
8) 25% der Angestellten in den USA verschaffen sich trotz der damit verbundenen Risiken am Arbeitsplatz Zugang zur Pornografie.[7]
9) Ungefähr 30% der Pornografie-Konsumenten im Internet sind heutzutage weiblich.[8]

Eines der mit Pornografie zusammenhängenden Probleme ist der Voyeurismus. Die Pornografie bringt Männern bei, Frauen als Objekte zu betrachten und ersetzt die Fähigkeiten, die für den Aufbau beständiger Beziehungen mit Frauen als Gegenüber notwendig sind. Da es bei Pornografie nur um das Anschauen, nicht aber um den Umgang mit der Frau geht, wird das Körperliche erhöht, während die anderen Aspekte der Frau ignoriert oder belächelt werden. Folglich wird die Frau damit auf ihre Körperteile und ihr sexuelles Verhalten reduziert.

Die meisten Konsumenten bemerken nicht, wie stark sich ihr Denken durch die Pornografie verändert, bis diese bereits einen großen Einfluss auf ihr Leben hat. Die schädlichen Bilder können immer wieder abgespielt werden, sobald sie auf die Festplatte des Gehirns heruntergeladen wurden.

> *„Wer behauptet, dass Pornografie nur harmlose Unterhaltung, liebevolles sexuelles Handeln oder Ehe-Therapie sei, hat ganz eindeutig noch nie im Büro eines Therapeuten mit den Einzelpersonen, Paaren oder Familien gesessen, die aufgrund der zerstörerischen Wirkung dieses Materials am Taumeln sind."*
>
> ~ Dr. Jill Manning, LMFT[9] ~

Pornografischer Sex ist kommerzialisiert, mangelt an wahren Gefühlen, ist von der wahren Menschlichkeit getrennt und endet in einer einsamen, unbefriedigenden Erfahrung.

„Eine steigende Anzahl von Ratsuchenden bezeugt, dass Pornografie ‚der große Verderber' ist, der ungesunde sexuelle Interessen sät und die natürliche Reaktionsfähigkeit massiv senkt. Ein Mann gab zu, dass er mit seiner echten Partnerin keine Erektion mehr bekommen kann. ‚Ich möchte zurück zu dem, was ich hatte, bevor ich Pornografie konsumierte... Wie kann ich meine alte Sexualität zurückbekommen?', fragte er.[10]

Paare, die wir bisher im Mentoring begleitet haben und die mit Pornografie zu kämpfen hatten, zeigten weniger Intimität und Vertrauen, aber mehr Ängstlichkeit, Falschheit, Isolation und Unsicherheit.

Pornografie macht abhängig und fordert immer mehr
Im Jahr 2004 hat Dr. Judith Reismann vor einem Ausschuss eines US Senats, der die Neurowissenschaften hinter der Pornografie untersuchte, die zur Abhängigkeit führenden Eigenschaften von Bildern mit explizit sexuellem Inhalt beschrieben. Sie erklärte: „Wir wissen nun, dass Bilder, die emotional erregend wirken, sich einprägen und das Gehirn verändern, indem sie einen sofortigen, unfreiwilligen, aber beständigen biochemischen Erinnerungspfad auslösen. Sind diese neurochemischen Pfade erst einmal da, kann man sie nur schwer oder gar nicht mehr entfernen. Erotische Bilder lösen auch häufig ... Gefühle der Angst, Scham, Wut oder Feindseligkeit aus. Diese erotischen Fantasien in den Medien graben

sich tief ein, verhärten, verwirren, erregen und machen diejenigen, die ihnen ausgesetzt sind, abhängig."[11]

In derselben Anhörung hat Dr. Jeffrey Satinover von der Princeton Universität festgestellt, dass die „Abhängigkeit von Pornografie unter chemischen Gesichtspunkten fast identisch zu einer Heroin-Abhängigkeit ist... Die Pornografie-süchtige Person vergisst bald alles und alle anderen, um einen immer flüchtigeren sexuellen Kick zu erleben... Die Person wird ihre Karriere, ihre Freunde und Familie riskieren ... wird lügen, um ihre Sucht zu verbergen, ohne das Risiko und die Kosten für sich selbst und andere zu beachten."[12]

Dr. Victor Cline, ein klinischer Psychologe an der Universität von Utah, hat einen aus vier Stufen bestehenden Fortschritt erkannt, der die abhängig machende Eigenschaft von Pornografie beschreibt.[13]

Stufe 1:
Nach dem Konsum und dem wiederholten Anschauen begibt sich die Person in die Anfangsstufe der Abhängigkeit. Der Konsum von Pornografie, der in der Regel von Masturbation begleitet wird, löst die Freisetzung von Testosteron und einem kraftvollen Cocktail von Neurotransmittern aus – den manche als das „Erototozin" aus Dopamin, Oxytozin und Serotonin, bezeichnen. Diese breiten sich flutartig im Gehirn aus und führen zu einem „High", das dem von Heroin oder anderen Betäubungsmitteln ähnlich ist.

„Am Anfang fühlt sich die Pornografie wie der Umgang mit einer gefügigen Geliebten an, die eine aufregende, erotische Alternative zur Wirklichkeit und den sexuellen Herausforderungen mit der echten Partnerin verspricht. Stets verfügbar, befriedigt sie all seine Wünsche, ohne sich zu beschweren oder selbst Aufmerksamkeit zu fordern. Sie beantwortet seine Anfragen nie mit Nein (es sei denn, ihm geht das Geld aus) und macht jedes Gebaren mit. Für den Sexsüchtigen, auch wenn er seine Frau liebt und befriedigenden Sex mit ihr hat, kann der Pornografie-Konsum mit Masturbation als ‚bester Sex aller Zeiten' empfunden werden."[14]

Stufe 2:
Wenn die Person immer abhängiger wird, befriedigen ihn die Materialien, die zuvor ein „High" ausgelöst haben, nicht mehr, da das Gesetz des abnehmenden Ertrags Wirkung zeigt. Größere

Mengen pornografischen Materials und längere Konsumzeiten sind nötig, außerdem wird härteres, gröberes und erniedrigenderes Bildmaterial gebraucht, um das gleiche Maß an Erregung zu erreichen. Diese Phase ist oft von zwanghafter Masturbation geprägt.

Stufe 3:
Diese Stufe ist die Desensibilisierungsphase der Sucht, in der Material, das ursprünglich für schockend, tabubrechend, illegal, widerlich oder unmoralisch gehalten wurde, für den Konsument akzeptabel wird.

Stufe 4:
Bei der letzten Stufe geht es darum, dass der Konsument das, was er in den pornografischen Materialien gesehen hat, auslebt. Das könnten das Aufsuchen von Prostituierten, die Teilnahme am Gruppensex, Schmerzzufügung, zwanghafte Freizügigkeit, Exhibitionismus, Voyeurismus, Strip Clubs, Ehebruch, Vergewaltigung, Brutalität oder die Belästigung von Kindern bedeuten – alles, was das unersättliche Verlangen befriedigen könnte.

Die Geschwindigkeit des Fortschreitens durch diese Stufen kann unterschiedlich ausgeprägt sein und wird für jemanden, der jede Nacht Pornografie konsumiert, wahrscheinlich größer sein als für jemanden, der gelegentlich ein soft-pornografisches Magazin oder einen entsprechenden Film anschaut.

Eigenschaften der Abhängigkeit von Pornografie
1) Unfähigkeit, die Häufigkeit der Aktivität zu kontrollieren.
2) Zwanghaftes Sexualverhalten ohne Rücksicht auf die steigenden negativen Folgen für die Person oder ihre Beziehungen.
3) Ansteigende Toleranzgrenze: für die Befriedigung werden immer extremere Erregungsformen benötigt.
4) Auftreten von Entzugserscheinungen, falls die süchtigmachende Tätigkeit nicht ausgeführt werden kann.
5) Beschäftigung mit Pornografie, anstatt soziale und familiäre Beziehungen zu pflegen.

Abhängig von der Motivation des Süchtigen, der Fähigkeit des Mentors und der gewählten Vorgehensweise, kann das erfolgreiche

Überwinden einer Pornografie-Sucht für eine Person erreicht werden, die sich in den Pornografie-Stufen eins oder zwei befindet. Für die Stufen drei oder vier wird professionelle christliche Seelsorge bei jemandem, der auf dem Gebiet der Pornografie-Sucht spezialisiert ist, empfohlen. In solchen Fällen könntet Ihr als Mentor möglicherweise dazu dienen, die Person in der Verantwortung zu halten. Bei jedem Paar, das in seiner Vergangenheit Missbrauch erlebt hat, empfehlen wir dringendst die Beratung durch einen qualifizierten Experten.

Mäßigung ist für Pornografie-Süchtige unmöglich. Sie müssen Pornografie komplett vermeiden, um das abhängig-machende Verhalten zu zerbrechen. Sie müssen sich bewusst sein, dass sie immer für die Pornografie-Sucht anfällig bleiben werden und einen umsichtigen Plan aufstellen, um ihr Leben davor zu bewahren und zu schützen. Siehe auch Kapitel 16: „Ausbrechen aus der Pornografie – fünf Schritte zum Sieg".

Millionen von Menschen kämpfen insgeheim über Jahre hinweg mit einer Pornografie-Sucht, ohne dass es jemand bemerkt, und setzen ihr Verhalten selbst dann fort, wenn negative Folgen in ihrem Leben Einzug halten (z.B. Ehe, Familie, Job, Glaube).

Die meisten Menschen weigern sich, ihren Kampf gegen die Pornografie anzusprechen oder zu diskutieren. Dieses Thema wird am besten bei einem Treffen unter vier Augen oder mit dem Verweis zu einem Experten behandelt, insbesondere, wenn Missbrauch in der Vergangenheit vorgekommen ist. Drei von sechs Sex-Süchtigen haben körperlichen Missbrauch erlitten und fast alle wurden emotional missbraucht.

Es ist ein Irrglaube, dass Christen gegen Pornografie immun seien. Dr. Archibald Hart berichtet in seinem Buch „The Sexual Man", dass fast alle (94%) von fast 600 „guten Männern mit starken religiösen Neigungen", die er befragt hat, mit Pornografie zu tun hatten.[15] Der klinische Psychologe Professor Dr. Mitchell Whitman bestätigt: „Der Konsum von Pornografie ist nach meiner Erfahrung ein sehr häufig vorkommendes Problem für viele christliche und ganz besonders für die alleinstehenden Männer unter ihnen."[16]

Wie bei allen anderen Süchten, kommt es im Verlauf der Zeit zur Desensibilisierung durch den ausgedehnten und intensiven Konsum von Pornografie, um den gleichen Erregungseffekt zu erzeugen. Manche sagen, dass Pornografie ihnen anfänglich dabei geholfen hat, beim Sex erregter zu werden, aber mit der Zeit hatte sie auf die

Person oder die Beziehung des Paares genau den gegensätzlichen Effekt.

Als Mentor musst Du mit Deinen Mentees ein Fundament bauen, das auf Vertrauen, Ehrlichkeit und Transparenz basiert, um ein ehrliches Gespräch über dieses Thema führen zu können. Sei darauf vorbereitet, dass der Mentee aufgrund der Scham und des Schuldgefühls, das mit dem Konsum verbunden ist, zunächst leugnet, ein Problem damit zu haben, oder das ganze Ausmaß des Problems erst mit der Zeit und nach mehreren Gesprächen preisgibt. Außerdem ist es wahrscheinlich, dass es zu Rückfällen kommen wird, wenn sich der Süchtige den Pornografie-Konsum abgewöhnt.

Oft gibt es einen „Berechtigungsfaktor". Viele Männer spielen diese Sünde herunter, weil sie glauben, überarbeitet zu sein, nicht genügend geschätzt zu werden und/oder gerade Streit mit ihrer Frau zu haben, was ihren Pornografie-Konsum als „keine große Sache" rechtfertige.

Die meisten Frauen wissen überhaupt nicht, wie oft ihre Ehemänner oder Freunde Pornografie konsumieren. Manchmal ist diese Täuschung Absicht, da auch die Männer leugnen, wie oft sie Pornografie anschauen. Viele Männer denken auch einfach nicht daran, die Zeit, die sie mit Pornografie verbringen, zu messen. Obwohl Männer wissen, dass Vertrauen für eine gesunde Beziehung entscheidend ist, scheinen sie bezüglich ihres Pornografie-Konsums bereit zu sein, dieses Vertrauen wissentlich zu missbrauchen.

Frauen und Pornografie
Als Mentoren solltet Ihr es auch in Betracht ziehen, dieses Thema mit Frauen zu besprechen, da sie einen wachsenden Anteil der Pornografie-Konsumenten ausmachen. In 2012 wurde geschätzt, dass 3% der erwachsenen Frauen (und 8% der erwachsenen Männer) im Laufe ihres Lebens von Pornografie abhängig werden.[17]

> *„In meinem Büro und in den Büros zahlreicher Kollegen scheinen jedoch vermehrt Unsicherheit, Probleme mit dem Körperbild, sexuelle Ängste und Beziehungsprobleme bei weiblichen Pornografie-Konsumenten vorzukommen. Zudem ist es nicht ungewöhnlich, dass eine Vorgeschichte von sexuellem Missbrauch oder Trauma in den Pornografie-Konsum verwickelt ist ..."*
>
> ~ Dr. Jill Manning, LMFT[18] ~

„Die Pornografie-Industrie hat die Frauen heute davon überzeugt..., dass das Erlernen vom Tanzen an der Stange die Annahme ihrer Sexualität bedeute und dass jede Ehefrau oder Freundin, die sexy und verführerisch sein möchte, Striptease über dem Schoß ihres Freundes machen sollte. Laut einer von der Illustrierten Cosmopolitan durchgeführten Internetumfrage waren 43% der Frauen schon mal in einem Stripclub. In einer Umfrage der Illustrierten ELLE sagten mehr als die Hälfte der Teilnehmerinnen (52%), dass es sie nicht stören würde, wenn ihre Partner in Strip-Lokalitäten gehen würden."[19]

Versuche, Pornografie zu verharmlosen
Manche Männer erzählen ihren Frauen, dass der Konsum von Pornografie etwas Natürliches und Normales sei. Wenn eine Frau das nicht möge, sei sie kontrollierend, unsicher, verklemmt oder kleinkariert. Fordert die Frau, dass er damit aufhören solle, wird ihr entgegnet, sie sei unvernünftig, nicht unterstützend oder dass sie alles völlig übertreibe. Er möchte nichts aufgeben, das er schon seit seiner Jugend schätze.

Immer mehr Frauen versuchen, Pornografie als „Männersache" abzutun, machen sich aber große Sorgen darüber, wie Pornografie ihr Leben und das Leben ihres Partners beeinflusst. Sie fühlen sich gegenüber den künstlichen Körpern und sexuellen Leistungen der Frauen, die sich ihr Mann z.B. im Internet anschaut, minderwertig und verlieren oft den Wettkampf um die sexuelle Befriedigung ihres Mannes.

Zu den Folgen des Pornografie-Konsums gehören:

1) Verschwendete Zeit durch ansteigende Dauer.
2) Nachteiliger Einfluss auf das Familien- und Sozialleben, die Arbeit oder das Studium.
3) Gefühle der Einsamkeit und Depression und von niederem Selbstwert.
4) Geistliche Lethargie, da Lobpreis, Gebet und das Dienen für andere trocken erscheinen. Zu genau der Zeit, in der sie das Wirken des Heiligen Geistes in ihren Leben brauchen, werden sie wie betäubt für jegliche Verbindung mit Gott und werden geistlich depressiv.
5) Weniger Sensibilität für Sünde. Was einst als Sünde betrachtet wurde, wird nun in gemäßigtem Rahmen als akzeptabel bezeichnet.
6) Größere Uneinigkeit in der Ehe. Der Konsum von Pornografie erzeugt den Eindruck, dass anormale sexuelle Handlungen normaler seien, als sie wirklich sind, und dass häufiger Partnerwechsel der Norm entspräche.
7) Impotenz beim echten Sex im Gegensatz zum Pornografie-Konsum.[20]
8) Geschwächte Ehen. Die Frauen fühlen sich häufig betrogen, wenn ihre Ehemänner sich entscheiden, online zu gehen, um sexuell befriedigt zu werden. Eine Frau beschreibt es folgendermaßen: „Es führt dazu, dass ich mich fett und hässlich fühle, wie wenn er lieber mit diesen Bildern masturbieren würde als das Echte zu haben."[21] Für sie deutet der Konsum von Internetpornografie darauf hin, dass sie körperlich unattraktiv, sexuell nicht begehrenswert, wertlos und als Ehefrau untauglich ist.
9) Erhöhte Scheidungswahrscheinlichkeit. Bei mehr als 50% der Scheidungsfälle ist „ein zwanghaftes Interesse an der Internetpornografie" ein entscheidender Faktor.[22]

Dr. Dolf Zillman vom „Institut für Kommunikationsforschung" („Institute for Communication Research") hat herausgefunden, dass der häufige Pornografie-Konsum mit der Entwicklung von folgenden Einstellungen und Dynamiken in Beziehungen zu tun hat:[23]
1) Erhöhte Gleichgültigkeit gegenüber Frauen.
2) Niedrigere Zufriedenheit mit der sexuellen Leistung, der Zuneigung oder dem Aussehen des Partners.

3) Zweifel am Wert der Ehe.
4) Größere Toleranz für explizit sexuelles Material und deshalb das Fordern von ungewöhnlicherem oder exzentrischerem Material, um das gleiche Maß an Erregung oder Interesse zu erzeugen.
5) Falsche Annahmen über die Häufigkeit der sexuellen Tätigkeit in der allgemeinen Bevölkerung und über die Verbreitung von eigentlich weniger häufigen sexuellen Handlungen (z.B. Gruppensex, Sodomie und sadomasochistische Praktiken)
6) Verringertes Vertrauen gegenüber dem intimen Partner.
7) Geringerer Wunsch, sexuelle Exklusivität mit dem Partner zu leben und größere Akzeptanz, den häufigen Partnerwechsel als normalen Beziehungsstatus anzusehen.
8) Die Annahme, dass sexuelle Untätigkeit oder Abstinenz zu einem Gesundheitsrisiko führen.
9) Der Glaube, die Ehe sei sexuell einschränkend.
10) Die Überzeugung, dass Familie und das Aufziehen von Kindern unattraktive Aussichten sind.
11) Erhöhte Häufigkeit von begehrlichen Gedanken über andere Frauen.
12) Verringertes Interesse am Partner, da wahre Intimität vermieden wird, auf der Beziehungsebene Faulheit herrscht und die Abhängigkeit gefüttert wird.
13) Trennung von Menschen, die in ihrem Leben einst von Bedeutung waren.

Vergegenwärtigt Euch Eure eigene Lebenserfahrung und bindet diese ein

Falls Euer Mentee Probleme im Bereich der Pornografie haben sollte, sagt ihm oder ihr, dass er oder sie nicht alleine damit ist und dass Ihr seinen/ihren Kampf versteht, weil Ihr mit Euren eigenen Sünden zu kämpfen habt. Vielleicht hat einer von Euch selbst mit der Sünde des Pornografie-Konsums gekämpft und kann deshalb Einblick geben, wie der Kampf für Euch persönlich ausgesehen hat und wie Ihr den Sieg errungen habt.

Ausbrechen aus der Pornografie

Es fällt Dir vielleicht schwer, dieses Thema anzusprechen, aber es ist sehr wichtig, dass Du es in Dein Mentoring einbeziehst. Auf viele Paare kommen immer mehr Probleme zu, wenn sie keine gottesfürchtige Leitung oder professionelle christliche Seelsorge in diesem Bereich erfahren können.

„Satan liebt es, wenn wir denken, dass wir das allein besiegen können", sagt Mark R. Laaser, der Autor des Buches „Wunden der sexuellen Abhängigkeit heilen" (Healing the Wounds of Sexual Addiction). Laaser ist davon überzeugt, dass Wut die Hauptursache für christliche Männer ist, sexuelle Sünden zu begehen. Er sagt: „Sie sind wütend auf Gott, wütend auf ihren Ehepartner, wütend auf die Kirche. Sie fühlen sich verlassen."[24]

Sprecht mit Euren Mentees über die Möglichkeit, Freiheit von dieser Abhängigkeit zu finden. Lest Kapitel 16: „Ausbrechen aus der Pornografie – fünf Schritte zum Sieg", um Euch über eine umfassende Vorgehensweise, die wir mit unseren Mentees einsetzen, zu informieren.

> Eine einmalige „Befreiung" von der Pornografie ist unwahrscheinlich, da das Abgewöhnen dieser Angewohnheit das „Erneuern des Geistes" beinhaltet und normalerweise schrittweise, aber nicht linear verläuft.

Helft dem Pornografie-Konsumenten, die zu diesen unangemessenen Verhaltensweisen führenden Faktoren zu erkennen. Findet dann einen Weg, auf gesunde Weise damit umzugehen. Vielleicht müsst Ihr Unsicherheit, Einsamkeit, Stress, Depression, tieferliegenden Schmerz und/oder unverarbeitete Trauer ansprechen.

Seid geduldig. Regenerierende Pornografie-Süchtige müssen sich Herausforderungen stellen, die manch anderen Abhängigen, die sich auf die totale Abstinenz von Dingen wie dem Spielen oder dem Alkohol konzentrieren können, unbekannt sind. Ehemals Spiel- oder Alkoholabhängige können ein gesundes und quasi normales Leben führen, ohne eben jemals wieder zu spielen oder Alkohol zu trinken. Sex-Süchtige müssen jedoch lernen, Sex mit ihrem Ehepartner zu haben, dabei jedoch angemessene Grenzen und Einschränkungen beachten.

Eine Rolle, die Du als Mentor übernehmen könntest, ist, beim Anleiten eines Geständnisses und/oder Gespräches mit den Partnern behilflich zu sein, falls das Problem geheim gehalten wurde.

Gottes Plan für unser Sexleben ist es, auf unsere Ehefrau zu warten und uns nur mit ihr sexuell zu verbinden. Alle anderen Frauen werden von der Bibel als unsere „Schwestern" bezeichnet. 1. Timotheus 5,2 fordert uns dazu auf, *„ältere Frauen als Mütter, jüngere als Schwestern in aller Keuschheit"* zu behandeln. Würde es Dir gefallen, wenn ein Mann Deine Tochter oder Deine Ehefrau so anschaut, wie Du andere Frauen anschaust?

Es kann nicht einfach und schon gar nicht natürlich sein, alle Frauen wie Schwestern, Töchter und Mütter zu behandeln, aber für Männer, die mit Lust kämpfen, kann das Umsetzen dieses Konzepts die Versuchung in reine Beziehungen verwandeln.

Bilder, die noch aus vorherigen Beziehungen oder aus den Medien im Kopf sind, lassen sich durch Gottes Macht und Sein Wort löschen. Mentoring oder Seelsorge sind hierfür ein prädestiniertes Umfeld.

Vergiss nicht, dass es sowohl falsch als auch gefährlich ist, absichtlich etwas anzuschauen, das sexuellen Gedanken außerhalb Deiner Ehe anregt.

Individuelles Gespräch oder Paargespräch – Freiheit von Pornografie erlangen

Besprecht einige der Folgen des Pornografie-Konsums, die das Paar erlebt hat, und zukünftige Folgen, die auftreten können, wenn der Konsum nicht besiegt wird. Helft ihnen dabei, den nächsten Schritt festzulegen, den sie zu gehen bereit sind, um dieses Problem zu behandeln.

1) Wann hast Du zum ersten Mal Pornografie konsumiert? Wie waren die Umstände? Wie hast Du Dich nach dieser Erfahrung gefühlt?
2) Viele Menschen hadern zwischendurch immer wieder mit Pornografie und versuchen, alleine damit aufzuhören, fallen aber periodisch zurück in die Herrschaft der Bilder. Ist das eine Beschreibung für das, was Du erlebt hast?
3) Welche Auswirkung kann Pornografie auf eine eheliche Beziehung Deiner Meinung nach haben?
4) Zu welchen Zeiten oder unter welchen Umständen in Deinem Leben erliegst Du der Verlockung von Pornografie am ehesten?
5) Auf welcher Stufe der Pornografie-Sucht befindest Du Dich?

6) Welchen Einfluss hat Pornografie auf Dein Selbstwertgefühl, auf Dein persönliches Integritätsgefühl und auf Deine Ehe?

Biblische Bezugsquellen
Epheser 5,11-14a: *„Beteiligt Euch nicht an dem finsteren Treiben, das keine Frucht hervorbringt. Im Gegenteil, deckt es auf! Man muss sich schämen, auch nur zu nennen, was manche heimlich tun. Wenn es aber vom Licht, das Ihr ausstrahlt, aufgedeckt wird, kommt es ans Licht. Und was ans Licht kommt, wird selbst Licht."* *(Gute Nachricht Bibel)*
Sprüche 5,15, 17-19b: *„Trinke Wasser aus Deiner **eigenen** Zisterne und was aus **Deinem** Brunnen quillt. Dir allein sollen sie gehören, doch keinem Fremden neben Dir. Deine Quelle sei gesegnet, erfreue Dich an **der Frau Deiner Jugend**! ... ihre Brüste sollen Dich berauschen jederzeit, in **ihrer** Liebe sollst Du taumeln immerdar!"* *(Elberfelder Bibel, Markierung hinzugefügt)*
Sprüche 4,23: *„Mehr als alles andere behüte Dein Herz, denn von ihm geht das Leben aus."* *(Schlachter 2000)*
1. Thessalonicher 4,3-5: *„Gott möchte, dass Ihr heilig seid; deshalb sollt Ihr nicht unzüchtig leben. Dann wird jeder von Euch so leben, dass er Gott Ehre macht – nicht in zügelloser Begierde wie jene Menschen, die Gott nicht kennen."* *(Neues Leben Bibel)*
1. Korinther 10,13: *„Vergesst nicht, dass die Prüfungen, die Ihr erlebt, die gleichen sind, vor denen alle Menschen stehen. Doch Gott ist treu. Er wird die Prüfung nicht so stark werden lassen, dass Ihr nicht mehr widerstehen könnt. Wenn Ihr auf die Probe gestellt werdet, wird Er Euch eine Möglichkeit zeigen, trotzdem standzuhalten."* *(Neues Leben Bibel)*

Buchempfehlungen in deutscher Sprache
Arterburn, Stephen, Stoeker, Fred, Yorkey, Mike: *Jeder Mann und die Versuchungen.* SCM Hänssler, Holzgerlingen 2012
Eldredge, John: Der ungezähmte Mann. Auf dem Weg zu einer neuen Männlichkeit. Brunnen Verlag, Gießen 2009.
Ethridge, Shannon: *Jede Frau und das geheime Verlangen.* SCM Hänssler, Holzgerlingen 2012
Laaser, Mark R.; Earle, Ralph H. *Wenn Bilder süchtig machen – Sexuelle Abhängigkeiten erkennen, falsche Verhaltensweisen loslassen, seelische Heilung erfahren.* Brunnen-Verlag, Gießen 2005.

Pahl, Christoph: *Voll Porno! Warum echte Kerle „Nein" sagen.* Francke Buchhandlung, Marburg 2010.

Peckham, Colin N.: *Fliehet die Sexfalle. Versuchungen überwinden in einer Welt der Unmoral.* Betanien Verlag, Augustdorf 2010.

Buchempfehlungen in englischer Sprache25

Alcorn, Randy C. *The Purity Principle: God's Safeguards for Life's Dangerous Trails.* Sisters, OR: Multnomah, 2003.

Arterburn, Stephen, Stoeker, Fred & Brenda. *Every Heart Restored: a Wife's Guide to Healing in the Wake of a Husband's Sexual Sin.* Colorado Springs, CO: WaterBrook, 2004.

Carnes, Patrick. *Out of the Shadows: Understanding Sexual Addiction.* Center City, MN: Hazelden Information & Education, 2001.

Dallas, Joe. *The Game Plan: The Men's 30-Day Strategy for Attaining Sexual Integrity.* Nashville, TN: W Pub. Group, 2005.

Laaser, Mark R. *Healing the Wounds of Sexual Addiction.* Grand Rapids, MI: Zondervan, 2004.

Maltz, Wendy & Larry. *The Porn Trap: the Essential Guide to Overcoming Problems Caused by Pornography.* New York: Collins, 2008.

Perkins, Bill. *When Good Men Are Tempted.* Grand Rapids, MI: Zondervan Pub. House, 1997.

Stoeker, Fred, Arterburn, Stephen & Yorkey, Mike. *Every Man's Battle: Winning the War on Sexual Temptation One Victory at a Time.* Colorado Springs, CO: WaterBrook Press, 2009.

Struthers, William M. *Wired for Intimacy: How Pornography Hijacks the Male Brain.* Downers Grove, IL: IVP, 2009

Weiss, Douglas. *The Final Freedom: Pioneering Sexual Addiction Recovery.* Fort Worth, TX: Discovery, 1998.

Für betroffene Ehefrauen

Crosse, Clay & Renee and Tabb, Mark A.. *I Surrender All: Rebuilding a Marriage Broken by Pornography.* Colorado Springs, CO: NavPress, 2005.

Laaser, Debra. *Shattered Vows: Hope and Healing for Women Who Have Been Sexually Betrayed.* Grand Rapids, MI: Zondervan, 2008.

Means, Marsha. *Living with Your Husband's Secret Wars*. Grand Rapids, MI: F.H. Revell, 1999.

Stoeker, Fred & Brenda, Arterburn, Stephen, and Yorkey, Mike. *Every Heart Restored: a Wife's Guide to Healing in the Wake of a Husband's Sexual Sin*. Colorado Springs, CO: WaterBrook Press, 2010.

KAPITEL 16

Ausbrechen aus der Pornografie – fünf Schritte zum Sieg

Einführung
Für das geistliche Leben einer Person und für den Schutz ihrer Ehe ist die sofortige Behandlung von jeglicher Sucht (auch die der sexuellen Sünde) eine entscheidende Notwendigkeit. Um im Kampf gegen die Pornografie erfolgreich zu sein, müssen Eure Mentees einer vielschichtigen Vorgehensweise folgen. Die Schlüsselbereiche werden unten, in Verbindung mit einigen speziellen Handlungsschritten, die sie umsetzen können, aufgeführt. Je nach der speziellen Situation oder den Bedürfnissen des Mentees und auf Empfehlung eines christlichen Seelsorgers können weitere Schritte hinzugefügt werden.

Den meisten Menschen, die Freiheit auf diesem Gebiet erfahren haben, gelang dies durch das Ernstnehmen ihrer Sünde, die Entschlossenheit in ihrem Handeln und das Einbeziehen anderer beim Treffen der richtigen Entscheidungen. So kann das Durchlaufen des Prozesses der Umkehr und „der Erneuerung ihres Geistes" gelingen.

Fünfstufige Vorgehensweise zum Sieg
1) Gib Rechenschaft und suche göttlichen Rat
- Stelle ein Team von Personen zusammen, vor denen Du Rechenschaft ablegst.
- Berichte ihnen von Deiner Verwicklung in die Pornografie und bitte sie um Hilfe.
- Teile ihnen Deinen Wunsch mit, rein sein zu wollen. Schreibe spezifische Ziele und Schritte auf, die Du unternehmen wirst, um diese zu erreichen.
- Informiere sie regelmäßig über Deinen Fortschritt und Rückfälle.

- Lass Dich von ihnen leiten und besprich alle notwendigen Korrekturen.
- Begib Dich in christliche Seelsorge, ganz besonders dann, wenn Du Anzeichen einer Abhängigkeit oder eine persönliche Erfahrung mit Missbrauch hast.
- Decke die Ursachen von tieferliegendem emotionalen Schmerz und Wut auf und behandle sie.

Warum ist das wichtig? In Dunkelheit und Geheimniskrämerei lebt Satan prächtig. Wenn Du Dein Problem mit dem Team, das Dich in der Verantwortung hält, ans Licht bringst, wird die Macht, die es über Dein Leben hat, verringert. Lass nicht zu, dass Dein privater Kampf Deine Privatangelegenheit bleibt.

Stelle eine Gruppe von Menschen zusammen, die Dich unterstützt und zur Verantwortung zieht. Du musst diesen Kampf nicht allein führen.

> *„Ich bin noch niemandem begegnet, der sich allein von einer sexuellen Sucht erholt hat."*
>
> ~ Douglass Weiss[1] ~

2) Bekenne und investiere
- Bekenne diese Sünde vor Gott und dann vor Deiner Ehefrau.
- Lass Dich von Deinem Seelsorger oder dem Team, das Dich zur Verantwortung zieht, beraten, wie man das macht.
- Teile alles mit, was Du an pornografischem Konsum gemacht hast, mit und verpflichte Dich dann dazu, Dich davon abzuwenden.
- Erkläre den Freunden, die Dich in der Verantwortung halten, und Deiner Ehefrau, zu welchen Schritten Du Dich verpflichtest, um den Sieg über diese sündhafte Sucht zu gewinnen.

- Sei auf die Reaktion Deines Ehepartners vorbereitet und akzeptiere sie. Die Gefühle, die die- oder derjenige empfindet, können sein, als ob Du eine Affäre gehabt hättest.
- Sei verständnisvoll, da dieser Prozess Zeit brauchen wird. Dein Ehepartner möchte sich eventuell ebenfalls geistliche Unterstützung oder einen Mentor suchen, der dabei helfen kann, ihre/seine Wut und ihren/seinen Schmerz zu verarbeiten.
- Investiere in Deine Ehe.
- Arbeite am Wiederaufbau Deiner Ehe.
- Nehmt jährlich an einer Ehe-Schulung oder einer Ehe-Konferenz teil.
- Baut Beziehungen mit Paaren auf, die die Ehe hochhalten.

Warum ist das wichtig? Dein Ehepartnermuss wissen, was in Deinem Leben vor sich gegangen ist und braucht Deine Verpflichtung zur Veränderung. Du musst nicht unbedingt jedes Detail Deiner lüsternen Gedanken offenbaren, aber Deine Ehrlichkeit und Offenheit sind ein zwingend notwendiger Schritt zum Sieg.

Es ist unumgänglich, dass Du Deinen Ehepartner zu demjenigen machst, der Dich auf „höchstem Niveau" zur Rechenschaft ziehen darf. Versuche immer wieder, mit ihr/ihm zu beten. Sei nicht überrascht, wenn sie/er wütend oder traurig wird. Versichere Deine Liebe und gib ihr/ihm Zeit und Raum. Schlussendlich ist dies Dein Problem und Deine Verantwortung - nicht die Deines Ehepartners.

Berichte Deinem Ehepartner, in welchen Situationen die Versuchung für Dich am größten ist und bitte ihn, Dich sowohl zu ermutigen als auch immer wieder zu hinterfragen. Die bitteren Details Deines Kampfes solltest Du aber besser nur dem Mentor, der Dich zur Verantwortung zieht, oder Deinem unterstützenden Team mitteilen.

> „Wasche meine Schuld ganz von mir ab und reinige mich von meiner Sünde!"
>
> (Psalm 51,4; Neue Genfer Übersetzung)

3) *Stärke Dein Leben auf geistlicher und körperlicher Ebene.*
   - Fülle Deinen Geist mit den großartigen Zusagen und der Freude an Jesus.
   - Konzentriere Dich darauf, Jesus immer ähnlicher zu werden.
   - Lerne, Satans „Stimme der Abhängigkeit" zu erkennen (jegliches aufkommende, verbotene Gefühl und jeglicher Gedanke an unangemessene sexuelle Handlungen).
   - Bekenne jegliches Versagen unverzüglich vor Deiner Gruppe.
   - Verbringe täglich Zeit mit Gebet, dem Lesen in der Bibel und Lobpreis. Oftmals sind der Geist und die Gedanken in der ersten Stunde nach dem Aufstehen hierfür am klarsten.
   - Bringe Dich in der Gemeinde und in kleinen geistlichen Gruppen, wie zum Beispiel einem Hauskreis, ein.
   - Sorge täglich dafür, dass Dein Körper ausreichend Sport, Ruhe und Ernährung bekommt.

Warum ist das wichtig? Männer, die gegen die Pornografie kämpfen, konzentrieren sich häufig darauf, dem Teufel unähnlich – anstatt Christus ähnlich – zu werden. Es ist wichtig, den „sündhaften Umhang" auszuziehen, aber es ist genauso wichtig, den neuen Umhang – die Kraft Christi, „anzuziehen". Arbeite von innen nach außen. *„Die Ihr den Herrn liebt, hasst das Böse!"* (Psalm 97,10a, Elberfelder Übersetzung) und: *„Wenn ein böser Geist einen Menschen verlassen hat, zieht er durch öde Gegenden und sucht einen Ruheplatz, findet aber keinen. Dann sagt er sich: ‚Ich will wieder in mein Haus gehen, das ich verlassen habe.' Er kehrt zurück und findet das Haus leer, sauber und aufgeräumt. Daraufhin geht er und holt sieben andere Geister, die noch schlimmer sind als er selbst, und sie ziehen in das Haus ein und wohnen dort. So ist dieser Mensch am Ende schlimmer dran als am Anfang..."* (Matthäus 12, 43-45, Neue Genfer Übersetzung).

Bilder, die noch aus vorherigen Beziehungen oder aus den Medien im Kopf sind, lassen sich durch Gottes Macht und Sein Wort löschen. Mentoring oder Seelsorge sind hierfür ein prädestiniertes Umfeld.

Der Sieg über die Pornografie wird wahrscheinlicher, wenn sich ein Mensch auf das Überwinden seiner Lust konzentriert und gleichzeitig in allen seinen Einstellungen und Handlungen Christus immer ähnlicher werden will.

4) *Entferne die Ursachen der Versuchung*
   - Das Ziel hierbei ist es, komplette Abstinenz von allem unanständigen sexuellen Material zu erlangen. *„...Beschäftigt Euch nicht länger damit, wie Ihr die Begierden Eurer eigenen Natur zufrieden stellen könnt"* (Römer 13,14b, Neue Genfer Übersetzung).
   - Besorge Dir einen Internetfilter für Deinen Computer und positioniere Deinen Computer und Fernseher so, dass sie offen einsehbar sind.
   - Schaffe zwielichtige Kabelfernsehsender wie z.B. 9Live, HBO, Bezahlfernsehen usw., ab.
   - Willst Du den Sieg wirklich erringen, solltest Du Zeitschriften, die zwielichtigen Inhalt haben und auch scheinbar harmlose Zeitschriften (z.B. Maxim, Men's Health, und Cosmopolitan) meiden.
   - Spiele für zukünftige Situationen, die Dich wahrscheinlich in Versuchung bringen könnten (z.B. Geschäftsreisen), durch, wie Du Dich schützen kannst. Hierunter kann unter anderem das Buchen von Hotels, die keine erotischen Fernsehkanäle zur Verfügung stellen, fallen.

Warum ist das wichtig? Die Neigung eines Mannes, Pornografie zu konsumieren, kann sich aus „kleinen" Kompromissen aufbauen, die ihn in eine größere Falle locken.

Dieser Weg der Bestrafung des bisherigen Lebensstils ist hart, aber vergiss nicht: *„Natürlich freut sich niemand darüber, wenn er gestraft wird; denn Strafe tut weh. Aber später zeigt sich, wozu das alles gut war. Wer nämlich auf diese Weise Ausdauer gelernt hat, der tut, was Gott gefällt und ist von seinem Frieden erfüllt."* (Hebräer 12,11, Hoffnung für Alle)

Ist es nicht das, was Du wirklich für Dein Leben willst?
5) *Gewöhne Dir an, Dich aus Situationen der Versuchung zu entfernen*
- Lerne es, zur Versuchung führende Bereiche zu erkennen.
- Meide BLAST-Situationen!! (BLAST = bored, lonely, angry, stressed or tired, dt.: gelangweilt, allein, wütend, gestresst oder müde). Sei ganz besonders vorsichtig, sobald Du in diesen Zustand gerätst.
- Zu weiteren Situationen der Versuchung gehören Einsamkeit ohne Aufgabe, schlechte Entscheidungen in Bezug auf Filme, Fernsehen, Zeitschriften usw.
- Wende die „1 + 1"-Regel an: Ein Blick und eine Sekunde, in der Du Deine Augen vom Auslöser der Versuchung wegreißt und Deinen Geist mit Gedanken der Reinheit füllst.[2] Das ultimative Ziel ist, nichts anzuschauen, das lustvolle Gedanken auslösen könnte. Diese Vorgehensweise hat schon vielen Menschen dabei geholfen, die Macht der Lust zu überwinden.

„Töte die Sünde oder sie wird Dich töten."

~ John Owen ~

Warum ist das wichtig? Schaffe Dir eine Sicherheitszone, um die Anziehungskraft der Versuchung zu verringern und für einen Ausweg zu sorgen.

Warte nicht, bis es zu spät ist. Was Du schon im nüchternen, nicht-erregten Zustand zu tun begehrst, wird sich nicht einfach in wohlüberlegtes Verhalten verwandeln, sobald Du aufgeregt und erregt bist.

Dieser Plan ist ein guter Weg, den Sieg über die abhängig machende Kraft der Pornografie und der sexuellen Sünde zu erringen. Du wirst in diesem Kampf vielleicht Rückfälle erleiden, bleibe aber in der Verbindung mit Gott, Deinem Ehepartner und dem Team, das Dich zur Verantwortung zieht. Und gib niemals auf!

Buchempfehlungen
Siche Kapitel 15

KAPITEL 17

Sexuell übertragbare Krankheiten und Infektionen[1]

Einführung
In einer perfekten Welt müsste man sich nicht auf sexuell übertragbare Krankheiten oder Infektionen testen lassen, bevor man die Ehe eingeht. In der heutigen Welt, in der Drogen gespritzt werden, in der Sex vor und außerhalb der Ehe stattfindet, wieder geheiratet wird, in der es homosexuelle und bisexuelle Beziehungen und gelegentlich belastete Bluttransfusionen gibt, kann man sich nicht länger sicher sein, dass eine Infektion kein Thema sein wird. In einer perfekten Welt würde keine dieser Situationen auf Dich oder Deinen Ehepartner zutreffen.

Wir weisen die Ehementoren darauf hin, dass es – in zutreffenden Fällen – sehr kraftvoll und daher unerlässlich ist, die Auswirkungen des Zusammenlebens und des Geschlechtsverkehrs vor der Ehe im Rahmen des Mentoring aufrichtig und liebevoll aufzugreifen. Wünschenswert ist dann die „Umkehr" der Mentees, nachdem die Mentoren für Gottes Wahrheit eingestanden sind.

Beziet hierfür das Zusatzmaterial „Wie Beziehungen durch das voreheliche Zusammenwohnen beeinflusst werden" für die Vorbereitung und Durchführung dieser oder einer anderen passenden Mentoring-Einheit mit ein.

Übertragungswege sexuell übertragbarer Krankheiten oder Infektionen
1) Jegliche Form des Geschlechtsverkehrs vor oder außerhalb der Ehe – egal, ob heterosexuell oder homosexuell. Dazu gehören vaginaler Geschlechtsverkehr, Oralverkehr, Vergewaltigung und manche Formen des Missbrauchs.
2) Bluttransfusionen.
3) Drogenspritzen/Teilen von Nadeln.
4) Arbeitsbedingte Gefährdung (Nadelverletzungen bei medizinischen Berufen).

5) Infektion in Verbindung mit der Geburt eines Kindes.

Tipps zum Besprechen des Themas „sexuell übertragbare Krankheiten und Infektionen"
Die Paare müssen selbst bestimmen, ob einer von beiden im Hinblick auf die fünf oben genannten Ursachen gefährdet sein könnte. Falls ja, sollten sie sich untersuchen lassen. Es gibt keine Sicherheit, auch wenn er oder sie nur „eine einzige" Begegnung oder nur „einen einzigen" Partner zuvor gehabt haben sollte. Dieser „eine" Partner kann schon viele andere Partner gehabt haben, zudem kann die Krankheit übertragen werden, ohne dass vorher Symptome vorhanden waren.

Sich testen zu lassen, ist etwas, das aus Liebe zum Partner geschieht, um sich gegenseitig zu schützen. Macht es zu einer Voraussetzung für Eure Ehe. Darüber hinaus müsst Ihr eine Entscheidung darüber treffen, wie die Ergebnisse Eure Entscheidung zu heiraten beeinflussen werden. Falls Ihr Euch trotz positiver Testergebnisse für den Ehebund entscheiden solltet, müsst Ihr Euren Partner weiterhin lieben, hart daran arbeiten, Enttäuschungen zu verdauen und Vorsichtsmaßnahmen planen, die Ihr innerhalb Eurer Ehe umsetzt.

In manchen Ländern kann ein Bluttest auf sexuell übertragbare Krankheiten Voraussetzung für eine amtliche Heiratserlaubnis sein.

Manche sexuell übertragbare Krankheiten, wie zum Beispiel Tripper (Gonorrhö), sind heilbar, andere, wie zum Beispiel Herpes und HIV/AIDS, nicht. Auch wenn eine sexuell übertragbare Krankheit heilbar ist, kann sie Unfruchtbarkeit, Sterilität, Schwangerschaftskomplikationen, Krankheitsübertragung auf Kinder während der Schwangerschaft, bleibende Organschäden, Krebs, und sogar den Tod verursachen. Neben den körperlichen Schäden können die emotionalen Narben verheerend sein.

Die Anzahl von sexuell übertragbaren Krankheitstypen und ihre Häufigkeit steigen mit astronomischer Geschwindigkeit. Im Jahr 1960 gab es nur drei bekannte sexuell übertragbare Krankheiten, im Jahr 2011 wurden zwei Dutzend als unheilbar aufgelistet. Seit dem Jahr 2001 haben sich die Fälle von sexuell übertragbaren Krankheiten verdreifacht.[2] Die Weltgesundheitsorganisation hat im Jahr 2001 berichtet, dass die Anzahl von neuen Diagnosen der heilbaren sexuell übertragbaren Krankheiten in Nordamerika bei 14 Millionen lag.[3] Die Anzahl der sexuell übertragbaren Krankheiten bei Frauen, die außerehelich zusammenwohnen, ist sechs Mal höher als bei verheirateten Frauen.[4]

Die Symptome von sexuell übertragbaren Krankheiten sind verschieden. Die gewöhnlichsten Symptome sind Entzündungen der Genitalien, ungewöhnliche Klumpen, Entzündungen oder Warzen, Ausschläge in den genitalen Bereichen oder anderen Körperregionen, Juckreiz, Schmerz oder ein brennendes Gefühl beim Urinieren oder beim Geschlechtsverkehr, ungewöhnliche Absonderungen der Genitalien. Einige sexuell übertragbare Krankheiten können, wenn sie nicht diagnostiziert oder behandelt werden, zu ernstzunehmenden Organschaden und in manchen Fällen sogar zum Tod führen.

Nicht alle Symptome von sexuell übertragbaren Krankheiten treten jedoch sofort auf. Da eine sexuell übertragbare Krankheit ohne äußerliche Symptome im Körper getragen werden kann, stellt dies ein Risiko dar, die Krankheit auf den Ehepartner zu übertragen. Bei manchen Krankheiten kann es eine Zeitspanne geben, in der eine Person infiziert und ansteckend ist, aber die Krankheit kann von den verfügbaren medizinischen Untersuchungen noch nicht festgestellt werden. Deshalb kann wiederholtes Testen notwendig sein. Hier ist der Rat eines Arztes unerlässlich.

Es gibt keinen Test, der auf alle möglichen sexuell übertragbaren Krankheiten testet. Der Arzt wird, abhängig vom Risikoprofil und den Symptomen, entscheiden, auf welche Krankheiten getestet werden muss.

Zu den häufig vorkommenden sexuell übertragbaren Krankheiten/Infektionen, über die Paare informiert sein sollten, gehören:

1) Die Chlamydien
2) Die Gonorrhö
3) Die Syphilis
4) Parasitär lebende Bakterien (Mycoplasma genitalium)
5) "Geißeltierchen" (Trichomoniasis)
6) Das Papillomavirus (HPV)
7) HIV/AIDS
8) Herpes
9) Hepatitis
10) Filzläuse und Krätzmilben

Paarübungen

1) Besprich mit Deinem Partner jeden möglichen Kontakt mit sexuell übertragbaren Krankheiten, den Du gehabt haben könntest (siehe „Übertragungswege sexuell übertragbarer Krankheiten oder Infektionen" oben).
2) Informiert Euch gemeinsam über die häufig vorkommenden sexuell übertragbaren Krankheiten, die oben aufgeführt werden, ihre Symptome und Behandlungsmöglichkeiten. Recherchiert nach denjenigen, die unheilbar sind und nach verfügbaren Schutzmöglichkeiten, um das Risiko, die Krankheit auf Euren künftigen Ehepartner zu übertragen, zu minimieren.
3) Trefft eine gemeinsame Entscheidung darüber, ob Ihr Euch beide testen lassen werdet und wie die Ergebnisse Eure Entscheidung zu heiraten beeinflussen werden.

Gesprächsanregungen

1) Lest die Möglichkeiten, wie eine Person den sexuell übertragbaren Krankheiten ausgesetzt sein kann (siehe Einführung). Welche davon treffen auf Dein Leben zu?
2) Inwieweit fühlst Du Dich dafür verantwortlich, Deinem Partner zu versichern, dass sich der-/diejenige keine sexuell übertragbare Krankheit beim Geschlechtsverkehr einfangen kann?

Literaturempfehlungen

Weitere Informationen findet Ihr u.a. unter www.wikipedia.org oder http://www.dstig.de

TEIL 5

Familie und Freunde

KAPITEL 18

Die Herkunftsfamilie[1]

Einführung
Sobald Paare heiraten, bringen beide ihre gesamten Familien mit in die neue Beziehung –, ob sie sich dessen bewusst sind oder nicht. Es kann hilfreich sein, die Einzelheiten der Herkunftsfamilie mit Euren Mentees zu besprechen, damit sie die Unterschiede ihrer Herkunft erkennen, die wahrscheinlich einen Einfluss auf ihre Beziehung haben werden.

Den Paaren ist es vielleicht gar nicht bewusst, was für einen Einfluss ihre Familien auf ihr Verhalten und ihre zwischenmenschlichen Beziehungen haben können. Dieses Kapitel stellt die Beziehung des Paares und ihren Zusammenhang mit der „Herkunftsfamilie" (die Familie, in der sie aufgewachsen sind) vor. Ziel ist es, dass die Mentees auf die positiven Dinge, die sie gelernt haben, bauen, und außerdem die negativen Eigenschaften, die sie vielleicht erlebt haben, vermeiden.

> *„In Deiner Beziehung als Paar wiederholst Du entweder das, was Du in Deiner Familie gelernt hast – oder Du neigst zum Gegenteil."*
>
> ~ David H. Olson, Ph.D. ~

Jede Familie ist einzigartig in ihrer Erscheinung und Funktion. Die Tatsache, dass die Familien so unterschiedlich sind, vergrößert die Herausforderung, *zwei* Einzelpersonen aus *zwei* verschiedenen Familien in *einer* gesunden Ehe-Beziehung zusammenzuführen.

Die „Paar- und Familienstrukturkarte" (siehe nachfolgendes Kapitel 19) betrachtet den Erziehungsstil, den Nähegrad, den der Einzelne in seiner Kindheit erfahren hat, und welchen Einfluss das auf seine Perspektive für die momentane Beziehung hat. Große Unterschiede oder unausgeglichene Beziehungen in der

Herkunftsfamilie können Probleme für Paare verursachen, es sei denn, sie besprechen diese Unterschiede und können sich darauf einigen, wie sie ihre eigene Beziehung formen wollen.

Häufige Schwierigkeiten im Zusammenhang mit der Herkunftsfamilie
Als Folge der Unterschiede in den Herkunftsfamilien kann es für Paare oft zu Stress in den folgenden Bereichen ihrer Beziehung kommen:
1) Ihre Rollen als Ehemann, Ehefrau und Elternteil.
2) Die Art, Entscheidungen zu treffen.
3) Das Maß an Intimität in ihrer Beziehung und wie Liebe gezeigt wird.
4) Der Erziehungsstil und die Disziplinarmethoden, für die sie sich entscheiden.
5) Die Erwartungen bezüglich der „Ich"-Zeit im Gegensatz zur „Wir"-Zeit.
6) Wie mit Geld umgegangen wird und welchen Stellenwert es einnimmt.
7) Die Art von Kirche, in der sich das Paar pflanzt.

Die Unterschiedlichkeit ihrer Herkunftsfamilien und ihre Art, die Beziehung als Paar zu gestalten, kann die Ehe entweder bereichern oder eine große Konflikt- und Unzufriedenheitsquelle darstellen.

Menschen aus dysfunktionalen Haushalten haben meist missverstanden, wie gesunde Familien in Bezug auf Autorität, Beständigkeit, Teilen und das füreinander Sorgen funktionieren. Die gesunden Perspektiven wurden meist von der Angst, beherrscht, verlassen oder ausgenutzt zu werden, ersetzt.

Besprecht die folgenden Fragen mit Euren Mentees:

1) Wer hat Dich in Deiner Kindheit erzogen?
2) Wie hast Du die Menge an Arbeit, die Deine Eltern in Deiner Kindheit leisten mussten, empfunden?
3) Hattest Du oder hast Du vor einem Deiner Elternteile Angst?
4) Wie wurdest Du in Zeiten des Verlusts oder der Trauer getröstet?
5) Möchtest Du wie Deine Eltern oder unterschiedlich von dem, was Du in Deiner Kindheit erlebt hast, handeln?
6) Denkst Du, dass Deine Eltern unfair zu Dir waren?

Familie und Freunde

Vergegenwärtigt Euch Eure eigene Lebenserfahrung und bindet diese ein
Jeder Mentor sollte seine Herkunftsfamilie kurz beschreiben und erzählen, wie sie die verschiedenen Etappen der eigenen Ehe beeinflusst hat (z.B. das Anpassen in den frühen Jahren der Ehe, Erziehung der Kinder etc.). Erläutert anschließend ein oder zwei Dinge, die Ihr ändern musstet und wir Ihr sie verändert habt, um Eure Ehe zu verbessern.

Tipps zum Besprechen des Themas „Herkunftsfamilie"
Die Herkunftsfamilie hat immer noch einen mächtigen Einfluss auf das Leben Eurer Mentees. Die Familie ist in ihrer Beziehung sehr lebendig. Was wir in unserer Kindheit gesehen und erlebt haben, formt viele unserer Perspektiven, Überzeugungen und Erwartungen. Ganz besonders dann, wenn Verantwortungen und Stress zunehmen, neigt der Einzelne dazu, wieder in die erlernten Handlungsweisen der Kindheit zurückzufallen.

Die Mentoren sollten die Familienstrukturkarte mit folgender Perspektive betrachten (falls keine Familienstrukturkarte erstellt wurde, ist die Einschätzung der familiären Situation persönlich von den Mentees zu erfragen):

1) Wie hoch sind die Familienpunktzahlen für jeden Einzelnen?
2) Wie hoch sind die Punktzahlen für ihre Beziehung als Paar?
3) Sind die beiden in ähnlichen oder unterschiedlichen Familienformen aufgewachsen?
4) Ist sich das Paar im Bezug auf seine Beziehung einig?
5) Wie groß ist der Unterschied zwischen ihrer jeweiligen Sichtweise der Erziehung des Einzelnen und der Beurteilung ihrer Beziehung mit dem Partner?
6) In welche Richtung hat sich der Einzelne hinsichtlich seiner Herkunftsfamilie bewegt?
7) War dies eine bewusste Veränderung oder ist sich derjenige dieser Veränderung nicht bewusst? Können sie erklären, wie und warum sie sich verändert haben?
8) Ging diese Veränderung in eine gesunde oder ungesunde Richtung?
9) Stimmen die Partner in der Sicht über die jeweilige Familie überein?

Betrachtet die Bereiche, in denen Bestätigung oder Uneinigkeit zwischen der Familienstrukturkarte und den Ergebnissen andere Bereiche der Paarauswertung vorliegen.

Es gibt zwei Dinge, die die Mentoren beachten sollten, wenn sie die Paar- bzw. die Familienstrukturkarte besprechen. Zuerst ist der Unterschied zwischen der Familienstrukturkarte des Einzelnen und der Paarkarte (z.B. der Einzelne wuchs in einer unflexiblen und unverbundenen Familie auf, gibt aber flexibel und verbunden auf der Paarkarte an). Falls einer der Mentees eine Bewegung von einem Bereich in den anderen zeigt, die zwei oder mehr Kästchen in eine beliebige Richtung ausmacht, halten wir das für eine Veränderung, die man besprechen sollte).

Der zweite Gesprächsschwerpunkt sind die Schritte, die für das Paar zu dieser Veränderung geführt haben. Die meisten Paare übernehmen den Erziehungsstil, den sie in ihrer Kindheit erlebt haben, ganz automatisch oder sie tun das genaue Gegenteil. Was gedenkt jeder von ihnen zu tun und weshalb?

Das spezielle Training zur Verwendung des „Circumplex-Modells" ist Teil des Zertifizierungsprogramms für diejenigen, die „PREPARE/ENRICH" von „Life Innovations" durchführen.

Familie und Freunde

Das „Circumplex-Modell"[2]

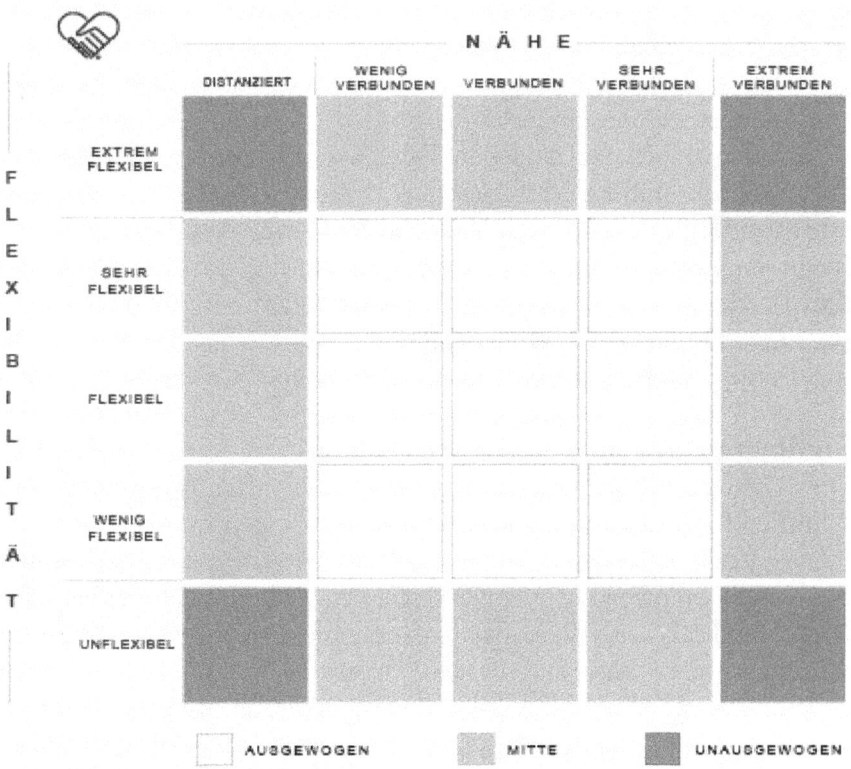

Quelle: Life Innovations Inc., mit freundlicher Genehmigung.

Nähe innerhalb des Paares und der Familie

Die Nähe bezieht sich darauf, wie emotional verbunden sich eine Person mit einer anderen fühlt. Dazu gehört auch, wie das Paar Zeiten des Getrennt- und Zusammenseins ausbalanciert – seinen Raum für Privatsphäre und ihre Zeiten enger Verbundenheit.

Obwohl es in herausfordernden Zeiten normal und angemessen sein kann, nicht miteinander verbunden (zu viel Getrenntsein) oder sehr eng miteinander verbunden (zu viel Zweisamkeit) zu sein, sind Beziehungen, die immer in diesen Extremen bleiben, ungesund.

In gesunden, verbundenen Familien entwickelt jedes Mitglied eine gewisse Abhängigkeit von der Familie und eine gewisse Unabhängigkeit für sich selbst. Er oder sie strebt nach einem angemessen Maß des Gemeinsamen, der Loyalität, der Intimität und der Unabhängigkeit. Sie lernen, ihre Entwicklung als Einzelpersonen mit dem Wachstum der Beziehungen auszubalancieren.

In unverbundenen Familien neigen die Einzelpersonen dazu, sich mehr auf sich selbst als aufeinander zu konzentrieren. Sie fühlen sich extrem unabhängig und denken vielleicht, dass sie nicht erwarten können, bei Bedarf Unterstützung und Trost aus den Beziehungen zu empfangen.

In übertrieben verbundenen Familien können die Mitglieder zu viel Zeit zusammen verbringen, Loyalität fordern, zu abhängig voneinander sein und wenig Zeit und Raum für Privatsphäre haben. In diesen Familien werden die Bedürfnisse der Beziehung oft über die Bedürfnisse des Einzelnen gestellt und es kann manchen Familienmitgliedern schwerfallen, Außenstehende in die innerfamiliären Beziehungen aufzunehmen und zu akzeptieren.

Flexibilität des Paares und der Familie
Die Flexibilität bezieht sich darauf, wie offen die Paare und Familien für Veränderungen in ihren Beziehungen sind.

Da Veränderungen unvermeidlich sind, müssen die Beziehungen des Einzelnen offen dafür sein. Menschen wollen und brauchen aber auch Stabilität, denn ohne sie wird sich keine tiefe Intimität in ihren Beziehungen entwickeln.

Beziehungen, die über ein angemessenes Maß an Flexibilität verfügen, sind strukturierter. Die Rollen sind im Allgemeinen gut definiert und stabil, aber sie können sich in Abhängigkeit der momentanen Bedürfnisse ändern. In Krisenzeiten ist Flexibilität außerordentlich wichtig.

Ändern sich Regeln und Rollen häufig, werden Sachen nicht erledigt und der Mangel an Ordnung beschränkt die Produktivität innerhalb der Familie. Solche Beziehungen sind unausgeglichen und chaotisch.

Glückliche Paare neigen dazu, kreativ mit ihren Unterschieden umzugehen und sich, falls nötig, anzupassen. Sie können Entscheidungen gemeinsam treffen und Kompromisse finden, sobald Probleme aufkommen.

Die Anwendung des „Circumplex-Modells" zeigt:

1) Paare und Familien des ausgeglichenen Typs funktionieren generell besser als die unausgeglichenen Extreme.

Familie und Freunde

2) Auf der Skala der Nähe lässt sich erkennen, dass Paare und Familien des ausgeglichenen Typs ihren Mitgliedern erlauben, sowohl mit der Familie verbunden als auch von ihr unabhängig zu sein.
3) Auf der Skala der Flexibilität bedeutet Ausgeglichenheit, für ein gewisses Maß an Stabilität im Familiensystem zu sorgen, aber auch Offenheit für eventuell notwendige Veränderungen zu haben.

Extreme Verhaltensweisen können in diesen beiden Dimensionen angemessen sein, falls eine Familie unter Stress steht; sollten Familien aber darin steckenbleiben, wäre dies problematisch.

> *„Unausgeglichene Paartypen und Familiensysteme sind nicht unbedingt dysfunktional und insbesondere dann nicht, wenn die Familie zu einer bestimmten ethnischen Gruppe (z.B. lateinamerikanisch, südostasiatisch) oder zu einer religiösen Gruppe (z.B. Amisch, Mormonen) gehört, deren normale Erwartungen extreme Verhaltensweisen in diesen Dimensionen unterstützen. Die Volkszugehörigkeit ist ein zentrales Familienmerkmal und muss ernst genommen werden, wenn man die Familiendynamiken analysiert. Was für einen weißen Außenstehenden wie eine „verstrickte" farbige Familie aussieht, kann für manche ethnische Gruppen eine funktionale Familie sein."*
>
> ~ David H. Olson, Ph.D.[3] ~

Dieses Modell wird als dynamisch angesehen, da es davon ausgeht, dass Veränderungen im Paar- und Familientyp im Verlauf der Zeit auftreten können und werden. Die Familien können sich in jede beliebe Richtung, die die Situation oder Phase des Kreislaufs ihres Familienlebens erfordert, bewegen.

Die „Imago-Theorie"[4]
Laut Harville Hendriks sucht jeder von uns bei der Partnersuche nach jemandem, der uns wieder ganz machen kann, der die Lücken,

die schon früh in unseren Leben von unseren Versorgern hinterlassen wurden, füllen kann. Er bezeichnet das Bild einer solchen Person als „Imago".

„*Obwohl wir bewusst nur die positiven Eigenschaften suchen, sind die negativen Eigenschaften unserer Versorger noch unauslöschlicher in unserem Imago-Bild eingebrannt. Dies sind die Eigenschaften, die die Wunden, die wir nun zu heilen versuchen, verursacht haben. Wir haben das unterschwellige Bedürfnis danach, dass unser Lebendigkeits- und Ganzheitsgefühl von jemandem wiederhergestellt wird, der uns an unsere Versorger erinnert. Anders gesagt, wir suchen nach jemandem mit denselben Defiziten in der Versorgung und Aufmerksamkeit, die uns zu Beginn verletzt haben.*"

„*Ein weiterer kraftvoller Bestandteil unseres „Imago" ist, dass wir auch die Eigenschaften, die uns selbst fehlen – sowohl gute als auch schlechte – suchen, die durch das Vermischen der Sozialisierung verloren gegangen sind. Sind wir schüchtern, so suchen wir nach jemandem, der extrovertiert ist. Sind wir unorganisiert, fühlen wir uns zu jemandem hingezogen, der kühl und rational ist.*"[5]

Ein weiterer zu beachtender Faktor ist das emotionale Distanzieren. Dies ist ein Weg, mit Kindheitsschmerz, der durch emotionales Ersticken verursacht wurde, umzugehen: Ganz automatisch versucht derjenige, der emotional „dichtmacht", sich vor einem wiederholten Vorkommen der schmerzhaften Kindheitserfahrung in der eigenen Ehe zu schützen.

Geburtenfolge
Die Geburtenfolge wird in den Hintergrundinformationen der Paarauswertung erwähnt. Obwohl es zahlreiche Ausnahmen gibt, kann es für die Mentoren hilfreich sein, sich über ein paar *allgemeine Tendenzen* des Einflusses der Geburtenfolge bewusst zu sein. Obwohl diese mit Sicherheit nicht allgemein gültig sind, können sie Aufschluss darüber geben, was dem Mentoren-Paar in anderen Teilen der Paarauswertung auffällt.

Als allgemeine Richtlinie gilt:[6]

1) Die höchsten Scheidungsraten kommen vor, wenn zwei Einzelkinder heiraten. Beide sind gewohnt, im Mittelpunkt

zu stehen und es fällt ihnen schwer, das Rampenlicht zu teilen. Sie tendieren auch eher dazu, rechthaberisch zu sein.
2) Sobald es in der Herkunftsfamilie zu einer Fehlfunktion kommt, beeinflusst dies üblicherweise am meisten das älteste Kind, weil es emotional am meisten davon betroffen ist.
3) Die glücklichsten Ehen scheinen diejenigen zu sein, in denen die älteste Schwester von Brüdern den jüngsten Bruder von Schwestern heiratet.
4) Statistisch gesehen haben die Paare die besten Chancen, die aus der Mitte der Kinderschar kommen – aber auch diese Kombinationen sind nicht problemlos. Obwohl sie grundsätzlich stabil sind, können mittlere Kinder Probleme mit ihrer Identität haben, falls sie im Gemenge einer Familie mit mehreren Kindern untergegangen sind.

> *„Zwei Menschen, die mit dem Strom schwimmen, sagen manchmal nicht, wie sie sich wirklich fühlen. Das kann zu einem Problem in der Ehe führen: Menschen, die nicht ehrlich zueinander sind."*
>
> ~ Dr. Kevin Leman[7] ~

Die Geburtenfolge gibt selbst im besten Fall unzureichende Hinweise auf die Persönlichkeit beider Partner. Somit darf sie niemals als Grund für das Verhindern einer Hochzeit dienen!

Das Verarbeiten von Problemen mit den Eltern
Hier sind fünf Vorschläge, wie Du Deinem Partner helfen kannst, seine Vergangenheit zu verarbeiten und sich auf eine erfolgreiche Zukunft zu konzentrieren.

1) *Arbeite mit Deinem Ehepartner daran, das Problem ganz ans Licht zu bringen.* Erzähle davon, wie Du von Deinen Eltern behandelt worden bist und bitte Deinen Partner, seine Erfahrungen mitzuteilen. Sei geduldig, es kann sehr schmerzhaft sein, über diese Dinge zu sprechen. Bestätige und bestärke Deinen Partner, indem Du zuhörst und Deine Wertschätzung zum Ausdruck bringst.

2) *Sei Deinem Partner dabei behilflich, seine Eltern zu verstehen.* Sprecht zusammen über sie und setzt ihr Leben in die richtige Perspektive. Erinnere Deinen Partner daran, dass seine Eltern wahrscheinlich ihr Bestes gegeben haben.
3) *Erinnere Deinen Partner daran, dass Gottes Gnade und Kraft größer als die Fehler seiner Eltern sind.* Gott liebt es, beschädigte Selbstbilder und die Würde zerbrochener Menschen wiederherzustellen, unabhängig davon, wie schlecht das Zuhause eines Menschen gewesen sein mag. Erzähle von der überwältigenden Kraft der Gnade, zeige Deine Zuversicht und Deinen Glauben in die Größe von Gottes Liebe und Annahme.
4) *Ermutige Deinen Partner, seinen Eltern vollkommen zu vergeben und nicht über sie zu urteilen.* Ihr müsst Euch vielleicht erst als Paar darüber aussprechen. Ein professioneller christlicher Seelsorger kann nötig sein, falls Du das Gefühl hast, Deinem Partner dabei nicht helfen zu können, diesen emotional geladenen Bereich zu beherrschen und seinen Eltern zu vergeben.
5) *Hilf Deinem Partner bei der Entscheidung, wie er zukünftig auf seine Eltern reagieren wird.* Wie Du als Kind behandelt wurdest, liegt außerhalb Deiner Kontrolle. Aber Du kannst entscheiden, welche Beziehung Du heute mit ihnen haben wirst. Versuche, Dich darauf zu konzentrieren, was sie richtig gemacht haben und wie ihr beide heute davon profitiert. Findet Möglichkeiten, Eure Eltern zu ehren.

In manchen Fällen kann es Monate oder Jahre dauern, bis die ganze Verletzung ans Licht kommt. Bist Du aber geduldig und gemeinsam mit Deinem Partner gewillt, Jesus Christus Herr über diese Beziehungen sein zu lassen, ist Heilung möglich.

Besprecht praktische Wege, wie Du Deinen Eltern vergeben kannst. Sage Gott, dass Du dazu bereit bist, Deinen Eltern zu vergeben und sie zu lieben.

Als Mentoren-Paar solltet Ihr an die Dynamiken der Familiengeschichte, die Geburtenfolge und sozio-ökonomische Unterschiede denken, wenn Ihr die Paarauswertung analysiert. Alles das, was in der Vergangenheit des Paares liegt, kann seine Ehe beeinflussen und auf die Notwendigkeit professioneller Seelsorge hindeuten.

Familie und Freunde

Paarübungen
Erklärt dem Paar die Familienstrukturkarte. Weist es auf den „Leitfaden zur Herkunftsfamilien-Karte" im Ressourcen-Bereich von www.DieLoesungFuerEhen.de.

1) Besprecht die folgenden Fragen:
   - Worin lagen die Stärken Deiner Herkunftsfamilie?
   - Welche Dinge hättest Du Dir in Deiner Kindheit anders gewünscht?
   - Wie wurde mit Deinem Übergang von der Kindheit hin zum jungen Erwachsenen im Bezug auf Nähe, Flexibilität und Kommunikation umgegangen?
   - Auf der Grundlage Deiner Kindheitserlebnisse und Deines Umgangs innerhalb der jetzigen Beziehung: Wie kannst Du zur Entwicklung von Ausgeglichenheit in Deiner Beziehung beitragen?
2) Besprecht eine Krise oder eine stressige Zeit, die Ihr als Paar durchgemacht habt. Wie habt Ihr in Bezug auf Nähe und Flexibilität reagiert? Hat sich Euer Umgang miteinander vom Umgang in ruhigeren Zeiten unterschieden?
3) Fragt ältere Paare, wie sich deren Beziehung im Verlauf der Jahre hinsichtlich der Nähe zueinander und der Flexibilität verändert hat (z.B. Verliebt-/Verlobtsein, Heirat, Schwangerschaft, Geburt, Erziehung, Versorgung von älter werdenden Elternteilen, und „leeres Nest"). Besprecht diese Veränderungen.

Gesprächsanregungen
1) Durftest Du während Deiner Kindheit Kind sein oder hattest Du das Gefühl, zu schnell erwachsen werden zu müssen?
2) Denke an die besten und schlimmsten Kindheitserinnerungen zurück. Wie genau hat Dich jeder der beiden Elternteile getröstet? Und Dich ermutigt?
3) Sind Deine Gefühle während Deiner Kindheit berücksichtigt und respektiert worden? Auf welche spezifische Art und Weise?
4) Welchen Einfluss hat die Erfahrung des Heranwachsens in Deiner Familie bis zum heutigen Tag auf Dich?

5) Wie wohl fühlst Du Dich dabei, dem anderen gegenüber Deine Gefühle in Worten auszudrücken?

Biblische Bezugsquellen
2. Mose 20,5-6: *„Bete sie nicht an und diene ihnen nicht! Denn ich, der Herr, Dein Gott, bin ein eifersüchtiger Gott, der die Schuld der Väter heimsucht an den Kindern bis in das dritte und vierte Glied derer, die mich hassen, der aber Gnade erweist an vielen Tausenden, die mich lieben und meine Gebote halten." (Schlachter 2000)*

Buchempfehlung in deutscher Sprache
Hendrix, Harville: *Soviel Liebe wie Du brauchst: Der Wegbegleiter für eine erfüllte Beziehung.* Götz, Dörfles 2010.

Lehnert, Volker A.: *EHE und Elternhaus. Mit familiären Prägungen umgehen lernen.* Aussaat Verlag, Neukirchen 2002.

Leman, Dr. Kevin: *Sex beginnt in der Küche.* Brunnen-Verlag, 2003

KAPITEL 19

Grenzen, Paar- und Familienstrukturkarte[1]

Einführung
Die Grenzen in einer Beziehung sind den Grenzen eines Grundstücks ähnlich. Ohne klare Grenzen sind die Chancen höher, dass Auseinandersetzungen oder Schwierigkeiten mit dem Nachbarn auftreten.

Jede Beziehung muss gesunde und ausgeglichene Grenzen entwickeln. Fehlen solche Grenzen in der Ehe, führt dies zu zahlreichen Problemen, Verletzungen und Missverständnissen. Dieses Kapitel ist für Paare gedacht, die Schwierigkeiten mit dem Setzen gesunder Grenzen in ihrer Beziehung haben.

Tipps zum Besprechen des Themas „Grenzen setzen"
Macht Eure Mentees mit den folgenden Erkenntnissen vertraut:

Die meisten erfolgreichen Paare legen ihre Grenzen bereits am Anfang ihrer Beziehung fest. Während des ersten Ehejahres kann es beim Festlegen der Grenzen, Regeln und Verantwortungsbereiche zu Machtkämpfen kommen. Obwohl es später auch noch möglich ist, wird es schwieriger und oft ziemlich dramatisch, sie dann zu ändern. Ganz besonders problematisch ist es, Änderungen vorzunehmen, ohne jemals zuvor über diese spezifischen Grenzen gesprochen zu haben.

Das frühzeitige Abklären von Verantwortungsbereichen ermöglicht eine gerechte Aufteilung der Verantwortungsbereiche für beide Partner im und ums Haus. Wer wird welche Verantwortung in der Beziehung tragen? Es ist wichtig, dass Ihr Eure Gefühle mit Bestimmtheit ausdrückt und dies auf eine Art tut, die Liebe und Verpflichtung zur Beziehung zum Ausdruck bringt. Das Christus-ähnliche Dienen ist eine großartige Möglichkeit, sich die gegenseitige Liebe zu zeigen und es hilft auch einzuordnen, was erwartet werden kann und was als Liebesdienst betrachtet werden kann.

Manche Dinge sind Pflichten, andere sind Geschenke. Probleme treten dann auf, wenn einer etwas als Geschenk tut und der andere es

Familie und Freunde

für eine Pflicht hält. Der Ehemann denkt beispielsweise, dass die Frau selbst für die Pflege ihres Autos zuständig ist. Wenn er ein paar Mal tanken geht und das Öl wechselt, ohne dass Erwartungen im Voraus besprochen worden sind, kann sie davon ausgehen, dass er die Verantwortung für die Instandhaltung ihres Autos übernimmt. Daraus entsteht ein Problem, wenn er denkt, dass er ihr nur gelegentlich einen Gefallen tut. So kann es passieren, dass es zu einem großen Streit kommt, sobald das Benzin ausgeht oder die Öllampe angeht. Sie regt sich womöglich über sein Unterlassen, das Auto instand zu halten, auf, während er das Gefühl hat, dass sie seine Gefälligkeit nicht schätzt.

Ermutigt Eure Mentees, Dinge nicht nur zu vermuten, sondern Verantwortungen klar abzusprechen. Das Festlegen von persönlichen und beziehungsrelevanten Grenzen ist für eine gesunde Ehe absolut notwendig. Dabei spielt die Ausgewogenheit eine entscheidende Rolle. Die Paare müssen einander lieben und Opfer bringen, aber gleichzeitig auf sich selbst Acht geben. Wenn beide Parteien einander so lieben und so aufeinander aufpassen, wie Gott es vorgesehen hat, spielen diese Prinzipien wunderbar zusammen. Konflikte werden dann aufkommen, sobald die Beziehung aus dem Gleichgewicht gerät.

Die meisten Menschen erben ihre Probleme des Setzens von Grenzen von ihrer Herkunftsfamilie.

Folgende Familienmuster haben einen deutlichen Einfluss auf die Fähigkeit des Paares, ein gesundes Gleichgewicht zwischen der Nähe und der Flexibilität innerhalb der Ehe herzustellen. Um Euren Mentees beim Festlegen angemessener Grenzen innerhalb ihrer Beziehung zu helfen, solltet Ihr diese Muster genau mit ihnen betrachten.

Gängige Verhaltensmuster in sehr distanzierten Familien

Zu den Eigenschaften distanzierter Familien gehören:

1) Die Familienmitglieder scheinen nur wenig füreinander zu sorgen und kümmern sich nur um sich selbst.
2) „Du lebst Dein Leben und ich meins."
3) Selbst wenn sich die einzelnen Personen geliebt fühlen, wird dies nur selten mit Worten oder Handlungen zum Ausdruck gebracht.

4) Die Mitglieder müssen meistens selbst dafür sorgen, dass ihre Bedürfnisse gestillt werden.

Wenn Menschen aus solchen Familien auf eigenen Füßen stehen, neigen sie dazu, selbst distanzierte und lockere Beziehungen zu führen. Die Ehe solcher Menschen sieht dann eher wie ein Firmenzusammenschluss aus, da jeder seine eigene Karriere, Hobbys und Freizeitaktivitäten verfolgt.

Oft kommt es dann direkt nach den Flitterwochen zu einem Zusammenprall. Plötzlich realisiert einer, dass der andere nicht der „perfekte" Partner ist. Er greift auf die in der Kindheit erlernten Bewältigungsstrategien zurück und geht emotional auf Distanz. In der Kindheit hat das gut funktioniert, da dieses Verhalten das Herz vor noch mehr Schmerz und Kummer geschützt hat. In der Ehe führt der emotionale Rückzug allerdings zu ernstzunehmenden Konsequenzen. Es ist wichtig zu erkennen, weshalb Menschen so reagieren und ihnen beim Verändern dieser Verhaltensmuster behilflich zu sein.

Gängige Verhaltensmuster in sehr verwobenen Familienmustern
Zu den Eigenschaften verwobener Familien gehören:

1) Die Familienmitglieder ersticken sich gegenseitig mit Liebe und Zuneigung, was zu einer ungesunden Abhängigkeit führt.
2) Es fällt den Familienmitgliedern schwer, irgendetwas allein zu unternehmen.
3) Das Treffen von Entscheidungen ist schwierig, denn alles muss zusammen entschieden werden – sogar belanglose Einzelheiten.
4) Die Mitglieder können emotional dafür bestraft werden, dass sie etwas tun, das die restliche Familie ausschließt.
5) Das Ausziehen in eine eigene Wohnung war besonders problematisch.

Stell Dir einen Mann vor, der aufgrund einer problematischen Situation bei der Arbeit deprimiert ist. Er kommt leise und bedrückt nachhause. Da er aus einer verwobenen Familie kommt, hat jeder das Gefühl, wissen zu *müssen*, was passiert ist. Seine Familienmitglieder gehen vielleicht sogar davon aus, dass sie irgendwie schuld sind und drängen ihn dazu, ihnen alles zu erzählen,

Familie und Freunde

was ihn bewegt. Das drängt den Mann nur weiter zurück und verschlimmert die Lage.

Manche Menschen treten in den Ehebund ein und gehen davon aus, man müsse aus Liebe *alles* gemeinsam genießen und unternehmen. Sobald ein solcher Partner dann den Wunsch verspürt, für eine Weile allein sein zu wollen, bekommt er tiefe Schuldgefühle. Es ist ein Grund zur Sorge, wenn sich ein Mensch in der anderen Person verliert oder Schuldgefühle hat, weil er nicht völlig eins mit ihr ist.

In einer ausgeglichenen Beziehung genießt das Paar das gemeinsame Erleben vieler Momente und Aktivitäten, ermutigt sich aber auch gegenseitig dazu, Termine allein zu verfolgen. Zu gesunden Beziehungen gehören gemeinsame *und* unabhängige Aktivitäten.

Falls einer oder beide Partner kein gesundes Gleichgewicht in ihrer Kindheit erfahren haben, ist es herausfordernd, zu Beginn einer Ehe ein gesundes Gleichgewicht herzustellen. Die Veränderungen sollten am besten schrittweise angegangen werden, besonders dann, wenn die Verhaltensmuster tief verwurzelt sind. Begleitet Eure Mentees dahin, ihrem Ehepartner zu erlauben, sich ihre ungesunden Reaktionsweisen mitteilen zu dürfen.

Einige Fragen, die Ihr mit Euren Mentees besprechen könnt:

1) Bist Du mit strengen Grenzen oder einem Mangel gesunder Grenzen aufgewachsen? Wie wurdest Du davon in Deiner Kindheit beeinflusst? Welchen Einfluss hat dies jetzt auf Deine Beziehung?
2) Wozu neigst du aktuell: es allen Leuten recht zu machen oder zu schroff zu sein?
3) Welche Hobbys oder Aktivitäten übertreten die Grenzen Deiner Beziehung oder Ehe?

Grenzen dem anderen Geschlecht gegenüber

Es ist in Ordnung, wenn ein Paar anderen Paaren gegenüber freundlich ist. Es wird jedoch sehr viel heikler, wenn es sich um eine Beziehung mit einer Person des anderen Geschlechts handelt. Viele Menschen, zu denen die andere Person, Du selbst, Dein Ehepartner, Deine Kinder, Deine Mitmenschen und andere gehören, können von unangemessenem Verhalten beeinflusst werden. In diesen Fällen ist besondere Vorsicht geboten.

1) *Achte auf das, was du sagst.* Sprich nicht über persönliche Dinge oder über etwas, das Du nicht detailliert mit Deinem Ehepartner besprichst.
2) *Setze Deinem Intimitätsgrad behutsame Grenzen:* körperlich, emotional, geistlich und verbal.
3) *Geh nicht zu dieser Person, wenn Du verärgert oder gestresst bist oder Beziehungsprobleme hast.* Sollte es in Deiner Ehe auch nur in kleinen Bereichen Probleme geben, kann selbst eine gelegentliche Freundschaft mit einer Person des anderen Geschlechts gefährlich werden.
4) *Beschütze Deine Gefühle.* Wenn Du bemerkst, dass Du an die andere Person denkst oder Dich auf das Wiedersehen freust, flirtest Du mit der Gefahr und musst Dich auf körperlicher und emotionaler Ebene zurückziehen. Sei Deinem Ehepartner nicht emotional untreu.
5) *Schütze Dich vor der Zweisamkeit mit dieser Person*, insbesondere an Orten, die nicht öffentlich sind. Lass Deine Bürotür einen Spalt oder ganz offen. Gemeinsam verbrachte Zeit sollte begrenzt und mit reinen Motiven herbeigeführt sein.
6) *Informiere Deinen Ehepartner über jeden notwendigen Moment, den Du mit jemandem des anderen Geschlechts zu zweit verbringen musst.* Besprecht das Vorhaben detailliert und führe es dann nur bei vollständiger Zustimmung Deines Ehepartners aus. Wenn Du Deinen Partner bezüglich dieser Person anlügst oder in die Irre führst, bist Du bereits zu weit gegangen.

Gesprächsanregungen

1) Fühlst Du Dich von der Familie und den Freunden Deines Partners ganz angenommen?
2) Hast Du das Gefühl, dass Ihr eine angemessene Menge an Zeit mit Euren Familien und Freunden verbringt?
3) Gehst Du davon aus, dass sich Deine Familie oder Freunde in Eure Beziehung einmischen werden? Falls ja, inwiefern?

4) In welcher Hinsicht wünschst Du Dir eine Verbesserung der Beziehungen mit der Familie oder den Freunden Deines Partners?
5) Wie schützt Ihr Euch oder wie könntet Ihr Euch gegenseitig vor den Menschen schützen, die die von Euch als Paar gesetzten Beziehungsgrenzen überschreiten?

Buchempfehlung in deutscher Sprache

Cloud, Henry und Dr. Townsend, John: *Nein sagen ohne Schuldgefühle: Gesunde Grenzen setzen*. SCM Hänssler, Holzgerlingen 2012.

Cloud, Henry: *Liebe braucht Grenzen. Wie Sie Ihre Partnerschaft durch gesunde Grenzen bereichern*. Gerth Medien, Asslar 2010.

Parrott Leslie & Les: *Mehr Zeit für uns. Wie wir im hektischen Alltag miteinander verbunden bleiben*. Gerth Medien, Asslar 2010.

Buchempfehlung in englischer Sprache

Cloud, Henry and Dr. Townsend, John: *Boundaries: When to Say Yes, When to Say No*. Grand Rapids, MI: Zondervan, 1992.

KAPITEL 20

Handhabung kultureller Unterschiede[1]

„Jede Kultur hält an der Überzeugung fest, dass ihre eigenen Gefühle und Motivationen den normalen Ausdruck der menschlichen Natur verkörpern."
~ Karen Horney[2] ~

Einführung
Die Geschichte der interkulturellen Ehe oder der Ehe zwischen verschiedenen Volksgruppen geht mindestens bis in die Zeit der biblisch dokumentierten Ereignisse zurück. Boas, der Jude, heiratete die Moabiterin Rut; König Salomo heiratete die nichtjüdische Königin von Saba; und Moses heiratete eine afrikanisch-kuschitische Frau.[3] Da unsere Bevölkerung heute an Vielfalt der Ethnizität, Kultur und Religion zunimmt und das Stigma des kulturübergreifenden Heiratens abnimmt, steigt die Wahrscheinlichkeit, dass die Mentoren mit Paaren aus unterschiedlichen Kulturen zusammenarbeiten werden.

Auch wenn der Wunsch nach einer sicheren, lebenslangen Ehe weltweit verbreitet ist, haben die diversen kulturellen Normen einen großen Einfluss darauf, wie diese Bedürfnisse behandelt werden. Dies trifft ganz besonders auf die erste und in geringerem Ausmaß auf die zweite Generation von Immigranten zu.

Im Idealfall sollten die Mentoren den Mentees hinsichtlich ihrem kulturellen Hintergrund so ähnlich wie möglich sein, aber aufgrund der steigenden Kombination kultureller Hintergründe ist dies oft nicht möglich. Um die spezifischen Probleme verstehen zu können, denen ein Mentee-Paar häufig ausgesetzt wird, sollte der Mentor Bereiche wie den sozio-ökonomischen Status, das Glaubensfundament (Religion), den kulturellen Einfluss und die Wertesysteme beachten. Falls keine starke Ähnlichkeit zwischen dem Mentoren- und Mentee-Paar möglich sein sollte, sind die Flexibilität und die Anpassungsfähigkeit der Mentoren Schlüsselfähigkeiten, um das notwendige Vertrauen für eine erfolgreiche Mentoring-Erfahrung aufzubauen.

Zwar bringt die Unterschiedlichkeit des Paares mehr Spannung und eine Vergrößerung des Horizontes mit sich, doch sind auch größere Herausforderungen für den Aufbau einer andauernden und erfüllten Ehe wahrscheinlich.

Gängige Schwierigkeiten im Zusammenhang mit kulturellen Unterschieden

Alle Paare müssen effektive Kommunikations- und Konfliktlösungsfähigkeiten entwickeln und nutzen, um in schwierigen Zeiten konstruktiv handeln zu können.

Zu den gängigen Problemen von Paaren mit kulturell unterschiedlichen Hintergründen gehören:

1) Herausforderungen im Bereich der Kommunikation, die durch Verständnisschwierigkeiten aufgrund von Sprachbarrieren vergrößert werden.
2) Unterschiedlich starke Wünsche nach Zusammenhalt und Nähe zwischen den Partnern.
3) Unterschiedliche Erwartungen im Bezug auf die Rollenverteilung, dazu gehört der größere Familienkreis, und wie diese Probleme gelöst werden.
4) Erwartungen und Mitmischen des größeren Familienkreises.
5) Geburtstage, Feierlichkeiten und Feiertage (welcher Feiertag wird gefeiert – seine, ihre oder beide?).
6) Essen und unterschiedliche Ernährung, was zuhause gekocht wird.
7) Die Wahl der Nachbarschaft sowie die Begegnung und der Umgang mit Diskriminierung.
8) Welche sozialen und/oder ethnischen Freundschaften werden gepflegt (zusammen und als Einzelpersonen)?
9) Das Beibehalten der eigenen kulturellen Identität.

Wie groß der Einfluss dieser Aspekte auf eine Ehe ist, hängt vom Maß der kulturellen Anpassung ab (der Prozess, in welchem Mitglieder einer kulturellen Gruppe die Überzeugungen und Verhaltensweisen einer anderen Gruppe übernehmen – normalerweise die der dominanten kulturellen Gruppe).

Familie und Freunde

> *„Die Fähigkeit, die Welt so wie der Ehepartner zu sehen...
> und sich in der Mitte zu treffen, könnte das wahre Geheimnis
> sein, um die Hindernisse für eine erfolgreiche interkulturelle
> Ehe zu überwinden."*[4]

Vergegenwärtigt Euch Eure eigene Lebenserfahrung und bindet diese ein
Erzählt von den kulturellen Unterschieden, falls Ihr diese als Paar habt, wie Ihr mit diesen Hürden umgegangen seid und Lösungen und Synergien gefunden habt.

Tipps zum Besprechen kultureller Unterschiede

Mögliche Vorteile kultureller Unterschiede
1) Persönliches Wachstum durch das Überwinden von Herausforderungen, die Paare mit ähnlichen Hintergründen nicht haben.
2) Kontinuierliche Entdeckungen über sich selbst und die andere Kultur, da verschiedene Lebensweisen und Wege zur Problemlösung vorhanden sind.
3) Stärkung durch das Hinterfragen, Bewerten und Definieren der eigenen Werte, Vorstellungen und Vorurteile.
4) Mehr Abwechslung und Lebendigkeit durch das Erleben verschiedener Bräuche, Zeremonien und Länder.

Potenzielle Herausforderungen kultureller Unterschiede
1) Konzentriert Euch auf die Motivation des anderen und nicht nur auf das oberflächliche Problem, wenn es Konflikte gibt.
2) Gebt Eure einzigartigen Persönlichkeiten nicht ganz auf.
3) Lasst nicht zu, dass Eure kulturellen Verschiedenheiten Eure emotionale Energie rauben. Strebt nach Ausgeglichenheit.
4) Seid bereit, neue Dinge auszuprobieren und zu experimentieren. Vielleicht gefällt es Euch sogar.
5) Behaltet und kultiviert den Sinn für Humor!
6) Achtet darauf, der anderen Kultur während eines Konflikts nicht zu misstrauen. Wir sind zu defensivem Verhalten veranlagt, sobald unser Gefühl der „Richtigkeit" bedroht wird.

Annahmen, Erwartungen und Überzeugungen, die die Einzelpersonen schon seit der Kindheit haben, über die sie sich aber nicht bewusst sind, bilden oft die Grundlage für Verschiedenheiten. Diese bleiben solange unsichtbar, bis sie verletzt werden. Wenn Menschen unter Stress stehen, neigen sie dazu, in ihre ursprüngliche kulturelle Programmierung zurückzufallen.

Konzentriere Dich darauf, viel über Dich selbst als Individuum und als Teil Deiner eigenen Kultur zu lernen. Nimm Dir anschließend Zeit dafür, über die Kultur Deines Partners zu lernen. Nur dann kannst Du verstehen, wie Du mit den Unterschieden umgehen kannst und wie sie für Dich anstatt gegen Euch als Paar wirken können.

Mögliche Anlässe für kulturelle Konflikte
1) Unterschiedliche Wertvorstellungen (richtig ↔ falsch, wichtig ↔ unwichtig, gut ↔ schlecht).
2) Rollenerwartungen für Ehemann und Ehefrau (traditionell, egalitär oder flexibel; Verhalten zuhause ↔ kulturelle Gepflogenheiten/Erwartungen, Beruf, Kleidungsmaßstäbe usw.).
3) Sexuelle Handlungen und Erwartungen. Dazu kann der Einfluss von bis zu zwei Elternpaaren und vier Großeltern-Paaren gehören!
4) Wahrgenommene Pflichten des größeren Familienkreises. Berücksichtigt die Beziehungen mit den Eltern und Schwiegereltern, primären Gehorsam, den Umgang mit Krankheiten der Eltern, Konflikte mit der Privatsphäre bei Besuchen, finanzielle Unterstützung im Gegensatz zur Selbstständigkeit, Reisen in das Heimatland, erwarteter Ausdruck von Loyalität, Anforderungen an Liebe und Traditionen, die in Konflikt miteinander stehen können.
5) Freundschaften und das, was einen „Freund" ausmacht. Betrachte den sozialen Umkreis des neuen Paares (meiner, Deiner, unserer) und die Erwartungen in Bezug auf alte Freunde des anderen Geschlechts.
6) Spontane, ausdrucksstarke Verhaltensweisen im Gegensatz zu reflektierten, kontrollierten Verhaltensweisen (wie man Trauer, Liebe, Angst und andere Emotionen kulturell angemessen zeigt und mit ihnen umgeht).

7) Essen und Trinken (Was wird wie zubereitet? Wer serviert? Wer wäscht ab und wann wird die Hauptmahlzeit gegessen?).
8) Erziehung von Kindern. Beachtet die kulturellen Vorgehensweisen der Namensgebung, das Ausleben der dominanten Kultur oder einer Mischung im Zuhause, die Sprache, die zuhause gesprochen wird, der Zugang zum gemischten Kulturerbe, die Bildung, die Nachbarschaftswahl, der Religionsunterricht der Kinder, möglicherweise das Wiederauftauchen Deines „begrabenen Glaubens" und den Disziplinarstil. Dies kann der herausforderndste Bereich für interkulturelle Paare sein und er wird eine Prüfung dafür sein, wie gut das Paar gelernt hat, mit seinen Verschiedenheiten umzugehen.
9) Der praktizierte Glaube und das Berücksichtigen von Feiertagen sowie die damit verbundenen Erwartungen (Bleibt jeder bei seinem Glauben? Wo werden Feiertage gefeiert? Soll ein Partner konvertieren? Gibt es einen gemeinsamen Ort der Anbetung?).
10) Der Zeitbegriff (Tempo der Aktivitäten, vorausschauendes oder reaktives Handeln).
11) Tod (Verantwortungen im Bezug auf ein überlebendes Elternteil und die Gepflogenheiten der Beisetzung.)

Ich-fokussierte Kulturen

Diese Kulturen betonen Autonomie, Selbstverwirklichung, persönliche Initiative und das Treffen von Entscheidungen. Sie legen großen Wert auf romantische Liebe als Grundlage für die Ehe. Menschen aus Gemeinschaftskulturen, die der Freiheit des westlichen Kulturkreises ausgesetzt werden, können sich plötzlich von ihren Traditionen, die sie vorher nie in Frage gestellt haben, eingeschränkt fühlen.

Wir-fokussierte Kulturen

Diese Kulturen betonen die Loyalität der Familie gegenüber und legen großen Wert auf die Verknüpfung von Familie, Gemeinschaft und Gesellschaft. Die Ehe symbolisiert die Vereinigung zweier Familien, nicht nur zweier Einzelpersonen. Die Bünde der Loyalität und Verpflichtung können intensiv sein, da die gefühlten Grenzen zwischen den Einzelpersonen vage sind. Diese Kulturen betonen die

Fürsorge, die die Gruppe zu bieten hat. Das Alter bringt Respekt und Macht mit sich. Menschen aus dem westlichen Kulturkreis, die sich in dieser Wir-Kultur bewegen, können sich in ihrer Selbstgenügsamkeit und ihrem Individualismus plötzlich sehr einsam fühlen. Der Wir-fokussierte Kulturtyp kommt in Lateinamerika, Afrika, Asien und manchen europäischen Kulturen vor.

Es bleibt festzuhalten, dass die Stärke einer Ehe immer vor allem von den beiden Partnern und nicht von den Kulturen, aus denen sie stammen, abhängt.

Zusammenfassung der kulturellen Unterschiede
Interkulturelle Beziehungen können zahlreiche, einzigartige Herausforderungen und Vorteile haben.

1) Die Verschiedenheiten können Disharmonie verstärken, ganz besonders dann, wenn die Unterschiede zahlreich oder drastisch sind oder das Paar aus externen Gründen auf die Zerreißprobe gestellt wird.
2) Vermeidet nicht das Besprechen und die Auseinandersetzung mit schwierigen Themen, ansonsten werden diese Auswirkungen auf jeden Bereich der Beziehung haben. Es ist weniger riskant, sich den Verschiedenheiten zu stellen als sie zu verdrängen.
3) Kulturelle Unterschiede können leicht zur Zielscheibe werden. In einer Krise konzentriert sich das Paar oft auf seine kulturellen Verschiedenheiten und übertreibt sie. Besser ist es, Verschiedenheiten zuzulassen und ihre Auswirkungen zu erkennen, um dann nicht aus der eigenen kulturellen Anschauung heraus zu reagieren.
4) Bittet häufig um Erklärung der Hintergründe, bevor Ihr eine Schlussfolgerung zieht.
5) Kritisiert niemals die Kultur oder das Land des anderen.

Der Aufbau einer erfolgreichen Ehe erfordert sowohl konstruktiven Konflikt als auch Fürsorge und Mitgefühl. Falls das Paar kontinuierliche Schwierigkeiten damit haben sollte, einen Zustand der Harmonie zu erreichen, holt professionelle Hilfe hinzu.

Familie und Freunde

Paarübungen
Es gibt einige Dinge, die interkulturelle Paare zur Stärkung ihrer Beziehung tun können.

1) Unternehmt eine längere Reise in das fremde Land, falls dies möglich ist und besucht ggf. die dort lebenden Eltern. (Sollte dies nicht möglich sein, schaut Filme, die in jenem Land gedreht wurden.) Betrachte die Familiendynamiken, die Deinen Partner geprägt haben, und wie sie sich die Menschen in ihrer heimatlichen Umgebung verhalten. Tauche in die Kultur des anderen ein und lerne, wie Entscheidungen getroffen werden, wer sie vorbereitet, wie Rollen, Tabu-Themen und Verantwortungen definiert werden, wie Familienmitglieder miteinander umgehen, in welchem Maß der größere Familienkreis miteinbezogen wird, wie Liebe und Fürsorge gezeigt werden, wie mit Konflikten und Streitigkeiten umgegangen wird, wo und mit welcher Hingabe sie anbeten, welche Häuser und Möbel typisch sind, was sie essen, wie sie mit Sauberkeit und Hygiene umgehen, wie Höflichkeit und Respekt gezeigt werden.
2) Lasst Euch die Geschichten Eurer beiden Familien erzählen. Konzentriert Euch auf die persönlichen Erfahrungen, die jeden von Euch zu der Person gemacht haben, die er heute ist. Während Ihr Eure persönlichen Geschichten offen erzählt, könnt Ihr beide mehr Mitgefühl und Verständnis entwickeln.
3) Entscheidet im Vorfeld, wie Ihr mit unhöflichen Blicken, Fragen oder unsensiblem Verhalten anderer umgehen werdet. Beschützt Eure Kinder nicht übermäßig davor, da es ihnen sonst später im Leben schwer fallen kann, zäh zu sein, wenn sie Problemen begegnen. Setzt sie aber auch nicht verfrüht zu vielem aus.
4) Pflegt positive Beziehungen mit Euren beiden Familien und lasst Eure Kinder an möglichst vielen kulturellen Feierlichkeiten teilhaben.
5) Identifiziert und besprecht den Verbindungsgrad Eurer Kulturen. Worin liegen die Stärken? Worin liegen die Herausforderungen?

6) Um Eure eigene kulturelle Identität als Paar zu finden, bearbeitet die folgende Tabelle. Beschreibt Eure Gefühle und Auffassungen für alle unten aufgelisteten Bereiche – die eigene und die Familie des Partners betreffend. Füllt die Tabelle einzeln aus und besprecht die Ergebnisse. Werdet Euch darüber bewusst, welche Bereiche Ihr beibehalten möchtet und welche Ihr anpassen wollt. Seid ganz besonders vorsichtig, wenn Ihr über Eure Gefühle bzgl. des kulturellen Erbes des Partners sprecht.[5]

	Seine Familie		**Ihre Familie**	
	Stärken/ Vorteile	**Nachteile**	**Stärken/ Vorteile**	**Nachteile**
Geistliche Überzeugungen				
Nähe innerhalb der Familie				
Umgang mit Emotionen				
Erwartungen an die Rolle von Mann und Frau				
Bräuche				

Gesprächsanregungen

1) Wie gut kennst, verstehst und schätzt Du das kulturelle Erbe Deines Partners?
2) Wie gehst Du mit kulturellem Desinteresse anderer um?
3) Was findest Du an der Kultur Deines Partners am faszinierendsten, falls es das für Dich geben sollte?

Biblische Bezugsquellen
Apostelgeschichte 17,26: *„Er hat aus einem einzigen Menschen die ganze Menschheit hervorgehen lassen, damit sie die Erde bewohnt. Für jedes Volk hat Er im Voraus bestimmt, wie lange es*

bestehen und in welchen Grenzen es leben soll." (Gute Nachricht Bibel)

1. Korinther 12,12: *„Denn wie der Leib eine Einheit ist, doch viele Glieder hat, alle Glieder des Leibes aber, obgleich es viele sind, einen einzigen Leib bilden: So ist es auch mit Christus." (Einheitsübersetzung)*

Galater 3,28: *„Nun gibt es nicht mehr Juden oder Nichtjuden, Sklaven oder Freie, Männer oder Frauen. Denn Ihr seid alle gleich – Ihr seid eins in Jesus Christus." (Neues Leben Bibel)*

Offenbarung 7,9: *„…Danach sah ich eine riesige Menschenmenge – viel zu groß, um sie zählen zu können – aus allen Nationen und Stämmen und Völkern und Sprachen vor dem Thron und vor dem Lamm stehen. Sie waren mit weißen Gewändern bekleidet und hielten Palmzweige in ihren Händen." (Neues Leben Bibel)*

Buchempfehlungen in deutscher Sprache
Lehnert, Volker A.: *EHE und Elternhaus. Mit familiären Prägungen umgehen lernen.* Aussaat Verlag, Neukirchen 2002.

Buchempfehlungen in englischer Sprache
Crohn, Joel. *Mixed Matches: How to Create Successful Interracial, Interethnic, and Interfaith Relationships.* New York: Fawcett Columbine, 1995.

Romano, Dugan. *Intercultural Marriage: Promise and Pitfalls.* 3rd ed. Boston & London: Intercultural, a Division of Nicholas Brealy, 2008.

Shelling, Grete and J. Fraser-Smith. *In Love but Worlds Apart: Insights, Questions, and Tips for the Intercultural Couple.* Bloomington, IN: AuthorHouse, 2008.

KAPITEL 21

Herausforderungen bei der Hochzeitsplanung[1]

Einführung
Die Hochzeitsplanung betrifft zwei Menschen und zwei Familien, die oft unterschiedliche Werte, Erwartungen und/oder Prioritäten haben. Die Folge davon ist, dass die Hochzeitsplanung oft eine Menge Konfliktpotenzial bietet. Die Paare sollten ausgiebig die Werte besprechen, die sie in ihrem gemeinsamen Leben etablieren wollen, und wie sich diese in den Planungen für ihren Hochzeitstag widerspiegeln sollen.

Gängige Schwierigkeiten im Zusammenhang mit der Hochzeitsplanung
Paare neigen zu Schwierigkeiten in den folgenden Bereichen:

1) Unterschiedliche Erwartungen der Familie in Bezug auf die Hochzeit.
2) Die Braut und der Bräutigam werden in die unbequeme Position gebracht, zwischen den Familien und Freunden zu vermitteln.
3) Kulturelle und religiöse Unterschiede und wie sich diese während der Hochzeitszeremonie und Feier widerspiegeln.

Vergegenwärtigt Euch Eure eigene Lebenserfahrung und bindet diese ein
Teilt die Erfahrung, die Ihr (oder Euch bekannte Menschen) bei der Hochzeitsplanung gemacht haben. Berichtet, was gut funktioniert hat, was bei Eurer Hochzeit nicht gut gelaufen ist und was auf längere Sicht wichtig ist.

Tipps zum Besprechen des Themas „Hochzeitsplanung"
Klassische „Tretminen"
Um die klassischen „Tretminen" bei der Hochzeitsplanung erfolgreich umgehen zu können, solltet Ihr die folgenden Aspekte beachten:

1) Lasst die Werte und Prinzipien, die Euch als Paar auszeichnen, die Grundlage für die Entscheidungen Eurer Hochzeitsplanung sein - nicht einfach nur die Aktivitäten und Äußerlichkeiten.
   - Was soll Euer Fest über Eure Ansichten zu Ehe, Familienleben, Religion, Tradition, Freundschaft, Geld und Ästhetik aussagen?
   - Leitet Eure Entscheidungen eher von diesen Werten ab anstatt von dem, was andere tun oder getan haben.
2) Berücksichtigt die Bedürfnisse aller Beteiligten. Ja, es ist Euer Tag, aber es ist nicht nur Euer Tag. Auch Eure Familie hat viel Hoffnung, Träume und Gebete in Euch und Eure Zukunft investiert.
3) Bestimmt die Rollen, die Ihr beide bei der Hochzeitsplanung übernehmen werdet. Seid Euch über die Erwartungen, die Ihr aneinander stellt, im Klaren und arbeitet als Team. Die Rollenverteilung kann unterschiedlich sein, hier einige typische Modelle:
   - Zwei gleichrangige Leiter (treffen die großen Entscheidungen zusammen und haben zusätzlich definierte Verantwortungsbereiche).
   - Die leitende Person (Braut oder Bräutigam) plant und die unterstützende Person (Bräutigam oder Braut) hilft.
   - Die Braut plant alles.
   - Die Eltern arbeiten bei der Planung als Team mit dem Paar und entscheiden zusammen:
     o Wer wofür bezahlt.
     o Wer zu welchen Entscheidungen beiträgt.
     o Wer die endgültige Auswahl treffen wird. Vergewissert Euch beim Überprüfen der Erwartungen und nehmt Dinge nicht einfach an.

Beziehungsdynamiken im Rahmen der Hochzeitsplanung
In den meisten Kulturen gibt es heutzutage mehr als einen Standard für den Hochzeitsablauf. Konzentriert Euch darauf, dass sich die Leute willkommen und respektiert fühlen.

1) Macht Euch den Unterschied zwischen lautem Denken und getroffenen Entscheidungen bewusst. Seid Euren Mitmenschen gegenüber klar im Ausdruck.
2) Konzentriert Euch auf das ganze Bild. Welche Beziehungen sind am wichtigsten? Was wird in zehn Jahren wirklich wichtig sein?
3) Sollte es zu einem Konflikt zwischen den Familienerwartungen kommen, seid Euch darüber bewusst, dass „Blut immer zu Blut" spricht. Ihr wollt keine Mauern zwischen Euch und Euren Schwiegereltern bauen. Dies ist auch nach der Hochzeit zu beachten.
4) Bereitet Euch und Eure Familien auf Eigenarten und seltsame Gewohnheiten der anderen Familie vor.
5) Lasst Euch von niemandem drohen, die Hochzeit zu boykottieren oder nicht weiter zu unterstützen. Geht weiter voran und überlasst sie ihrer eigenen Entscheidungsfreiheit.
6) Versucht, einen realistischen Blick auf die Dinge zu behalten. Wie werdet Ihr mit den unvermeidbaren Pannen einer jeden Hochzeit umgehen, auch wenn die ganze Hochzeit perfekt durchgeplant ist?

Paarübungen
1) Bewertet Eure momentane Vorgehensweise und wie gut diese für Euch funktioniert.
2) Sprecht über Eure jeweiligen Rollen und klärt Eure Erwartungen.

Gesprächsanregungen
1) Welche Werte bestimmen die Entscheidungen, die Ihr in Bezug auf Eure Hochzeitsfeier trefft?
2) Was soll Euer Hochzeitstag anderen über Gott „vermitteln"?
3) Welche Erinnerung wird Eurer Meinung nach in zehn Jahren die Wichtigste an Euren Hochzeitstag sein?

Biblische Bezugsquellen
Epheser 5,31-32: *„ 'Darum wird ein Mann Vater und Mutter verlassen und an seiner Frau hängen, und die zwei werden* ein *Fleisch sein' (1.Mose 2,24). Dies Geheimnis ist groß; ich deute es aber auf Christus und die Gemeinde."* (Luther Bibel)

Philipper 2,3-4: *„Tut nichts aus Eigennutz oder um eitler Ehre willen, sondern in Demut achte einer den andern höher als sich selbst, und ein jeder sehe nicht auf das Seine, sondern auch auf das, was dem andern dient."*

KAPITEL 22

Gestaltung der Feiertage als frisch vermähltes Ehepaar

Einführung
Frisch verheiratete Paare können einer Menge Stress rund um Feiertage ausgesetzt sein, wenn es zum Konflikt zwischen den Erwartungen der Eltern, Schwiegereltern, Geschwister, dem größeren Familienkreis, gemischten Familien, Arbeitgebern und Freunden kommt. Stoßen dann noch Menschen hinzu, die die neuen Grenzen eines frisch verheirateten Paares nicht anerkennen oder missachten, ist die Katastrophe vorprogrammiert.

Gängige Schwierigkeiten im Zusammenhang mit Feiertagen
Paare neigen zu Schwierigkeiten in den folgenden Bereichen:

1) Übertriebener Druck, Manipulation oder Feindseligkeit von anderen Familienmitgliedern.
2) Übermäßige Beeinflussung und Erwartungen der Familie hinsichtlich der Traditionen an Feiertagen.
3) Konflikte zwischen den Familientraditionen und -werten.
4) Finanzieller Druck aufgrund der Erwartungen und Traditionen bzgl. Geschenke.
5) Unterschiedliche Prioritäten von Feiertagen seitens des Paares.
6) Wo und mit wem werden die Feiertage verbracht?

Vergegenwärtigt Euch Eure eigene Lebenserfahrung und bindet diese ein
Erzählt, wie Euch die Erwartungen an die Feiertage als frisch verheiratetes Paar beeinflusst haben und wie Ihr mit den aufgetretenen Konflikten umgegangen seid.

Tipps zum Umgang mit den Feiertagen

1) Sprecht die Schwierigkeiten hinsichtlich der Feiertage umgehend an und kommuniziert Euren Familien Eure Pläne für den nächsten bedeutenden Feiertag einige Zeit im Voraus. Zeigt Eure Fairness durch das Ansprechen Eurer Kompromissbereitschaft, um die Bedürfnisse jeder Familie zu erfüllen.
2) Schützt Eure gemeinsame Zeit während der Feiertage.
3) Budgetiert alle gemeinsamen Feiertagsausgaben. Seid realistisch und plant voraus. Verliert die eigentliche Bedeutung des jeweiligen Feiertags nicht aus den Augen.
4) Geht davon aus, dass einige Gefühle verletzt werden können. Weist in diesem Fall auf Euren aktiven und realistischen Versuch, die Bedürfnisse aller Beteiligten so gut wie möglich zu erfüllen, hin.
5) Übernehmt die Kontrolle über die Situation und kommuniziert Eure Pläne Eurem erweiterten Familienkreis einzeln oder gemeinsam. Es ist sinnvoll, wenn jeder von Euch beiden hauptsächlich mit seiner/ihrer Familie spricht.
6) Haltet zusammen. Dies könnte die erste brenzlige Situation sein, der Ihr Euch als neues Paar in Einheit stellen müsst. Versucht, mit diesen Familiengesprächen gut umzugehen, um vereint zu bleiben und Eure Ehe zu stärken.
7) Seid stark. Das erste Jahr ist das Schwierigste für Euch und Eure Familien.
8) Findet ein Gleichgewicht zwischen Eurem Anliegen, es allen recht machen zu wollen, und den Anforderungen an Eure erforderliche Reisezeit und/oder Ausgaben.
9) Beachtet die Möglichkeit, die eine Familie z.B. an dem Wochenende vor einem bedeutenden Feiertag zu besuchen, damit sie sich nicht aus Euren Plänen ausgeschlossen fühlt.
10) Versucht, neue, angenehme Erinnerungen für Eure neue Familieneinheit zu kreieren.
11) Beurteilt, wie sich der Plan nach dem ersten Jahr bewährt hat und ändert diesen bei Bedarf. Sobald Ihr Kinder habt, werdet Ihr Eure Reisepläne für die Feiertage erneut anpassen müssen.

12) Lasst Euch bei Bedarf von einer außenstehenden Person des Vertrauens beraten, um eine zusätzliche Perspektive zu erhalten.
13) Achtet besonders auf Euch selbst und Eure Ehe, um dem durch die Feiertage aufkommenden Stress entgegenwirken zu können.
14) Lasst Euch nicht von Schuldgefühlen zur Teilnahme an Aktivitäten drängen, mit denen Ihr beide nichts zu tun haben möchtet.
15) Lasst die Feiertagstraditionen Eure Orientierungshilfe sein, nicht Euer persönliches Gefängnis.
16) Lasst Euch nicht von kleinen Dingen aus der Ruhe bringen. Die Feiertage gehen vorbei.

Paarübungen
Erarbeitet einen übersichtlichen Plan für die Feiertage. Macht das jetzt oder so bald wie möglich, in jedem Fall *bevor* Ihr Euch dem ersten Feiertag als frisch verheiratetes Paar stellen werdet.

1) Erstellt eine Liste mit den Feiertagen, die jeder von Euch üblicherweise feiert.
2) Jeder legt die Prioritäten seiner eigenen Liste fest, indem er die Wichtigkeit des Feiertages für sich persönlich bewertet. Geht respektvoll mit allen Unterschieden um.
3) Besprecht und betet darüber, wie Ihr beide die einzelnen Feiertage als Paar verbringen möchtet. Welche neuen Traditionen werdet Ihr einführen?
4) Beachtet mögliche Konflikte mit den wahrscheinlichen Plänen und Feiertagstraditionen jeder Familie.
5) Wendet die Fähigkeiten an, die Ihr in den Kommunikations- und Konfliktlösungsmodulen gelernt habt, um Eure eigenen Prioritäten als Paar für die kommenden Jahre festzulegen.
6) Wann immer es machbar ist, wechselt mit den Familien und Verwandtschaften im Laufe des kommenden Jahres ab, um Ungerechtigkeiten zu vermeiden.
7) Teilt beiden Familien Euren Plan mit. Unterstützt gegenseitig Eure Entscheidungen als Paar.

8) Entwickelt Eure eigenen Traditionen und nehmt in ausgewogener, für Euch als Paar guter Weise an ausgewählten Familientraditionen teil.

Die Planung von Feiertagen

Feiertag	Seine Priorität (1=Oberste Priorität, 2=Nächste Priorität, etc.)	Ihre Priorität (1=Oberste Priorität, 2=Nächste Priorität, etc.)	Mögliche Familien-konflikte ? Wer?	Feiertags-plan Jahr 1	Feiertags-plan Jahr 2
1)					
2)					
3)					
4)					
5)					
...)					

Gesprächsanregungen
1) Wie wichtig sind Euch und Euren beiden Familien die Feierlichkeiten an Feiertagen?
2) Welcher Feiertag wird von einer Eurer Familien gefeiert, den die andere nicht feiert?
3) Wie wichtig sind die Feiertage für Deinen Ehepartner, die neu oder anders für Dich sind?
4) Gibt es Feiertage, die Dein Partner feiert und wo Du die Teilnahme ablehnst? Weshalb?

Biblische Bezugsquellen
   Kolosser 2,16-17: *„Lasst Euch deshalb von niemandem verurteilen, nur weil Ihr bestimmte Dinge esst oder trinkt oder weil Ihr bestimmte Feiertage, religiöse Feste oder Sabbate haltet oder nicht haltet. Denn diese sind nur ein Schatten des Zukünftigen. Die Wirklichkeit aber ist Christus selbst."* *(Neues Leben Bibel)*

KAPITEL 23

Wie Ihr Eure Beziehung schützt: Internet, soziale Medien und Freunde

Einführung

Durch die steigende Nutzung von sozialen Netzwerken im Internet, elektronischen Textnachrichten und E-Mail sind weitaus mehr Menschen mit einem weitaus größeren „Freundeskreis" verbunden als jemals in der Geschichte zuvor. Während diese Kommunikationsmöglichkeiten dazu befähigen, mit Freunden und Bekannten bequem in Kontakt zu bleiben, können sie auch die Wiederaufnahme des Kontakts mit Menschen aus unserer Vergangenheit fördern, zu denen auch diejenigen gehören, an denen wir zuvor ein romantisches Interesse gehabt haben.

Um die Einheit und Exklusivität ihrer Ehe zu schützen, müssen die Paare über angemessene Grenzen sprechen und sich auf solche einigen. Sollte das nicht geschehen, kann die Versuchung, emotionalen und/oder körperlichen Kontakt mit Personen des anderen Geschlechts aufzunehmen, zu einem sehr realen Problem werden – wie sich eine steigende Anzahl von Paaren bewusst wird. Wer versucht ist zu betrügen, dem wird dies durch die sozialen Medien erleichtert. Die Schlussfolgerung: Soziale Medien werden den Raum einnehmen, den Ihr ihnen gebt. Seid auf der Hut. Was sich wie Liebe anfühlen mag, ist vom Gift der Sünde und Scham durchdrungen.

Gängige Schwierigkeiten im Zusammenhang mit den sozialen Medien

Paare neigen zu Verbesserungsbedarf in den folgenden Bereichen:

    1) Zu Lasten der Ehe wird übermäßig viel Zeit im Internet verbracht.

    2) Gespräche in virtuellen Räumen (Chats) über emotionale und intime Einzelheiten des Lebens und über die

Ehe mit Menschen des anderen Geschlechts (z.B. Probleme in der Ehe oder Frustration mit dem Ehepartner).

3) Virtueller Kontakt, der zu persönlichen Treffen mit Menschen des anderen Geschlechts führt, ohne dass der Ehepartner davon weiß.

Laut einer Studie, die im Jahr 2010 von der US-amerikanischen Akademie der Rechtsanwälte im Bereich „Ehe" durchgeführt worden ist, haben mehr als 80% der befragten Scheidungsanwälte ein Ansteigen der Fälle festgestellt, in denen Beweise aus den sozialen Medien zur Rechtfertigung oder Erzwingung einer Scheidung angeführt wurden.[1]

Vergegenwärtigt Euch Eure eigene Lebenserfahrung und bindet diese ein
Berichtet von den Grenzen und Schutzmaßnahmen, die Ihr in diesem Zusammenhang eingeführt habt, um Eure Ehe zu schützen.

Tipps im Zusammenhang mit sozialen Medien und Ehe
Regt Eure Mentee-Paare dazu an, sich damit zu beschäftigen, wie sie für maximalen Schutz vor der möglichen Gefahr durch soziale Medien für ihre Ehe sorgen können. Bringt ihnen bei, diesen Schutz nicht so zu betrachten, als ob ihnen jemand auf die Finger schaut oder sie „bespitzelt".

> *„[Facebook] erleichtert anonyme Beziehungen, die die Menschen für unwirklich halten, die sich aber zu realen Beziehungen entwickeln."*
> *~ Alan Edmunds, Attorney[2] ~*

Zieht es als Mentoren in Betracht, diese möglichen Bereiche mit Euren Mentees zu besprechen:

1) Betrachtet bewusst Eure Profile und Bilder auf den sozialen Medien, um sicherzustellen, dass sie exakt das widerspiegeln, was Ihr als verheiratetes Paar sein werdet und nicht das, was Ihr früher als Einzelpersonen wart.

2) Wenn es um die Nutzung der sozialen Medien geht, bedarf es immer eines Kompromisses (voneinander getrennte Zeit, abwechselnde Nutzung des Computers etc.). Welche Zeitmenge ist für Euch angemessen?

3) Beschränkt die Nutzung des Computers auf die öffentlichen Bereiche des Hauses anstatt auf die privaten Bereiche.

4) Werdet Ihr einzelne oder gemeinsame Konten für E-Mail und soziale Medien haben?

5) Tauscht sämtliche Passwörter für alle Vorrichtungen und Konten aus und erteilt Euch gegenseitig die Erlaubnis, auf diese unbegrenzt und unangekündigt zugreifen zu dürfen.

6) Stellt niemals eine virtuelle Freundschaft mit Personen des anderen Geschlechts her, bei denen von ihrer, Eurer oder beiden Seiten ein vergangenes oder potenzielles romantisches Interesse besteht (z.B. Büro-Flirts, frühere Partner etc.).

7) Beendet die virtuellen Freundschaften bzw. blockiert alle Freunde auf sozialen Medien, die möglicherweise ein Risiko für Eure Ehe darstellen könnten. Dazu gehören auch Ex-Freunde/Freundinnen und alle, die irgendeine Anziehungskraft auf einen von Euch ausüben. Sobald jemand auch nur ein geringes Risiko für Eure Ehe darstellen könnte, solltet Ihr keine Online-Verbindung mit einer solchen Person haben. Sobald diese Tür geöffnet wird, kann sich schnell ein intensives Gefühl der Intimität entwickeln.

8) Seid Euch bewusst, dass schnell eine ungewollte und ungesunde sexuelle Anziehung zu Personen aus Eurer Vergangenheit aufblühen kann, was mit dem Geheimnisvollen und der Neugier, die mit dem Kontakt über soziale Medien verbunden sind, zu tun hat. Dieses Risiko erhöht sich, sobald sich Eure Ehe in einer stressigen oder angespannten Phase befindet.

9) Die sozialen Medien können schnell dazu verleiten, eine andere Person zu idealisieren und sich zu fragen, „was sein könnte" und so die Grenze zwischen Fantasie und Realität zu verwischen.

10) Erlaubt Euch als Ehepartner, auf Wunsch jeden Briefwechsel zu lesen. Es geht nicht darum, dass Euch der

Ehepartner nicht vertraut. Schenkt ihm diese Erlaubnis, weil Ihr nichts zu verbergen habt und Ihr Eure Ehe weise schützen wollt.

11) Falls vorhanden, hebt auf Eurer Homepage hervor, dass Ihr verheiratet seid. Verwendet dafür Bilder von Euch beiden.

12) Zeigt vollsten Respekt für Unbehagen oder Sorge seitens Eures Ehepartners im Hinblick auf eigene Kontakte oder Freunde. Sollten Bedenken vorliegen, muss sich etwas ändern.

13) Geht nicht in die Defensive, falls Euer Ehepartner die eigenen Aktivitäten hinterfragen sollte. Erachtet es als Bemühung, Eure Beziehung schützen zu wollen. Helft Eurem Ehepartner, indem Ihr durch eigene Taten erkennen lasst, dass Eure Ehe von allergrößter Bedeutung für jeden von Euch ist.

14) In den Anfangsphasen der Ehe (z.B. den Flitterwochen) scheinen die sozialen Medien keine große Bedrohung darzustellen. Sobald aber schwierige und stressige Zeiten kommen, wird die Versuchung ansteigen, die sozialen Medien zu missbrauchen. Baut schon jetzt gesunde Schutzmauern um Eure Beziehung herum, damit sie bei Bedarf vorhanden sind.

15) Verpflichtet Euch zu Ehrlichkeit, Integrität und absoluter Transparenz in allen Bereichen der Nutzung von sozialen Medien, elektronischen Textnachrichten, E-Mail etc.

Falls einer von Euch beiden unangemessene Aktivitäten seines Ehepartners vermutet, so sollte zuerst die Beziehung geprüft werden und dann die Nutzung sozialer Medien.

Mögliche Warnhinweise

1) Eine der beiden Personen schenkt ihren Kontakten auf den sozialen Medien mehr Aufmerksamkeit als ihrem Ehepartner.

2) Ärger oder Frust wird anderen mitgeteilt anstatt mit dem Ehepartner über die Ursache zu sprechen.

3) Du hast etwas zu verbergen, das mit Deiner Nutzung von sozialen Medien zu tun hat.

4) Veränderung oder Verschlechterung des Interesses an der Intimität als Paar.

Falls Du immer noch vermuten solltest, dass etwas nicht stimmt, besprich Deine Bedenken mit Deinem Ehepartner und falls keine Lösung gefunden werden kann, solltest Du kompetente Hilfe in Form eines Ehementoren-Paares oder eines Seelsorgers aufsuchen.

Paarübungen

1) Listet alle Kommunikationsmöglichkeiten auf, die Ihr nutzt oder zu denen ihr Zugang habt (z.B. mobile Endgeräte, Kurznachrichten, E-Mail, Facebook, Twitter, Chat-Räume, Second Life, usw.).

2) Einigt Euch auf Grenzen, die Euch beiden angemessen erscheinen, wenn es um die Nutzung dieser Kommunikationsmöglichkeiten geht. Vergleicht Eure Listen und besprecht, wie Ihr Euch gegenseitig behilflich sein könnt, um vollständig transparent zu sein.

3) Lasst Euch hinsichtlich der Nutzung von Kommunikationsmöglichkeiten und den Schutzmaßnahmen auf Eure ganz individuelle Verpflichtung ein, die Ihr anwenden werdet.

Gesprächsanregungen

1) Wie gut werdet Ihr mit den Kontakten des anderen auf sozialen Medien klarkommen (z.B. „Freunde" und „Nachfolger")?

2) Gehst Du davon aus, dass Deine virtuellen Kontakte der sozialen Medien Deine Beziehung störend beeinflussen? Falls ja, inwiefern?

3) Welche Grenzen hat Dein Partner in seinen Beziehungen mit Personen des anderen Geschlechts bei der Arbeit, auf sozialer Ebene, im Internet und anderen Bereichen festgelegt? Wie wohl fühlst Du Dich mit diesen Grenzen?

4) Würde es Dein Wohlbefinden verbessern, wenn sich die sozialen Kontakte Deines Partners ändern würden? Inwiefern?

Biblische Bezugsquellen
1. Korinther 15,33: *„Lasst Euch ‚durch solche Reden' nicht täuschen! ‚Schlechter Umgang verdirbt auch den besten Charakter'." (Neue Genfer Übersetzung)*

Hohelied 2,15: *„Fangt uns die Füchse, die kleinen Füchse, die den Weinberg verwüsten, denn unsere Reben stehen in voller Blüte." (Neues Leben Bibel)*

Hiob 1,8-10: *„Da sprach der Herr zum Satan: Hast Du meinen Knecht Hiob beachtet? Denn seinesgleichen gibt es nicht auf Erden, einen so untadeligen und rechtschaffenen Mann, der Gott fürchtet und das Böse meidet! Der Satan aber antwortete dem Herrn und sprach: Ist Hiob umsonst gottesfürchtig? Hast Du nicht ihn und sein Haus und alles, was er hat, ringsum eingehegt?" (Luther Bibel)*

Buchempfehlungen in deutscher Sprache
Cloud, Henry: <u>Liebe braucht Grenzen</u>. *Wie Sie Ihre Partnerschaft durch gesunde Grenzen bereichern.* Gerth Medien, Asslar 2010.

Parrott Leslie & Les: <u>Mehr Zeit für uns</u>. *Wie wir im hektischen Alltag miteinander verbunden bleiben.* Gerth Medien, Asslar 2010.

Buchempfehlungen in englischer Sprache
Jenkins, Jerry B. *Hedges: Loving Your Marriage Enough to Protect It.* Wheaton, IL: Crossway, 2005.

Krafsky, K. Jason & Kelli. *Facebook and Your Marriage.* Maple Valley, WA: Turn the Tide Resource Group, 2010.

TEIL 6

Beziehungsdynamiken

KAPITEL 24

Das biblische Rollenverständnis von Ehemännern und Ehefrauen

Einführung
Die Verwirrung über die von Gott bestimmten Rollen innerhalb der Ehe sind mit anderen Verzerrungen über Gottes Bestimmungen in Bezug auf Ehe, Sex, Autorität der Kirche und andere Bereiche einhergegangen. Tatsächlich lehnten manche Kirchen und Gemeinden die biblischen Anweisungen über die Rollen von Männern und Frauen ab.

Dieses Kapitel liefert biblisch fundierte Lehre, die Ihr als Mentoren an Eure Mentee-Paare weitergeben könnt, damit diese eine Vision für ihre Beziehung erkennen können, die sowohl ihre Seelen als auch ihre Herzen inspiriert. Ziel ist es, Paare vor den Folgen gesellschaftlich und kulturell anerkannter Fehlinformationen, die schon viele Ehen ins Abseits geführt haben, zu bewahren. Hinter den von Gott bestimmten Rollen des Ehemanns und der Ehefrau steht eine tiefgründige Theologie!

Vergegenwärtigt Euch Eure eigene Lebenserfahrung und bindet diese ein
Wie hast Du als Mentor herausgefunden, wie Du die biblischen Rollen in Deiner eigenen Ehe anwenden kannst? War die Umsetzung einfach? Was hast Du während dieses Prozesses über die Weisheit von Gottes Wort gelernt?

Tipps zum Besprechen des biblischen Rollenverständnisses
Die meisten Christen erkennen, dass Selbstsucht, Passivität, Missbrauch und das Versagen, dem Beispiel von Jesus Christus zu folgen, im Verlauf der Geschichte die Beziehungen zwischen Männern und Frauen verzerrt haben. Dennoch besteht die Bestimmung der Ehe weiterhin darin, die Liebesbeziehung zwischen Christus und Seiner Kirche treu zu verkörpern. Diese Verkörperung

besteht im besten Fall darin, dass der Ehemann die dienende Leiterschaft von Christus zeigt (Matthäus 20,25-26) und die Frau die vertrauensvolle, treue Hingabe der Kirche (2. Korinther 10,5b) widerspiegelt.

Die biblischen Rollen und Verantwortungen der Ehe sind auch in der Reihenfolge, in der Mann und Frau erschaffen wurden (1. Mose 2), in der Hauptverantwortung und Verantwortlichkeit für Entscheidungen, die von der Ehe-Einheit getroffen werden (1. Mose 3,9, 17) und in den Konsequenzen für die Ehe, die in 1. Mose 3,16 erwähnt werden, verwurzelt.

Gott sagt, dass Adam im Garten auf zwei Arten sündigte: 1) Er missachtete Gottes Befehl, als er von dem Baum *aß, von dem Gott ihm verboten hatte zu essen.* 2) Indem er durch Passivität in seiner Leiterschaft versagte, *weil er der Stimme seiner Frau gehorchte* (was im Konflikt mit dem Gebot Gottes stand) *und von dem Baum aß* (1. Mose 3,17). Gott bezeichnet Adams Ungehorsam als zentralen Punkt im Fall der Menschheit – nicht aber Evas oder ihren gemeinsamen Ungehorsam.

Als Folge des Sündenfalls spricht Gott Flüche über die Hauptrollen des Ehemanns und der Ehefrau aus (1. Mose 3,17-19). Frustration wird *ihn* bei der Erfüllung seiner Hauptverantwortung, seine Familie zu versorgen, begleiten. Schmerzen bei der Geburt und das Verlangen, der Leiterschaft ihres Mannes zu trotzen, werden ihre Hauptaufgaben als Ehefrau und Mutter kennzeichnen.

Sowohl für den Ehemann als auch für die Ehefrau ist das Fügen in ihre Berufung ein Akt der Anbetung und des Gehorsams Gott gegenüber. Das Versagen, der biblischen Lehre zu folgen, hat der Familie, der Ehe und der Kirche geschadet. Missachtet das Paar die von Gott aufgestellten Rollen und Ordnungen, ist es für die Sünde anfälliger. Gott hat einen Schutzwall für uns geschaffen, der uns bewahrt, um unsere Ehe und Familie zu bauen. Die Schutzringe dieses Walls sind:

Christus → *Ehemann* → *Ehefrau* → *Kinder*

Wenn Gottes Volk sündigt oder sich gegen Seine Autorität auflehnt, setzt es sich zusätzlichen geistlichen Angriffen aus (siehe Beispiele

Das biblische Rollenverständnis von Ehemännern und Ehefrauen

in 1. Korinther 7,13-15; 11,3; Jakobus 5,15-20; 2. Samuel 12,10-11; 1. Samuel 8,6-10; 1. Mose 3,16).

Wir ermutigen Euch als Mentoren dazu, christlichen Paaren dabei behilflich zu sein, ein klares, biblisch fundiertes Bild von Gottes Rollenbild innerhalb der Ehe zu entwickeln. Die Errettung eines Gläubigen sollte den ursprünglichen Zustand der Schöpfung wiederherstellen. Das heißt für die Ehe, dass der Ehemann gottesfürchtige Leiterschaft und die Frau – als seine Ergänzung – gottesfürchtige Hingabe ausübt.

Gott hat Männer und Frauen extrem verschieden geschaffen und dennoch repräsentieren beide auf unermessliche Art und Weise das Ebenbild Gottes. Wir sind beide das unglaubliche Handwerk unseres liebevollen Gottes! Das heißt, dass bei einer Auflistung von Stärken und Schwächen von Ehemann und Ehefrau beide am Ende den gleichen Wert hätten. Führten wir beide Listen zusammen, würden sie sich zu einer Synergie vervollständigen. Das Gehirn und das Herz haben zum Beispiel verschiedene Funktionen, aber wenn eins der beiden nicht richtig funktioniert, bekommt auch das andere Probleme. Sie haben nicht die gleiche Funktion oder Aufgabe, aber beide sind für die Lebens- und Körpererhaltung gleich wichtig.

Die Bibel offenbart, dass wahre Männlichkeit und Weiblichkeit von Gott definiert werden. Diese zeitlosen, unterschiedlichen und komplementären Rollen sind in der Schöpfung und nicht in den Gepflogenheiten der Kultur verwurzelt. Gottes Absicht für Ehepaare ist es, dass die Schwächen des einen die Stärken des anderen hervorbringen und sich beide so vervollständigen.

> *„Unsere sexuelle Identität definiert, wer wir sind, warum wir hier sind und wie Gott uns in Seinen Dienst beruft."*
>
> ~ John Piper and Wayne A. Grudem[1] ~

Die Maßstäbe, die die Gesellschaft an die Ehe und ihre Rollen und Verantwortungen stellt, verändern sich ständig und stimmen oft nicht mit der Schrift überein. Seit den 60er Jahren wurde im westlichen Kulturkreis mit großem Einsatz die Gleichberechtigung der Geschlechter forciert, wodurch die einzigartigen Unterschiede zwischen Mann und Frau verwischt wurden. Die Folge hiervon ist eine weitverbreitete Verwirrung in Gesellschaft und Kirche, wenn es um unsere von Gott gegebene Identität geht – was heißt es, ein Mann oder eine Frau zu sein? Im Zuge dieser Verwirrung kam es auch zu einem dramatischen Anstieg der Promiskuität, des Missbrauchs von Sex, des verspäteten Erwachsenwerdens, den Versuchen der Neudefinition von Ehe und dem Anstieg der Scheidungsraten.

„Und seid nicht gleichförmig dieser Welt, sondern werdet verwandelt durch die Erneuerung des Sinnes" (Römer 12,2, Elberfelder Übersetzung) – das ist die Berufung der Christen. Manche der göttlichen Prinzipien scheinen veraltet, aber nur, weil unsere Kultur – nicht Gott – sie so bezeichnet. Ehemänner und -frauen finden Gunst in den Augen Gottes, wenn sie danach streben, Seinem vollkommenen Willen zu folgen. Die Paare müssen regelmäßig Zeit mit der Bibel verbringen, um Anweisung und Führung zu erhalten. Das Wort offenbart Gottes Bestimmung für die Ehe und hilft dabei, unbiblische Arten der Beziehungsführung zu erkennen und zu korrigieren.

Überall in der Bibel sind Rollenunterschiede zu erkennen:

1) Siehe 1. Mose 2,18-25. Gott hat Mann und Frau gleichberechtigt geschaffen – in ihrem geistlichen Rang und ihrer ewigen Bedeutung. Zudem hat Er Seine göttliche Ordnung aufgestellt, als Er den Mann zum Kopf und die Frau zur Ergänzung gemacht hat und so die Beziehung zwischen dem Himmlischen Vater und Christus in 1. Korinther 15,28 dargestellt hat.
2) Gemäß Sprüche 5,15-19 sollen ein Ehemann und seine Ehefrau ihre Körper ausschließlich miteinander teilen und dem Ehemann wird befohlen, sich nur an ihr zu erfreuen und zu berauschen (Vers 19).
3) In Sprüche 31,10-31 wird eine gottesfürchtige Ehefrau mit edlen Begriffen und als diejenige, die ihren Ehemann ganz vervollständigt, beschrieben.
4) In Römer 5,12-21 zieht Gott Adam als Oberhaupt von Eva zur direkten Verantwortung für den Sündenfall.
5) Im 1. Korinther 11,3-16 (mit Betonung auf den Versen 8,9 und 14) und 14,33-36 lernen wir über die oberste Leitung des Ehemannes (Vers 3), den gleichen Wert (Vers 3) und die gegenseitige Abhängigkeit (Vers 11).

6) Im Epheser 5,21-33* lernen wir über die Ehrerbietigkeit der Frau gegenüber ihrem Ehemann aus Gehorsam zum Herrn (Vers 22) und über die Berufung des Mannes, durch das Lieben und die dienende Leiterschaft dem Beispiel von Jesus zu folgen.
7) Im Kolosser 3,18-19* werden die Ehefrauen dazu angewiesen, ihrem Ehemann auf eine Art und Weise ergeben zu sein, die ihrem Glauben entspricht. Den Ehemännern wird aufgetragen, ihre Frauen zu lieben und nicht grob zu ihnen zu sein.
8) Gemäß 1. Timotheus 2,8-15; 3,4 und 12 wird den Frauen gesagt, sich bescheiden zu kleiden, um nicht von der Schönheit eines Lebens voller guter Taten abzulenken. Zudem wird ihr befohlen, sich ihrem Ehemann mit einer ruhigen Geisteshaltung unterzuordnen.
9) In Titus 2,4-5* und 6-8 steht, dass die älteren Frauen (Mentoren) den jüngeren Frauen beibringen sollen, ihren Ehemann und ihre Kinder zu lieben, diszipliniert und rein zu sein, die Bedürfnisse des Hauses nicht zu vernachlässigen, ein gütiges Herz zu haben und die Autorität ihrer Ehemänner zu achten. Die älteren Männer (Mentoren) sollen den jüngeren Männern beibringen, diszipliniert zu sein, Integrität beispielhaft vorzuleben, fleißig zu sein und angemessene Sprache zu verwenden.
10) 1. Petrus 3,1-7 weist die Ehemänner dazu an, rücksichtsvoll zu sein, ihre Ehefrau mit Respekt zu behandeln und sie so zu schätzen, dass sie das gemeinsame geistliche Leben nicht behindern.

Obwohl manche versucht haben, eine seltsame Bedeutung für das griechische Wort „hupotasso" zu finden, wird es in jedem dieser Verse und weitgehend in der Schrift mit der Bedeutung „jemandem unterworfen sein", „jemandem ergeben sein" oder „sich unter etwas stellen" verwendet.

Trotz verschiedener sekundärer Rollen, die jede Kultur für sich bestimmt, gibt es klar getrennte Hauptrollen, die in der Bibel definiert werden und sich auf die Ordnung der Schöpfung in 1. Mose 2 und Adams Verantwortung dafür, dass Sünde auf die Menschheit gefallen ist, beziehen.

Seine Hauptrollen und Verantwortungen
John Piper betitelt die biblische Rolle des Mannes als „reife Männlichkeit" und definiert sie als „wohltätige Verantwortung ... zu leiten, zu versorgen und zu beschützen..."[3]. Zur biblischen Rolle eines Ehemanns gehört:

1) In seiner Verbindlichkeit zu Jesus Christus als Herrn seines Lebens und als dem Einen, dem er Rechenschaft ablegt, zu wachsen.
2) Das Ausleben geistlicher Disziplinen (Bibelstudium, Gebet, Lobpreis, Beichte, Umkehr usw.), damit sein Weg mit Christus stark ist und er in der Lage ist, sich ganz vom Heiligen Geist leiten zu lassen.
3) Moralische (1. Mose 3,9) und geistliche (Epheser 5,26-27; 29) Leiterschaft für seine Familie zu übernehmen, sie in Gottes Wort zu unterrichten, bei der Entwicklung ihrer Reife in Christus zu helfen und durch seine Hingabe für Christus ein Beispiel für seine Familie zu sein.
4) In Gerechtigkeit zu leben, so dass seine Familie von seinen Gebeten profitiert (1. Petrus 3,12). In allem Integrität, Reinheit des Herzens, des Geistes, der Sprache und des Verhalten zu zeigen und Verantwortung anzunehmen.
5) Sein Herz vor jeglicher unangemessener Bindung mit anderen Frauen zu schützen (Sprüche 2,16-19; 5,1-8; 6,23-29; 7,25-27; 22,14).
6) Seine Frau und Familie vor Satan und geistlichem Angriff zu schützen und sie in eine Richtung zu führen, die Gott verherrlicht und Seinen Zielen (und nicht seinen eigenen) dient.
7) Eine klare, biblische Vision von reifer Weiblichkeit und tiefen Respekt dafür zu entwickeln, indem er seine Frau ehrt und sie als Miterbe Christi (Römer 8,17; 1. Petrus 3,7) und Lebenspartner (1. Mose 1,27) behandelt. Jeder soll gleichen geistlichen Wert besitzen (Galater 3,28; Lukas 13,16).
8) Seine Braut auf Jesus vorzubereiten. Er ist dazu berufen, *wie* Christus und *für* Christus in ihrem Leben zu handeln.
9) Allgemeine Verantwortung für die Führung seiner Familie (1. Timotheus 3,4-5) und die Bildung seiner Kinder zu

übernehmen, ohne letztere zum Ärger zu provozieren (Epheser 6,4; Kolosser 3,21).
10) Die Bereitschaft, sein Leben für seine Frau und seine Familie niederzulegen (das kann z.B. heißen, ihre Bedürfnisse über seine eigenen zu stellen, vgl. Epheser 5,25-27), dies in beständiger Liebe zu praktizieren (Titus 2,2).
11) Verantwortung dafür zu übernehmen, eine Umgebung des aktiven Zuhörens und der wohlmeinenden Beachtung von Ideen zu schaffen und ihr seine Autorität nicht aufzuzwingen (2. Korinther 1,24). Er soll dies auf eine Art und Weise tun, die sowohl den Ehemann als auch die -frau ehrt und zu ihrer gemeinsamen Weisheit für das Ehe- und Familienleben beiträgt.
12) Initiative zu ergreifen, Stärke zu haben und Opfer zu bringen, um für das Wohl seiner Frau und Kinder zu sorgen (siehe Lukas 22,26; Epheser 5,23; 1. Timotheus 5,8). Als Leiter ist er derjenige, der dient. Ein christlicher Ehemann soll dem Vorbild von Jesus folgen, indem er bereit ist, für seine Frau zu leiden und nicht, indem er sie dazu bringt, für ihn zu leiden.
13) Seiner Frau mit einem sanften und sensiblen Herzen entgegenzukommen und sie respektvoll als schwächeren (körperlich, emotional und/oder bezüglich der Autorität) Partner zu ehren (1. Petrus 3,7; Kolosser 3,19)und Selbstbeherrschung auszuüben (Titus 2,2).
14) Ständig über die tiefen Bedürfnisse seiner Frau dazuzulernen (emotional, körperlich und geistlich), wachsam zu sein und ihr mit einer Kombination aus Stärke und Sanftmut zu dienen.
15) Stolz, Angst, Faulheit, Selbstmitleid und Verwirrung zu überwinden und Passivität in seinen Verantwortungen und bei Familienaktivitäten abzulegen. Im Voraus zu planen, um seine Familie durch kommende Herausforderungen führen zu können.
16) Die Übernahme der Last der Verantwortung, endgültige Entscheidungen bei Uneinigkeit zu treffen.
17) Die Disziplinierung seiner Kinder anzuleiten (Titus 1,6).
18) Seine geistlichen Gaben einzusetzen, um zu leiten und der Gemeinde Christi und anderen in seiner Welt zu dienen.

Autorität entspricht für den christlichen Mann der Verantwortung, auf das Wohl anderer ohne Rücksicht auf die eigenen Kosten zu achten. In dieser Weise steht Christus als Autorität über der Kirche und die Ehemänner als Autorität über ihren Frauen.

Ihre Hauptrollen und Verantwortungen
Piper beschreibt die „reife Weiblichkeit" als *„befreiende Veranlagung, die Kraft und Leiterschaft von würdigen Männern zu bestätigen, zu empfangen und zu nähren..."*[4]. Es geht darum, wozu Gott Frauen geschaffen hat – nicht um das, was die Meinung der Bevölkerung vorgibt, das sie sein soll oder um das, wozu die Sünde sie geführt hat.

„Ergebung ist die Herzenshaltung, die sagt: ‚Ich respektiere Dich als meinen Ehemann und erkenne die Leiterschaft an, zu der Gott Dich in unserer Ehe berufen hat. Ich möchte mich hinter diese Leiterschaft stellen, Deiner Führung folgen und Dein Partner auf unserer gemeinsamen Ehe-Reise sein. An erster Stelle ergebe ich mich Gott und Er hat mich gebeten, mich Dir unterzuordnen. Ich tue das gerne und auf ähnliche Weise, wie ich mich Jesus auf meinem geistlichen Weg ergebe."[5]

Zur biblischen Rolle einer Ehefrau gehört:

1) Eine wachsende Verbindlichkeit gegenüber Jesus Christus als Herrn ihres Lebens und ihrem ultimativen Schöpfer und Beschützer.
2) Eine klare, biblische Sicht der reifen Männlichkeit in ihrem Ehemann und tiefer Respekt für ihn (Epheser 5,33).
3) Die vervollständigende Rolle der Hingabe in der Beziehung zwischen Ehemann und Ehefrau zu bestätigen (1. Petrus 3,1; Epheser 5,24; Kolosser 3,18; Titus 2,5), die Gott von Anfang an vorgesehen hat (1. Mose 3,16).
4) Ihre Funktion als „perfekte Ergänzung" für ihren Ehemann bereitwillig anzunehmen (eine Handlungs- und Haltungssache). Dabei ihre Gaben zur Unterstützung seiner Leiterschaft im Rahmen der Gehorsamkeit Gott gegenüber einzusetzen, um ihm behilflich zu sein, seine göttliche

Berufung zu erfüllen und Gott zu verherrlichen (1. Mose 2,18; Sprüche 12,4; Epheser 5,25-29).
5) Eine nicht-direktive Vorgehensweise, um ihren Ehemann zu beeinflussen und zu leiten. (Ein Beispiel für diese Beeinflussungsweise findet sich in 1. Samuel 25,23-35, wo wir beobachten, wie Abigajil ihren Ehemann respektvoll darum bittet, seine Meinung zu ändern).
6) Eine gewinnende und bestätigende Einstellung gegenüber ihrem Ehemann und die Erkenntnis, dass die Stärke ihres Ehemannes durch ihre eigene Schwäche hervorgehoben wird. Dies sollte aus einem *„sanften und stillen Geist, der vor Gott sehr köstlich ist"* (1. Petrus 3,4, Elberfelder Übersetzung), kommen. Die Vernachlässigung dieser Methode führt oft zu Passivität oder Wut seitens des Ehemannes (1. Petrus 3,4).
7) Die Verwendung ihrer geistlichen Gaben, um dem Leib Christi zu dienen, jüngere Frauen zu lehren (Titus 2,3-5) und anderen zu dienen (Apostelgeschichte 18,26; Römer 16,1).
8) Die Bereitschaft, der Führung ihres Ehemannes zu folgen und ein Verlangen danach, aus der Ehrfurcht für Christus (Epheser 5,21; Titus 2,5) seiner Leiterschaft *„wie es sich im Herrn ziemt"* (Kolosser 3,18), mit *„Ehrfurcht"* (Epheser 5,33) und *„in allem"* (Epheser 5,24) zu folgen.
9) Gutes Verwalten ihres Haushaltes (Sprüche 31; Titus 2,5; 1. Timotheus 5,14).
10) Treu ihren Ehemann und ihre Kinder zu lieben (Titus 2,4-5).
11) Auf verschiedene Arten für die Nöte ihrer Familie, innerhalb und außerhalb des Hauses, zu sorgen. Sie soll ihrer Hauptberufung, für die Familie zu sorgen (Titus 2,4-5), treu bleiben, während es ihr zudem möglich ist, ihre Gaben und Talente in den verschiedenen Phasen ihres Ehelebens außerhalb des Hauses einzubringen (Sprüche 31).
12) Eine Bereitschaft, auf die Früchte ihrer Arbeit zu warten, die im Leben ihrer Kinder, wenn sie älter werden, und beim Herrn in der Ewigkeit sichtbar werden.

Gemeinsame Aufgaben des Ehemannes und der Ehefrau

1) Einander in Liebe dienen (Galater 5,13).

2) Keine sexuelle Verweigerung dem anderen gegenüber (1. Korinther 7,3-5).
3) Gegenseitige Abhängigkeit (1. Korinther 11,11).
4) Durch Gespräch, Gebet und das Suchen nach Führung im Wort Gottes Entscheidungen treffen, die für beide Seiten zufriedenstellend sind.
5) Ihren Kindern beizubringen, Gott zu ehren und zu gehorchen (Epheser 6,4). Sprüche 22,6 sagt: *„Gewöhne den Knaben an den Weg, den er gehen soll, so wird er nicht davon weichen, wenn er alt wird"* (Schlachter Übersetzung).
6) Als Mitglieder der Kirche seid Ihr dazu berufen, Euch einander unterzuordnen (Epheser 5,21), einander hingegeben zu sein und den anderen höher als sich selbst zu achten (Römer 12,10). Das wird dafür sorgen, dass Ordnung und Harmonie auch in der Kirche erhalten bleiben.

„So sah Gottes Plan aus, bevor es Sünde in der Welt gab: der sündenfreie Mann, voller Liebe, in seiner sanften, starken Leiterschaft in Beziehung mit der Frau; und die sündenfreie Frau, voller Liebe, in ihrer freudigen und reagierenden Unterstützung der Leiterschaft des Mannes. Ohne Herabsetzung von Seiten des Mannes, ohne Herumkriechen der Frau. Zwei intelligente, demütige, von Gott bewohnte Wesen, die ihren einzigartigen und verschiedenen Verantwortungen in wunderschöner Harmonie nachgehen. Die Sünde hat diese Bestimmung auf jeder Ebene verzerrt. Wir sind nicht mehr frei von Sünde. Aber wir glauben, dass die Wiederherstellung reifer Männlichkeit und Weiblichkeit, durch die Kraft von Gottes Geist, durch den Glauben in Seine Versprechen und durch Gehorsam zu Seinem Wort, möglich ist. Wenn der Ehemann das Zuhause wie Christus leitet und die Ehefrau wie die Braut Christi reagiert, bestehen Harmonie und Gegenseitigkeit, die schöner und erfüllender sind, als alle von Menschen erschaffenen Ehe-Modelle."[6]

Von christlichen Paaren soll niemals gesagt werden: *„Mein Volk geht zugrunde aus Mangel an Erkenntnis; denn Du hast die Erkenntnis verworfen, darum will ich auch Dich verwerfen, dass Du nicht mehr mein Priester seist; und weil Du das Gesetz Deines Gottes vergessen hast, will auch ich Deine Kinder vergessen"* (Hosea 4,6, Schlachter Übersetzung).

In jeder erfolgreichen Gruppe gibt es nur eine Person, die die endgültige Verantwortung trägt. In einem Land gibt es nur einen

Präsidenten und in einem Unternehmen nur einen Hauptgeschäftsführer. Um erfolgreich zu sein, muss der oberste Leiter auch die zugehörige Autorität haben.

Nimmt eine Ehefrau die Verantwortung ihres Ehemanns ohne die von Gott gegebene Autorität für sich in Anspruch, wird der Ehemann Zuhause zu Passivität neigen – und alle werden darunter leiden. Das Verlangen der Ehefrau, über ihren Ehemann zu herrschen, ist eine Folge des Fluches in 1. Mose 3,16 und damit etwas, vor dem sich Ehefrauen schützen müssen.

> Verantwortung ohne Autorität = Versagen, Enttäuschung, ein passiver Ehemann und schließlich emotionales und/oder körperliches Entziehen.

Gott hat den Ehemännern die Verantwortung und auch die damit einhergehende Autorität gegeben, um Ehen und das familiäre Zuhause erfolgreich zu führen.

Gott hat den Ehemännern Autorität gegeben, um mit der dazugehörigen Verantwortung zu leiten – und ein Ehemann wird sich vor Gott dafür verantworten müssen, wie er diese Rolle erfüllt hat. Wenn er ohne ein tiefes Verantwortungsgefühl gegenüber Gott agiert, wird er zu einem unerträglichen „Monster" werden. Alle leiden darunter, wenn ein Ehemann seine Beziehung mit Gott vernachlässigt.

> Autorität ohne Verantwortung gegenüber Gott = „Monster"

Unausgewogenheit vermeiden
Gott hat geplant, dass sich diese Rollen gegenseitig vervollständigen. Die eine Rolle ist ohne die andere unvollständig. Probleme können schnell aufkommen, wenn die Rollen nicht klar definiert sind, zu streng sind, oder wenn einer der beiden Partner mit seinen oder ihren Aufgaben nicht verantwortlich umgeht. Wenn zum Beispiel ein Partner alle Entscheidungen trifft und die komplette

Kontrolle besitzt, ist die Ehe unausgewogen. Vermeidet hingegen ein Partner das Übernehmen seiner Verantwortungen, schiebt diese auf die lange Bank oder bringt seine Aufgaben nicht zu Ende, ist die Ehe genauso unausgewogen.

Ehefrauen können sich ihren Ehemännern leichter ergeben/unterordnen, wenn die Ehemänner ihre Ehefrauen mit der aufopfernden Liebe lieben, die Christus auf der Erde vorgelebt hat. Ebenso können die Ehemänner ihren Ehefrauen leichter Liebe und Zuneigung entgegenbringen, wenn sie sich respektiert und geachtet fühlen.

Um Probleme in diesen Bereichen zu vermeiden, dürft Ihr nicht vergessen, mit Eurem Ehepartner „Rücksprache zu halten" und zu besprechen, wie Ihr Euch beide mit der Aufteilung der Verantwortungen innerhalb der Ehe fühlt. Sollten Probleme aufkommen, kann klare, proaktive Kommunikation Euch helfen, damit umzugehen. Siehe hierzu Kapitel 6.

Umgang mit einem ungläubigen oder weltlich orientierten Ehepartner

Die Ehefrau eines Mannes, der in einem Zustand der Sünde lebt, kann durch ihre Haltung und Einstellung zeigen, dass ihr nicht daran gelegen ist, seiner Leitung zu widerstehen – dass sie jedoch im Gebet freudig auf den Tag wartet, an dem er von seiner Sünde umkehren und aus seiner Gefangenschaft befreit wird und sie dann Jesus gemäß leitet.

Wenn eine Frau den bestmöglichsten Einfluss auf das Leben ihres noch nicht erretteten Ehemanns haben möchte, sollte sie in den Bereichen, die nicht in Konflikt mit Gottes Wort geraten, eine ergebene Ehefrau sein. Die demütige und sanfte Hingabe einer christlichen Frau gegenüber ihrem unerlösten Ehemann ist ihr kraftvollstes Evangelisationswerkzeug. Denn 1. Petrus 3,1-2 sagt: *„Desgleichen sollt Ihr Frauen Euch Euren Männern unterordnen, damit auch die, die nicht an das Wort glauben, durch das Leben ihrer Frauen ohne Worte gewonnen werden, wenn sie sehen, wie Ihr in Reinheit und Gottesfurcht lebt"* (Luther Übersetzung). Obwohl dies mit Sicherheit herausfordernd ist, können ihr die Entwicklung einer engen Verbindung mit dem Herrn und eine Gruppe unterstützender, reifer, gottesfürchtiger Frauen dabei helfen, in dieser Situation durchzuhalten.

Wie sieht die Verantwortung eines christlichen Ehemanns gegenüber einer noch nicht erretteten Ehefrau aus? Welche Haltung sollte er einnehmen? Laut 1. Petrus 3,7, sollen Ehemänner *„im Umgang mit [ihren] Frauen rücksichtsvoll sein...".* Das bedeutet, dass er feinfühlig mit ihren Bedürfnissen und Gefühlen umgeht. Er soll ein sensibler, aufopfernder Leiter für sie sein, auch wenn sie nichts mit Christus zu tun haben möchte. Er soll sie schätzen, beschützen und eine tiefe, sanfte Intimität mit ihr erhalten, wie wir es in Epheser 5 lernen.

Vorherrschende Ansichten über die Rollen zuhause und der Kirche[7]

1) *Gleichberechtigt (feministisch)*: Es gibt keine klare Trennung zwischen den Rollen von Männern und Frauen, weder zuhause noch in der Kirche.
2) *Vervollständigend (gemäßigt)*: Männer und Frauen werden in jedem Bereich ihres Lebens und ihres Dienstes als Partner angesehen. Während sie als gleichermaßen wertvoll gelten, haben Männer und Frauen, sowohl zuhause als auch in der Kirche, unterschiedliche und komplementäre Geschlechterrollen.
3) *Hierarchisch (chauvinistisch)*: Den Frauen wird nicht nur befohlen, der männlichen Leiterschaft zu folgen, sondern sie haben den männlichen Leitern auch nichts zu sagen. In diesem Fall stehen die Frauen häufig auf chauvinistische Weise unter der Gewalt der Männer, was einen diametralen Gegensatz des gleichberechtigten Feminismus darstellt.

Auch nach 75 addierten Ehejahren stehen wir hinsichtlich der Rollen des Ehemannes und der Frau innerhalb der Ehe weiterhin hinter der Ansicht der Vervollständigung. Wir ermutigen Euch als Mentoren dazu, „nicht dem zu folgen, was *wir*, basierend auf unseren vorgefassten Ansichten, Vorlieben oder tradierten Werten darüber denken, wie die Ehe oder Familie sein sollte, sondern das zu glauben, was uns die *Heilige Schrift selbst* über diese Einrichtungen sagt."[8]

Paarübungen

1) Besprecht die folgenden Fragen:

- Wie reagiert Ihr auf die oben erwähnten biblischen Rollen und Verantwortungen?
- Habt Ihr erlebt, dass diese Rollen bisher gut umgesetzt worden sind? Sind diese Rollen missbraucht oder missachtet worden?
- In welchen Bereichen der Eherollen stimmt Ihr überein? In welchen Bereichen müsst Ihr Euch noch einigen?

2) Besprecht das Kapitel 31 der Sprüche, welches die Handlungen und Reaktionen eines gottesfürchtigen Paares in den verschiedenen Phasen seines Ehelebens beschreibt. Welche dieser Phasen fallen Euch leicht? Welche fallen Euch schwer?

Die Frau nach dem Vorbild von Sprüche 31
- Ist eine geachtete Partnerin (Vers 10).
- Nährt das Selbstvertrauen ihres Ehemannes (Vers 11).
- Spricht gut über ihren Ehemann und tut ihm Gutes (Vers 12).
- Arbeitet hart und mit einer guten Einstellung (Verse 13, 17, 18, 24, 27).
- Besorgt und bereitet gutes Essen für ihre Familie zu (Verse 14 und 15).
- Ist freundlich und produktiv (Vers 15).
- Geht weise und erfolgreich mit Geld um (Verse 16 und 18).
- Ist voller Energie (Vers 17 und 25).
- Ist gegenüber armen Menschen freundlich und großzügig (Vers 20).
- Befähigt ihren Ehemann dazu, ein respektierter Leiter zu sein (Verse 23 und 27).
- Bereitet sich mutig auf die Zukunft der Familie vor (Verse 21 und 25).
- Ist eine starke, würdige und weise Lehrerin (Vers 26).
- Verwaltet die Angelegenheiten ihres Haushalts (Vers 27).
- Verdient Lob (Verse 28, 29, 31).

- Verliert sich nicht in ihrer äußeren Schönheit, sondern pflegt gottgefällige, innere Schönheit (Vers 30).
- Ehrt den Herrn (Vers 30).
- Ist hoch angesehen (Vers 31).

Der Mann nach dem Vorbild von Sprüche 31
- Hat Vertrauen in seine Ehefrau (Vers 11).
- Baut eine starke Ehe (Vers 12).
- Wird von der Gesellschaft geachtet und für weise und gerecht gehalten (Vers 23).
- Ist ein gutes Vorbild für seine Kinder (Vers 28).
- Ermutigt seine Frau, indem er sie lobt (Vers 28).

Gesprächsanregungen
Wie wollt Ihr Eure berufliche Entwicklung und andere (häusliche) Verantwortungsbereiche bzw. Tätigkeiten handhaben? Bevor Ihr Kinder habt? Nachdem Ihr Zuwachs bekommen habt?
1) Wie wollt Ihr gültige Entscheidungen treffen, falls es zu Konflikten zwischen Euren Rollen und Verantwortungen in der Familie kommt?
2) Wann und wie werdet Ihr Eure Rollen und Verantwortungen anpassen, falls sich Eure Lebenssituation verändert?
3) Welche Entscheidungen werdet Ihr unabhängig voneinander oder welche nur nach Befragen des anderen treffen?
4) Wie empfindet Ihr die biblischen Rollen, die in diesem Kapitel vorgestellt wurden? Gibt es Bereiche, mit denen Ihr hadert oder mit denen ihr nicht übereinstimmen könnt?
5) Welche Arbeiten wird der Ehemann und welche die Ehefrau im Haushalt übernehmen?
6) Wie werdet Ihr mit der Leitung durch das Familienoberhaupt und Unterordnung in Eurer Ehe umgehen?

Biblische Bezugsquellen
Matthäus 20,26-27: *„…Wer unter Euch groß sein will, soll Euer Diener sein, und wer an erster Stelle stehen will, soll Euch Sklavendienste leisten." (Gute Nachricht Bibel)*
Sprüche 12,15: *„Der Weg des Narren ist richtig in seinen Augen, aber ein Weiser hört auf guten Rat." (Schlachter 2000)*

Sprüche 19,20: *„Höre auf guten Rat und nimm Zurechtweisung an, damit Du für den Rest Deines Lebens weise wirst." (Neues Leben Bibel)*

Buchempfehlungen in deutscher Sprache

Eggerichs, Emerson: <u>Liebe & Respekt</u>. *Die Nähe, nach der sie sich sehnt – Die Anerkennung, die er sich wünscht.* Gerth Medien, Asslar 2011.

Buchempfehlungen in englischer Sprache
Für Sie

Chervin, Ronda. *Feminine, Free, and Faithful.* San Francisco: Ignatius, 1986.

Für Ihn/Für beide

Köstenberger, Andreas J., and Jones, David W. *God, Marriage & Family: Rebuilding the Biblical Foundation.* Wheaton, IL: Crossway, 2004.

Piper, John, and Grudem, Wayne A. *Recovering Biblical Manhood and Womanhood: A Response to Evangelical Feminism.* Wheaton, IL: Crossway, 1991.

KAPITEL 25

Entscheidungsfindung

Einführung
Wenn zwei junge Menschen heiraten, sind beide oft soeben erst von zuhause ausgezogen. Deshalb sind sie es gewohnt, schwierige Entscheidungen entweder für sich allein zu treffen oder den Entscheidungsprozess ihren Eltern zu überlassen. Erfahrenere Paare, insbesondere diejenigen, die (aus welchem Grund auch immer) lange alleinstehend waren, sind in ihrem Denken gefestigt und daran gewöhnt, Entscheidungen zu treffen, die allein auf ihren eigenen, ganz persönlichen Wünschen und Bedürfnissen basieren.

Für jüngere Ehepaare ist das von den Eltern unabhängige Treffen von Entscheidungen Teil des „Verlassens und Bindens" (1. Mose 2,24). Dies ist eine neue Vorgehensweise und wird folglich eine Veränderung der alten Gewohnheit erfordern, Eltern oder WG-Partner in das Treffen von Entscheidungen mit einzubeziehen.

Innerhalb der Ehe werden Entscheidungen getroffen, indem man zuerst Rücksicht auf seinen Ehepartner nimmt. Du musst die Entscheidungsabsicht mit Deinem Ehepartner besprechen und Rücksicht darauf nehmen, welche Gefühle das bei Deinem Partner hervorrufen wird und welchen Einfluss es auf ihn haben wird.

Ein Beispiel für eine schwierige Entscheidung, der sich ein Paar stellen muss, ist die Feiertags- und Ferienplanung und die gemeinsam verbrachte Zeit mit den jeweiligen Schwiegereltern. Eine solche Entscheidung kann noch schwerer werden, wenn die Familienmitglieder nicht in der Nähe wohnen. Problematisch ist es auch, falls eine der Familien Druck auf das Paar ausübt, sie zu besuchen und Zeit mit ihnen zu verbringen. Egal, ob dieser Druck bewusst oder unbewusst ausgeübt wird, bringt er das Paar in eine schwierige Lage. Derartige Entscheidungen erfordern Kompromisse und Flexibilität. Im Endeffekt muss jedes Paar das Vorgehen selbst bestimmen.

Ziele dieser Mentoring-Einheit sind:
1) Den Paaren dabei zu helfen, Gottes Prinzip von Entscheidungsfindung zu verstehen.
2) Den Paaren dabei zu helfen, die verschiedenen Verantwortungsbereiche bei der Entscheidungsfindung zu erkennen.
3) Eine Reihenfolge von Schritten aufzuzeigen, die das Paar in Entscheidungssituationen verwenden kann.

Gängige Schwierigkeiten im Zusammenhang mit Entscheidungen

1) *Pro-aktives Handeln beim Treffen von Entscheidungen.* Das Gebet ist ein entscheidender Faktor für weise Entscheidungen. Es zeigt Gehorsam gegenüber dem Willen Gottes und hinsichtlich der Führung des Heiligen Geistes. Ihr solltet als Paar darüber sprechen, wie Ihr beim Treffen von weisen Entscheidungen zusammenarbeiten werdet und wie Ihr mit Situationen umgehen werdet, in denen Ihr Euch nicht einig seid. Hier sind einige Fragen, über die Ihr nachdenken könnt:
   - Welche Entscheidungen erfordern ein Gespräch zwischen Euch beiden?
   - Welche Entscheidungen könnt Ihr treffen, ohne Euch vorher abzusprechen?
   - Was solltet Ihr tun und wen solltet Ihr um Rat bitten, falls Ihr beide Euch nicht auf eine Entscheidung einigen können solltet?

Das Besorgen kleinerer Haushaltsgegenstände sollte beispielsweise kein Gespräch zwischen dem Ehemann und der Ehefrau erfordern. Größere Anschaffungen, deren Gegenwert z.B. über € 100,- beträgt, sollten jedoch auf jeden Fall miteinander besprochen werden.

2) *Einsatz des gesunden Menschenverstands, der Logik und übernatürlicher Zeichen.* Manchmal ist es einfach, eine Entscheidung zu treffen und andere Male ist es eher schwieriger. Studiert die Prinzipien, die in Gottes Wort geschrieben stehen und handelt nach ihnen; Ihr könnt Euch sicher sein, dass der Heilige Geist Euch führen

wird. Ihr müsst bei der Entscheidungsfindung eine Balance zwischen den übernatürlichen Zeichen und weltlicher Weisheit finden. Zu viel des einen kann ein wahres Verständnis von Gottes Wegen verhindern.

3) *Aufsuchen von Rat.* Ihr könnt verschiedene Einzelpersonen für verschiedene Entscheidungsbereiche auswählen. Denkt aber immer daran, dass es Euch zum Besten dienen wird, wenn Ihr bei denen Rat sucht, die schon länger eine Beziehung mit Jesus Christus haben, weise sind und Euch auf der Grundlage der biblischen Prinzipien beraten– auch wenn es nicht immer das ist, was Ihr hören wollt.

4) *Freiheit und Verantwortung.* Wir dürfen niemals vergessen, dass Gott die Bibel auf beliebige Art hätte schreiben können. Das heißt, Er hätte sie auch in einem anderen Stil schreiben können, beispielsweise als ein Schulbuch, um uns zu lehren. Er hätte alles in verschiedene Bereiche aufteilen können, wie zum Beispiel die Kindeserziehung, Jobsuche, Wahl einer Hochschule, Anschaffung neuer Haushaltsgeräte etc. Aber Er hat sich dagegen entschieden, auf diese Weise zu lehren. Stattdessen hat uns Gott in Seiner Schrift Richtlinien und Prinzipien offenbart, die uns beibringen, was wir tun und nicht tun sollen. Gott hat dem Menschen den freien Willen geschenkt. Wir sind weder dazu erschaffen worden, Roboter zu sein, die keine Fähigkeit besitzen, Entscheidungen zu treffen, noch dazu, moralisch freie Agenten ohne Sinn für Richtig und Falsch zu sein. Entscheidet Ihr Euch dazu, Eure Leben anhand von Gottes Prinzipien zu führen, könnt Ihr Euch sicher sein, dass Er Eure Anliegen beachten wird, die Ihr mit demütigem Herzen erbeten habt.

5) *Herauszufinden, was wichtig ist: Vorlieben, kulturelle Normen, Organisationsnormen und Regeln.* Die untenstehende Grafik hilft beim Vergegenwärtigen der verschiedenen Entscheidungsebenen, denen Ihr in Eurer Ehe begegnen werdet. Es wird manches Problem geben,

das Ihr in verschiedenen Ebenen dieser Pyramide einordnen werdet. Einigt Euch auf die Wichtigkeit Eurer Entscheidung, bevor Ihr diese mit dem Ziel der gemeinsamen Lösung besprecht. Sollte einer von Euch die Entscheidung für sehr wichtig und der andere für nicht so wichtig halten, könnte Eure gemeinsame Unterhaltung über eine Einigung übel enden. Für das Endergebnis wird es von Vorteil sein, wenn Ihr Euch zuerst auf die Wichtigkeit einigt.

QUELLE: Übernommen von „Apostolic Christian Counseling and Family Services"[1]

Nachfolgend ist jede Ebene beschrieben:
Vorlieben – sind persönliche Optionen, Entscheidungen und Vorlieben. Zu den Entscheidungen der persönlichen Vorlieben gehören Dinge wie beispielsweise Dein Leibgericht im Restaurant und Deine bevorzugte Autofarbe. Solltet Ihr Euch bei solchen Aspekten des Lebens uneinig sein, liegt keiner von Euch richtig oder falsch.

Hausordnung – besteht aus Verhaltensregeln, die von Paaren, Familien oder Gruppen eng verwandter Menschen eingeführt worden sind. In einer Familie haben die Eltern das Privileg und das Recht, die Hausordnung zu erstellen.

Andere Eltern mögen den gewählten Regeln widersprechen, aber jedes Elternpaar muss selbst darüber entscheiden, was es als das beste für sein eigenes Zuhause und seine Familie erachtet. Ein Elternpaar legt beispielsweise 21:30 Uhr als Ausgehsperre fest und ein anderes Paar entscheidet sich für 22:00 Uhr. Wer hat recht und wer hat unrecht? In solchen vergleichenden Fragen niemand.

Organisationsnormen – sind Maßstäbe für das Auftreten, Verhalten, Kleidung und Teilnahme oder Nicht-Teilnahme an Aktivitäten, die von Unternehmen, Kirchen und sozialen Organisationen eingeführt worden sind. Auf dieser Ebene befinden sich viele Kirchenbräuche, Traditionen und Gepflogenheiten.

Biblische Grundregeln –sind die moralischen Gesetze Gottes, die in Seinem Wort als Prinzipien oder Regeln aufgeführt werden. Sie sind für jeden, überall und jeden Tag wahr! *„Du sollst nicht Ehe brechen"* in den Zehn Geboten (2. Mose 20,14) ist zum Beispiel eine biblische Grundregel. Ehebruch ist in Gottes Augen eine Sünde – Punkt. Dies hat, seit Sein Wort niedergeschrieben wurde, immer der Wahrheit entsprochen, ist heute wahr und wird es auch bleiben, solange die Welt besteht.

Jede Ebene der obenstehenden Pyramide hat eine unterschiedliche Autorität. Die Autorität der biblischen Prinzipien ist beispielsweise Gottes Wort, die Organisation bestimmt die Organisationsnormen und die Eltern bestimmen die Hausordnung. In einer Ehe sollte das Paar gemeinsam über die Hausordnung entscheiden, anstatt es der Entscheidung eines Einzelnen zu überlassen.

Jeder Ehepartner sollte die Meinung des anderen im Gebet und mit Respekt berücksichtigen.

Vergegenwärtigt Euch Eure eigene Lebenserfahrung und bindet diese ein

Berichtet dem Paar von dem Einfluss, den Gott auf die Entscheidungsfindung in Eurer Ehe hatte. Welche Entscheidung war die schwierigste? Welchen geistlichen Entscheidungen musstet Ihr

Euch gemeinsam stellen? Wie habt Ihr sie bestanden? Gibt es etwas, das Ihr heute anders machen würdet?

Paarübungen2
Im Folgenden findet Ihr ein Anwendungsbeispiel für die obenstehende Pyramide in einer Entscheidung über die Bildung Eurer Kinder. Besprecht diese mit Euren Mentees und wendet diese Vorgehensweise dann für eine Situation an, der sie sich stellen müssen.

1) *Beginnt mit den „biblischen Grundregeln".* Fragt Euch zum Beispiel: *„Was sagt die Bibel über die Bildung von Kindern?"* Zu den Versen, die Bezug auf die Kindererziehung nehmen, gehören:
   „Gewöhne den Knaben an den Weg, den er gehen soll, so wird er nicht davon weichen, wenn er alt wird." (Sprüche 22,6, Schlachter Übersetzung)
   „Ihr Väter, reizt Eure Kinder nicht zum Zorn, sondern erzieht sie in der Zucht und Weisung des Herrn." (Epheser 6,4, Einheitsübersetzung)
   Es gibt einen ganz klaren biblischen Auftrag, die Kinder so zu erziehen, dass sie Gottes Wege kennen und ihnen folgen. Bedenkt aber, dass die biblischen Anweisungen nicht speziell darauf eingehen, wie Kindern Mathematik oder Geografie beigebracht oder wie ein Kind mit Lernbehinderung geschult werden soll. Folglich erhalten wir auf der Ebene der biblischen Grundregeln eine klare Anweisung über die geistliche Fürsorge von Kindern; über viele andere Aspekte der Kindeserziehung erhalten wir jedoch keine Anweisung.
2) *Bewegt Euch in der Pyramide nach oben, um Organisationsnormen zu identifizieren.* Fragt Euch: *„Hat unsere lokale Kirchengemeinde Anweisungen für die Ausbildung von Kindern zur Verfügung gestellt?"*
   Die Organisationsnorm der Kirche hat die biblische Grundregel bestätigt. Sie weist Eltern darauf hin, dass sie darüber beten und dann das auswählen sollen, was am besten zu ihrer Familie passt.

3) *Setzt mit der Erstellung der Hausordnung fort.* Fragt Euch: *„Welche Glaubenssätze wollen wir als Paar in Bezug auf die Bildung der Kinder einbinden?"*
Die Hausordnung wird vom Paar angenommen und/oder erstellt. Viele Regeln des Hauses entstehen ganz automatisch, ohne viel darüber nachdenken zu müssen. Zum Beispiel, auf welchem Stuhl jedes Familienmitglied beim Abendessen sitzt. Manchmal entstehen Hausregeln aber auch einfach aus dem, womit die Eltern in ihren eigenen Herkunftsfamilien aufgewachsen sind. Im Gegensatz dazu sind manche Regeln das Ergebnis einer bedachten Vorgehensweise, indem durch das Sammeln von Informationen, durch Gebet, Gespräch und Ratschlag eine Regel festgelegt wurde.
4) *Legt abschließend Eure Vorlieben fest.* Jeder Ehepartner hat vielleicht verschiedene Gedanken über das Wie, Wann und Wo im Hinblick auf die Ausbildung des Kindes. Diese Vorlieben sollten den Prinzipien, die sich in der Bibel befinden, unterliegen.

Sobald Ihr die biblischen Prinzipien, Organisationsnormen, Hausregeln und Eure eigenen Vorlieben bestimmt habt, habt Ihr die Grundlage für das Treffen einer guten Entscheidung gelegt.

Hinweise zur Unterstützung beim Besprechen der Entscheidungsfindung
1) Identifiziert die Entscheidung, die getroffen werden muss, ganz klar. Bittet demütig im Gebet um Gottes Führung.
2) Studiert die Bibel, um festzustellen, ob diese Entscheidung von biblischen Grundregeln betroffen ist. Falls ja, dann folgt den Prinzipien, die in der Bibel erklärt werden.
3) Falls die Entscheidung keinen Bezug zu biblischen Grundregeln haben sollte oder falls die Bibel keine konkrete Anweisung oder kein Prinzip passend zu dieser Entscheidung liefert, dann schaut nach, ob die Kirche darüber lehrt oder Anweisungen darüber gibt, wie vorgegangen werden soll.
4) Bittet jemanden um Rat, der über geistliche Reife verfügt und von dem Ihr wisst, dass er sich auf dem Gebiet, auf dem Ihr Rat sucht, auskennt oder spezialisiert hat.

5) Seid Euch darüber bewusst, dass es bei manchen Entscheidungen und persönlichen Vorlieben mehrere Optionen gibt, bei denen jede von Gott zulässig sein kann. Wendet Euch in solchen Fällen an eine höhere Autorität, um bei der Entscheidungsfindung zu helfen. In diesen Fällen könnt Ihr biblische Prinzipien der Weisheit verwenden, um eine Entscheidung zu treffen.
6) Identifiziert die Bedürfnisse derer, die von der Entscheidung beeinflusst werden. Nehmt Rücksicht auf das Gleichgewicht der geistlichen und emotionalen Folgen der Entscheidung.
7) Denkt über die kurzzeitige und über die langfristige Auswirkung Einfluss jeder Option nach.
8) Bewertet die Vor- und Nachteile von verschiedenen Aspekten der Entscheidung.
9) Bedenkt: Nur weil etwas einfach oder reibungslos passiert, muss es nicht heißen, dass es gut oder richtig ist. Nur weil etwas schwierig ist, muss es auch nicht unbedingt bedeuten, dass es schlecht ist.
10) Führt Eure Wahl aus.
11) Führt nach einer Weile eine erneute Bewertung der tatsächlichen Auswirkungen Eurer Entscheidung durch.

Gesprächsanregungen

1) Wie triffst Du wichtige Lebensentscheidungen? Welche Kriterien verwendest Du normalerweise?
2) In welcher Rolle siehst Du Deinen Partner, wenn Du wichtige Entscheidungen treffen musst?
3) Wie gedenkt Ihr solche Situationen zu lösen, in denen Ihr beide starke Ansichten habt und Euch nicht auf eine Vorgehensweise einigen könnt?

Biblische Bezugsquellen

Philipper 4,6-7: *„Macht Euch um nichts Sorgen! Wendet Euch vielmehr in jeder Lage mit Bitten und Flehen und voll Dankbarkeit an Gott und bringt Eure Anliegen vor Ihn.*

Dann wird der Frieden Gottes, der alles Verstehen übersteigt, über Euren Gedanken wachen und Euch in Eurem Innersten bewahren – Euch, die Ihr mit Jesus Christus verbunden seid." (Neue Genfer Übersetzung)

Sprüche 13,10: *„Stolz führt zu Streit; weise ist, wer guten Rat annimmt."* (Neues Leben Bibel)

Josua 24,15: *„Wenn es Euch aber nicht gefällt, dem Herrn zu dienen, so erwählt Euch heute, wem Ihr dienen wollt: den Göttern, denen Eure Väter jenseits des Stromes gedient haben, oder den Göttern der Amoriter, in deren Land Ihr wohnt. Ich aber und mein Haus, wir wollen dem Herrn dienen!"* (Schlachter 2000)

Philipper 2,3-4: *„Tut nichts aus Selbstsucht oder nichtigem Ehrgeiz, sondern in Demut achte einer den anderen höher als sich selbst. Jeder schaue nicht auf das Seine, sondern jeder auf das des anderen."* (Schlachter 2000)

Buchempfehlungen in deutscher Sprache

Chapman, Gary: *Streithähne und Turteltauben*. An Konflikten reifen. Francke Buchhandlung, Marburg 2008.

Cloud, Henry: *Liebe braucht Grenzen*. Wie Sie Ihre Partnerschaft durch gesunde Grenzen bereichern. Gerth Medien, Asslar 2010.

Mack, Cornelia: *Kleiner Unterschied, große Wirkung: So verstehen sich Mann und Frau*. SCM Hänssler, Holzgerlingen 2011.

Ruthe, Reinhold: *Duett statt Duell*. Wie eine Ehe und Partnerschaft gelingen. Concept Leben, Eicklingen 2011.

KAPITEL 26

Überzeugungen im Glauben und gemeinsame geistliche Entwicklung

Einführung
Größtmögliche Freude, Erfüllung und Segen sind nur dann möglich, wenn das Paar mit Gott im Einklang steht und beide geistlich gesehen auf der gleichen Wellenlänge liegen. In diesem Kapitel werden wir uns auf die folgenden Bereiche des Glaubens konzentrieren:

1) Themenfelder, die man im Hinblick auf Unterschiede im Glauben beachten sollte.
2) Wie man eine persönliche Beziehung mit Jesus Christus führt.

Gängige Schwierigkeiten im Zusammenhang mit geistlichen Überzeugungen
Paare neigen zu Problemen in den folgenden Bereichen:

1) Uneinigkeit bei grundlegenden geistlichen Themen oder Überzeugungen.
2) Verharmlosung der Wichtigkeit ihrer geistlichen Unterschiede oder der geringeren Verbindlichkeit eines Partners gegenüber Gott.
3) Eine Bereitschaft, getrennte geistliche Leben zu führen, ohne die möglichen Auswirkung auf ihre Beziehung und Kinder in Betracht zu ziehen.

Vergegenwärtigt Euch Eure eigene Lebenserfahrung und bindet diese ein
Erzählt dem Paar von Eurem geistlichen Hintergrund. Wie seid Ihr zum Glauben an Jesus Christus gekommen? Welchen Einfluss hat

Eure persönliche Beziehung mit Jesus auf Eure Ehe - damals und heute?

Tipps zum Besprechen des Themas „geistliche Entwicklung"
Es sollte den Paaren ein Anliegen sein, die eventuell negativen Auswirkungen der Unterschiede ihrer geistlichen Überzeugungen auf ihr Leben und ihre Ehe zu reduzieren. Falls Unterschiede vorliegen, ist es vernünftig, die folgenden Themenbereiche mit Euren Mentees zu besprechen, bevor sie in ihre Ehe einsteigen:

1) Identifiziert die Überzeugungen, die Euch sehr wichtig sind. Sind dies Bereiche, die nicht verhandelbar sind? Bei welchen Themen besteht Kompromissbereitschaft?
2) Welche geistlichen Überzeugungen und Gewohnheiten möchtet Ihr an Eure Kinder weitergeben? Wird sich Dein Ehepartner verpflichten, dies zu unterstützen? Was passiert, falls Euer Partner seine Meinung ändern sollte?
3) Welchen Einfluss haben Eure geistlichen Überzeugungen auf die jeweils persönlichen Ansichten über Ehe, Rollen, Prioritäten, das Treffen von finanziellen Entscheidungen, Elterndasein und Erziehung?
4) Von welchen Werten, Überzeugungen oder Vorlieben könntet Ihr Euch vorstellen, zum Wohl Eurer Ehe abzuweichen?
5) Werdet Ihr von Euren beiden Elternpaaren unterstützt? Wie wichtig sind geistliche Überzeugungen für jedes der Paare? Ist es wahrscheinlich, dass sie sich in Eure Entscheidungen für oder gegen geistliche Praktiken einmischen?

Einigt Euch darauf, keinen gegenseitigen Druck aufeinander auszuüben oder Dinge und Verpflichtungen abzuändern, bevor Ihr gemeinsam dazu bereit seid. Selbst falls dies bedeuten würde, Eure Hochzeit aufzuschieben.

Wie führe ich eine persönliche Beziehung mit Jesus Christus?
Sollte eine oder beide der Personen, die Ihr als Mentoren begleitet, keine persönliche Beziehung mit Jesus Christus haben, könnt Ihr die folgende Übersicht als Leitfaden verwenden, anhand dem Ihr ihnen zeigen könnt, wie sie diese Art von Beziehung führen können und

wie sie davon profitieren, wenn sie sie zum Zentrum ihrer Ehe machen.

1) Unsere Sünde hat uns von Gott getrennt.

Gott liebt Dich und hat einen besonderen Plan für Dein Leben und Deine Ehe. Jedoch gibt es ein Problem in jedem unserer Leben, das Sünde heißt.

Wir haben alle gesündigt und sind folglich von einem heiligen und gerechten Gott getrennt. Aus diesem Grund können wir Gottes Liebe und Plan für unser Leben (dazu gehören auch Seine Pläne für Deine Ehe) durch unser eigenes Bemühen weder erkennen, noch umsetzen.

„Denn alle Menschen haben gesündigt und das Leben in der Herrlichkeit Gottes verloren." (Römer 3,23, Neues Leben Bibel)

„Nein, Eure Sünden sind eine Schranke, die Euch von Gott trennt." (Jesaja 59,2a. Neues Leben Bibel)

„Denn wer das ganze Gesetz hält, sich aber in einem verfehlt, der ist in allem schuldig geworden." (Jakobus 2,10, Schlachter 2000)

„Denn der Lohn der Sünde ist der Tod; das unverdiente Geschenk Gottes dagegen ist das ewige Leben durch Christus Jesus, unseren Herrn." (Römer 6,23, Neues Leben Bibel)

Jesus Christus ist Gottes einzige Wiedergutmachung für unsere Sünde. Durch Ihn kannst Du Gottes Liebe und Seinen Plan für Dein Leben erkennen und umsetzen.

2) Jesus ist für Dich gestorben.

„Wir alle gingen in die Irre wie Schafe. Jeder ging seinen eigenen Weg. Doch ihn ließ der Herr die Schuld von uns allen treffen." (Jesaja 53,6, Neues Leben Bibel)

„Denn Er hat den, der von keiner Sünde wusste, für uns zur Sünde gemacht, damit wir in Ihm [zur] Gerechtigkeit Gottes würden." (2. Korinther 5,21, Schlachter 2000)

„Gott aber hat uns Seine große Liebe gerade dadurch bewiesen, dass Christus für uns starb, als wir noch Sünder waren." (Römer 5,8, Hoffnung Für Alle)

3) Jesus ist der einzige Weg (eine Brücke) zu Gott.
„Jesus sagte zu ihm: ‚Ich bin der Weg, die Wahrheit und das Leben. Niemand kommt zum Vater außer durch mich.'"
(Johannes 14,6, Neues Leben Bibel)

4) Auch unsere „guten Taten" werden uns nicht retten.
„Weil Gott so gnädig ist, hat Er Euch durch den Glauben gerettet. Und das ist nicht Euer Verdienst; es ist ein Geschenk Gottes. Ihr werdet also nicht aufgrund Eurer guten Taten gerettet, damit sich niemand etwas darauf einbilden kann."
(Epheser 2,8-9, Neues Leben Bibel)

5) Wir müssen unsere Sünden gegenüber Gott bekennen, uns von ihnen abwenden und Jesus Christus als unseren persönlichen Retter und Herrn annehmen.
Dann können wir Gottes Liebe und Seinen Plan für unsere Leben erkennen und umsetzen.

„Wenn wir aber unsere Sünden bekennen, so ist Er treu und gerecht, dass Er uns die Sünden vergibt und uns reinigt von aller Ungerechtigkeit." (1. Johannes 1,9, Schlachter 2000)

„All denen jedoch, die Ihn aufnahmen und an Seinen Namen glaubten, gab Er das Recht, Gottes Kinder zu werden."
(Johannes 1,12, Neue Genfer Übersetzung)

„Merkst Du nicht, dass ich vor der Tür stehe und anklopfe? Wer meine Stimme hört und mir öffnet, zu dem werde ich hineingehen und wir werden miteinander essen – ich mit Ihm und er mit mir." (Offenbarung 3,20, Neue Genfer Übersetzung)

6) Die Bibel verspricht all denjenigen ewiges Leben, die Christus persönlich als Retter annehmen und sich dazu verpflichten, ihr Leben unter Seiner Herrschaft zu leben.
Somit kannst Du ein neues Leben beginnen (geistlich „neu geboren" werden) und *wissen*, dass Du in den Himmel kommen wirst.

„Und dies hat Gott versichert: Er hat uns das ewige Leben geschenkt und dieses Leben ist in Seinem Sohn. Wer an den Sohn Gottes glaubt, hat das Leben; wer aber an den Sohn Gottes nicht glaubt, hat auch das Leben nicht. Das schreibe ich Euch, damit Ihr wisst, dass Ihr das ewige Leben habt, weil Ihr an den Namen *des Sohnes Gottes glaubt."* (1. Johannes 5,11-13, Neues Leben Bibel)

Ermutigt Eure Mentees dazu, sich heute für die Nachfolge Christi zu entscheiden!

„Siehe, jetzt ist die Zeit der Gnade, siehe, jetzt ist der Tag des Heils!" (2. Korinther 6,2b, Luther Bibel)

7) **Wenn einer oder beide der Mentees Jesus als persönlichen Herrn und Retter annehmen möchte(n), dann bete das folgende (oder ein ähnliches) Gebet mit dieser Person.**

„Lieber Gott, ich erkenne, dass ich gegen Dich gesündigt habe und dass ich mich nicht durch meine eigenen Anstrengungen retten kann. Ich erkenne an, dass Jesus Christus am Kreuz für mich gestorben ist, um das mir geltende Urteil auf sich zu nehmen und dann von den Toten auferstanden ist, um die Schriften zu erfüllen. Ich möchte Jesus als meinen Retter annehmen. Ich wende mich jetzt von meiner Sünde ab, lade Ihn in mein Leben ein und überlasse Ihm die Herrschaft darüber, mein Herr und Retter zu sein. Bitte hilf mir, jeden Tag für Dich zu leben und ab jetzt mein Vertrauen auf Jesus allein zu setzen. Amen."

Paarübungen

Erstellt eine Liste der geistlichen Ziele, zu denen Ihr Euch einzeln und als Paar verpflichtet. Besprecht diese miteinander.

1) Berichtet von einem Zeugnis Eures Glaubens und schätzt ein, welchen Einfluss dies Eurer Meinung nach auf Eure Ehe haben wird.
2) Besprecht die Gebiete, in denen Ihr Euch das gemeinsame Dienen vorstellen könntet, sobald ihr verheiratet seid. Welche Rolle werdet Ihr jeweils beim Dienen haben?
3) Seid Ihr Euch beide auf geistlicher Ebene einig? Bauen Euch Eure Prioritäten gegenseitig auf oder sind sie Euch ein Hindernis?

Gesprächsanregungen

1) Wie gut verstehst Du die geistlichen Überzeugungen und Ansichten des anderen?

2) Wo befindest Du Dich jetzt und wo warst Du früher auf Deiner geistlichen Reise?
3) Wie sieht Gottes Rettungsplan im Vergleich zu dem, was Dir beigebracht wurde, aus?
4) Was ist die Grundlage für die Beziehung eines Menschen mit Gott?
5) Bist Du zuversichtlich, dass Ihr beide einen leidenschaftlichen, lebendigen Glauben an Jesus Christus habt?

Buchempfehlung in englischer Sprache
Graham, Billy. *How to Be Born Again*. Dallas, Texas: Word Publishing, 1989.
Eine ähnliche Überlieferung des Evangeliums ist in über 150 verschiedenen Sprachen von verschiedenen christlichen Organisationen erhältlich.[1]

KAPITEL 27

Geistliche Intimität innerhalb der Ehe

„Ein Seil aus drei Schnüren reißt nicht so schnell." (Prediger 4,12b, Hoffnung für Alle)

Einführung
Der oben erwähnte Vers zeigt uns das eindrückliche Bild eines Seils, das aus drei umeinander gewickelten Schnüren, die einen einzigen Strang bilden, entsteht. Dieses Bild symbolisiert die Stärke und Synergie einer Ehe (Ehemann, Ehefrau und Gott), wenn Gott und Sein Wort in deren Zentrum stehen.

> *„Was könnte aufregender als zwei Menschen sein, die zusammenkommen, ihre unsichere Zukunft der Bestimmung Gottes anvertrauen und von einer gemeinsamen Liebe für Seinen Sohn zusammengehalten werden? Nun, das nenne ich echte Romantik."*
>
> ~ Beth Moore[1] ~

Eine geistliche Beziehung mit Gott ist der Anfang von Intimität in der Ehe. Einer der zwölf Apostel, Johannes, schreibt: *„Liebe Freunde, weil Gott uns so sehr geliebt hat, sollen wir auch einander lieben. Niemand hat Gott je gesehen. Aber wenn wir einander lieben, dann bleibt Gott in uns und Seine Liebe kommt in uns zur Vollendung."* (1. Johannes 4,11-12, Neues Leben Bibel)

Wir werden uns in diesem Kapitel auf zwei geistliche Themen konzentrieren:

1) Die Entwicklung von geistlicher Intimität in der Ehe.
2) Die Wahl einer Kirche, um Gott zu loben und zu preisen, gemeinsam zu lernen und zu dienen.

Die Entwicklung einer starken Ehe fängt mit der Verpflichtung zur Entwicklung einer starken Beziehung mit Gott durch Jesus Christus an. Wenn wir in dieser Beziehung reifen, indem wir Gottes Wort gehorsam befolgen und Gott gemeinsam ehren, bringt der Heilige Geist geistliche Reife und Intimität in die Ehe.

„Ich bin ganz sicher, dass Gott, der Sein gutes Werk in Euch angefangen hat, damit weitermachen und es vollenden wird bis zu dem Tag, an dem Christus Jesus wiederkommt." (Philipper 1,6, Neues Leben Bibel)

Gängige Schwierigkeiten im Zusammenhang mit geistlicher Intimität
Paare neigen zu Problemen in den folgenden Bereichen:

1) Unterschiede in der Art, wie sich geistliche Überzeugungen im Leben zeigen und in der Ehe ausgelebt werden.
2) Unterschiedliche Vorlieben bei der Kirchenwahl.
3) Unsicherheit bei der Lehre von geistlichen Überzeugungen an die Kinder.

Vergegenwärtigt Euch Eure eigene Lebenserfahrung und bindet diese ein
Berichtet, was Ihr als Paar gemacht habt, um geistliche Intimität in Eurer Ehe aufzubauen. Wie haltet Ihr Euer geistliches Leben einzeln und als Paar lebendig? Gibt es rückblickend etwas, dass Ihr anders gemacht hättet?

Tipps zum Besprechen des Themas „geistliche Intimität"
Bei der geistlichen Intimität in der Ehe geht es darum, in einer Partnerschaft mit Gott zu leben, Seine Liebe, Stärke und Leiterschaft anzunehmen und diese Kraft in Eurer Ehe anzuwenden.

1) Geistliche Intimität basiert auf der Entscheidung, in Gottes Nähe zu sein, im Gehorsam, durch Gebet, Meditation in der Schrift, Gemeinschaft mit Gläubigen und im Dienst für andere (Apostelgeschichte 2,42).
2) Es geht um eine Bereitschaft, Jesus Christus zum Herrn über das Leben zu stellen (inklusive Eurer Ehe) und in all Euren Entscheidungen zu Ihm zu schauen, um Führung zu empfangen (z.B. welches Haus Ihr kaufen, welche

Berufstätigkeit Ihr annehmen und wohin Ihr in Urlaub fahren sollt oder welche Schule am besten für Eure Kinder ist) (Matthäus 7,21).
3) Habt die Bereitschaft und erlaubt Gott, dabei behilflich zu sein, jegliches Unbehagen im geistlichen Dialog miteinander zu überwinden und lernt, Eure Ehe als geistliches Abenteuer zu sehen.
4) Erkennt, dass Gott sich oft an das Paar richtet und seine Herzen verändert, so dass sie in Einigkeit stehen, anstatt nur durch einen von ihnen zu sprechen.

Sobald wir Gott in unsere Ehen einladen und erlauben, darüber regieren zu dürfen, verwandelt sich die menschliche Beziehung in eine lebenslange Bündnis-Beziehung mit Seinem Sohn Jesus. Unsere Ehe wird in ein Abenteuer andauernder Liebe und Freude verwandelt und als Geschenk unseres liebenden, himmlischen Vaters ausgelebt.

Geistliche Intimität in beginnen und aufbauen
Der Aufbau von geistlicher Intimität findet nicht automatisch statt, ist aber jede Anstrengung wert, denn geistliche Intimität:
1) ...fördert Vertrauen, Einheit und Nähe.
2) ...verringert Konflikte.
3) ...sorgt für ein sicheres, geistliches Fundament für Euer Zuhause.
4) ...hilft Euch, den Herausforderungen des Lebens standzuhalten.
5) ...stärkt Eure Ehe durch einen gemeinsamen geistlichen Schwerpunkt.
6) ...durchdringt Eure Ehe mit tiefer Hoffnung und Freude.
7) ...fördert Zuhause eine Atmosphäre der Sicherheit, des Friedens, der Liebe und der Vergebung.
8) ...legt das Fundament für den Aufbau eines großartigen geistlichen Erbes in Eurer Familie.
9) ...nimmt den Blick weg von „mir".
10) ...ermöglicht Euch, das zu erleben, was Gott für Eure Ehe vorgesehen hat.

Geistliche Intimität *passiert* nicht einfach so. Die Paare müssen gezielte Entscheidungen treffen und offen für das sein, was sich Gott für ihre Ehe wünscht.

Wo man anfängt: Gottes Nachfolger werden
Der erste und wichtigste Schritt beim Aufbau geistlicher Intimität ist das Einlassen auf eine persönliche Beziehung mit Jesus Christus. Die Übereinstimmung beider Menschen auf geistlicher Ebene ist absolut notwendig. Das bedeutet, dass beide Mentees „mit Gott im Geschäft" sein müssen – sie müssen Ihm beide ergeben sein und Ihm folgen.

Stellt Euch ein Dreieck vor. Im Idealfall steht Gott in einer christlichen Ehe-Beziehung an der Spitze und der Ehemann und die Ehefrau befinden sich auf den gegenüberliegenden Enden der horizontalen Linie. Sobald Ihr geistlich wachst, bewegt Ihr Euch nach oben näher zu Gott und als Paar enger zusammen.

Wenn die Mentees einen unterschiedlichen Glauben haben oder sich auf verschiedenen Wachstumsebenen befinden, werden sie sich nicht nur auf der Beziehungsebene voneinander entfernen, sondern auch ihr geistliches Wachstum wird wahrscheinlich stagnieren.

Unser himmlischer Vater wartet darauf, in jedes Leben und in jede Ehe eingeladen zu werden. Er möchte zu dem dritten Strang werden, von dem in Prediger 4,12 die Rede ist. Gott hat jeden von uns in Seinem Ebenbild mit einem menschlichen Geist geschaffen, damit der Mensch in Verbindung mit dem Geist des lebendigen Gottes stehen kann.

Sobald man die persönliche Beziehung mit Jesus Christus eingegangen ist, ist man bereit, die geistliche Reise mit seinem Ehepartner gemeinsam zu genießen. Gemeinsam entdeckt man im wunderschönen Bund der christlichen Ehe all das, was Gott für jedes Ehepaar bereithält.

Laut miteinander beten
Das Gebet als Paar ist eine unverzichtbare Zutat für die christliche Ehe in der Hingabe an Gott. Gemeinsam und laut zu beten ist das Intimste, was ein Paar tun kann. Wenn Paare zusammen beten, klären sie gleichzeitig die Frage, wer Herr über ihre Ehe ist.

Statistiken belegen, dass sich nur 1 von 1.500 Paaren, die regelmäßig zusammen beten, scheiden lassen wird und dennoch beten nur 4% aller christlichen Paare regelmäßig miteinander.[3]

Geistliche Intimität innerhalb der Ehe

Die Paare verpassen eine *riesige* Gelegenheit, in Gottes Schutz, Führung und Segen über ihre Ehe zu treten, sobald sie das gemeinsame Gebet vernachlässigen! Das gemeinsame Beten ist sowohl Lösungsmittel als auch Klebstoff.[3] Es löst Ärger und Bitterkeit und schweißt die Herzen zusammen.

Der Schweizer Psychiater Dr. Paul Tournier sagt: *„Nur dann, wenn ein Ehemann und eine Ehefrau zusammen zu Gott beten, entdecken sie das Geheimnis wahrer Harmonie: Die Unterschiedlichkeit ihrer Temperamente, ihrer Ideen und ihrer Geschmäcker bereichert dann ihr Zuhause, anstatt es zu gefährden... Wenn sich jeder der Ehepartner in Ruhe nach Gott ausstreckt, um seine eigenen Fehler sehen zu können, seine Schuld zu erkennen und den anderen um Vergebung bittet, gibt es in der Ehe keine Probleme mehr... Sie lernen, absolut ehrlich zueinander zu sein... Das ist der Preis, der bezahlt werden muss, wenn zwei sehr verschiedene Partner ihre Gaben kombinieren, anstatt sie gegeneinander auszuspielen."*[4]

Gemeinsames Gebet kann zunächst unangenehm sein, weil es so persönlich und riskant erscheint. Zusammen zu beten kann dazu führen, dass man sich verletzlich und unzureichend fühlt. Das gemeinsame Gebet ist möglicherweise genau der Schritt zur geistlichen Intimität, der Euch am schwersten fällt.

Jede Ehe benötigt jedoch einen Ort für das Zusammenkommen zweier Menschen und für ein paar ruhige Momente – ein Platz, an dem sie einen gemeinsamen Fokus haben: Gott. Die Paare, die diesen Bereich ihres geistlichen Lebens erfolgreich miteinander aufbauen, legen oft eine bestimmte Zeit fest (z. B. vor dem Aufstehen, nach dem Mittagessen, Abendessen oder vor dem Zubettgehen), um die Bibel zu lesen und zusammen zu beten. Durch das Entwickeln dieser Angewohnheit finden die Paare diesen ruhigen Ort.

Jeder Mensch hat andere Möglichkeiten und Präferenzen – strebt dennoch die Angewohnheit an, auch in diesem Bereich Gott Eure besten „Früchte" zu geben: Bibelstudium und gemeinsames Gebet in der Früh, solange der Geist und die Gedanken frisch und rein sind.

Geistlich zusammenwachsen
Paare müssen an Aktivitäten teilnehmen, die von Gott angetriebenes Wachstum in ihrem Leben und in ihrer Ehe fördern. Dazu gehören:

1) Teilnahme am Gottesdienst, aktive Beteiligung und Dienen durch das Einsetzen der geistlichen Gaben und Talente.
2) Teilnahme an einem Hauskreis oder einer individuellen Bibelstudiengruppe.
3) Alleiniges und gemeinsames Gebet.

Wo war Adam, als Eva sündigte?
Wahre Intimität in der Ehe fängt mit einer gesunden Beziehung zu Gott an. Als Adam und Eva die Gemeinschaft mit Gott aufgrund ihrer Sünde verloren, war es auch mit ihrer Einheit vorbei. Ihre Intimität wurde zerstört, sie waren „beide nackt und schämten sich." Als ihre intime Beziehung mit Gott verletzt wurde, erlitt auch ihre intime Beziehung miteinander einen Schaden.

Adams Versagen, seine Frau zu leiten und Evas Versagen, ihren Ehemann um Rat zu fragen, waren geistliche Probleme. Hatte Eva Angst davor, dass Adam die Dinge nicht wie sie sehen würde? War Adam zwar anwesend, aber zu passiv, um einzugreifen oder seine Frau zu beschützen? War er geistlich nicht da und versagte darin, die Gefahr zu erkennen, die Satan für seine Frau darstellte?

Hindernisse für die geistliche Intimität
Bedenkt, dass Satan hart daran arbeitet, Euch daran zu hindern, Erfüllung für Eure tiefsten Bedürfnisse nach Intimität zu finden. Er versucht kontinuierlich, uns durch die Angst vor einem transparenten Leben und durch die Passivität des Ehemannes, ein gottesfürchtiger Leiter zu sein, davon abzuhalten. Damit verleitet er uns dazu, unsere tiefsten Bedürfnisse vor den Menschen, die wir am meisten lieben, zu verstecken und lässt uns verwundbar für geistliche Angriffe zurück. Satan ist dagegen, dass Paare transparente und aneinander interessierte Leben führen.

Nichts vertieft die Intimität mehr als Transparenz und Vergebung. Die Haltung der Vergebung ist das einzige, was beim Lösen von Konflikten hilft. Die Paare müssen sich ihren Ängsten und Fehlschlägen offen stellen. Sie müssen Gott darum bitten, ihnen geistliche Stärke zu schenken, um sich von sämtlichen schmerzvollen Erlebnissen lösen zu können.

Sobald Paare die Fülle von Gottes übernatürlicher Liebe für sich selbst und füreinander entdecken, fangen sie an, die Einheit zu erleben, die Gott für ihre Ehe vorgesehen hat. Somit können sie etwas von dem, was im Garten Eden verloren gegangen ist, zurückerobern und Liebe, Transparenz und Vertrauen in der Einheit der Ehe zum Ausdruck bringen.

Gottes Liebe befähigt die Ehepartner dazu, geistliche Intimität zu entwickeln, wenn sie sich der Erfüllung von Gottes Willen für ihre Ehe widmen. Jesus sagt: *„Trachtet vielmehr zuerst nach dem Reich Gottes und nach Seiner Gerechtigkeit, so wird Euch dies alles hinzugefügt werden!"* (Matthäus 6,33, Schlachter 2000).

Bittet Gott um Hilfe, um den ganzen Plan und alle Wünsche, die Christus für Eure Ehe hat, erfüllen zu können. Verlasst Euch darauf, dass der Heilige Geist Euch in diesem Prozess näher zusammenführt.

Die Wahl einer Kirche zum gemeinsamen Lobpreis, Anbetung und Dienen
Ihr sollt eine Kirche wählen, die zusätzlich zur Lehre der Guten Nachricht der Errettung (siehe Kapitel 26) auch die folgenden grundlegenden *Überzeugungen und Gepflogenheiten* befolgt:

1) Die Heilige Schrift (Altes und Neues Testament) ist das vollständige, von Gott inspirierte, unfehlbare Wort Gottes. Die Bibel ist die höchste Autorität und Führer des christlichen Glaubens und Lebens.
2) Es gibt einen einzigen Gott, der für alle Ewigkeit aus drei Personen besteht: Vater, Sohn und Heiliger Geist.
3) Jesus Christus ist der Kopf und das Zentrum der Kirche.
4) Himmel und Hölle sind echte Orte. Menschen, die Christus nachfolgen, werden für immer mit Ihm leben und die, die Christus als Retter und Herrn ablehnen, werden für immer von Ihm getrennt sein.
5) Entwicklung und Förderung von hingegebenen Nachfolgern Christi.
6) Verantwortlichkeit und Gemeinschaft unter den Gläubigen sind ein großes Anliegen.
7) Ein missionarischer und am Dienst orientierter Fokus, der anderen Menschen vor Ort und in der Ferne die Liebe Christi zeigt.
8) Ein starkes Lehrangebot für Erwachsene und Kinder.

9) Ein Anbetungsstil, der bedeutsam, geistlich inspiriert und biblisch fundiert ist.

Die Kirche sollte relativ nah an Eurem Zuhause gelegen sein, sodass Ihr aktiv teilnehmen und dienen könnt.

Paarübungen

1) Besprecht die konkreten Schritte, die Ihr geht und gehen werdet, um geistliche Intimität in Eurer Ehe aufzubauen.
2) Welche Ideen des gemeinsamen Dienstes an Euren Mitmenschen habt Ihr, um geistliche Intimität aufzubauen?

Gesprächsanregungen

1) Habt Ihr bereits Spannungen aufgrund von Unterschieden in den geistlichen Überzeugungen in Eurer Beziehung erlebt?
2) Inwieweit bringen Euch Eure geistlichen Überzeugungen als Paar näher zusammen oder weiter auseinander?
3) Wie werden Eure geistlichen Überzeugungen Eurer Beziehung dabei helfen und sie stärken, wenn Ihr Euch zusammen den Herausforderungen des Lebens stellt?
4) Habt Ihr darüber nachgedacht, wie sich die Abhängigkeit von Gott in schwierigen Zeiten auf Euch auswirken wird?
5) Spielen Eure geistlichen Überzeugungen eine bedeutende Rolle im Bezug auf Eure gegenseitige Verbindlichkeit?
6) Inwiefern beeinflussen Eure geistlichen Überzeugungen Eure wichtigen Entscheidungen?

Biblische Bezugsquellen

Römer 12,6: *„Denn die Gaben, die Gott uns in Seiner Gnade geschenkt hat, sind verschieden. Wenn jemand die Gabe des prophetischen Redens hat, ist es seine Aufgabe, sie in Übereinstimmung mit dem Glauben zu gebrauchen." (Neue Genfer Übersetzung)*

1. Korinther 14,12: *„Da Ihr so sehr auf geistliche Gaben bedacht seid, bittet Gott um solche Gaben, die der ganzen Gemeinde von Nutzen sind." (Neues Leben Bibel)*

2. Korinther 6,14: *„Zieht nicht am fremden Joch mit den Ungläubigen. Denn was hat die Gerechtigkeit zu schaffen mit der*

Ungerechtigkeit? Was hat das Licht für Gemeinschaft mit der Finsternis?" (Luther Bibel)

Buchempfehlung in deutscher Sprache

Chapman, Gary: *Die fünf Sprachen des Verzeihens. Die Kunst, wieder zueinander zu finden.* Francke Buchhandlung, Marburg 2010.

Parrott, Leslie & Les: *Mehr Zeit für uns*. *Wie wir im hektischen Alltag miteinander verbunden bleiben.* Gerth Medien, Asslar 2010.

Strobel, Leslie & Lee: *Wenn der Glaube zwischen uns steht. Als Christ allein in der Ehe.* Gerth Medien; Projektion J., Wuppertal 2003.

Buchempfehlung in englischer Sprache

Kennedy, Nancy. *When He Doesn't Believe: Help and Encouragement for Women Who Feel Alone in Their Faith.* Colorado Springs, CO: WaterBrook, 2001.

KAPITEL 28

Erwartungen an die Ehe

Einführung
Wir alle gehen mit vorgefassten Erwartungen in den Bund der Ehe, die durch eine Vielzahl früherer Erfahrungen und die Einflüsse unserer Familien, unserer Kultur und der Medien entstanden sind. Die Erwartungen bezüglich der Liebe und der Ehe haben einen gewaltigen Einfluss auf Beziehungen.

Grundsätzlich kann man sagen, dass die Freude oder die Enttäuschung im Leben eines Paares darauf basiert, wie gut die tatsächlichen Ereignisse mit seinen Wunschvorstellungen übereinstimmen. Am Anfang hoffen und glauben alle Paare, dass sie das Allerbeste erleben werden. Es kommt zu Problemen, wenn diese Hoffnungen und Überzeugungen nicht der Realität entsprechen.

Bis zu dem Zeitpunkt, an dem ein Mensch realisiert, dass er möglicherweise einen unfairen oder unvernünftigen Maßstab an seinen Partner legt, ist die Enttäuschung groß, wenn sein Partner seine Gedanken nicht lesen seine Kindheitswunden nicht heilen oder alles zu einer „perfekten Ehe" beitragen kann.

Gängige Schwierigkeiten im Zusammenhang mit Erwartungen
Paare tendieren häufig in den folgenden Bereichen zu
Verbesserungsbedarf:
1) Zu denken, dass sich die Euphorie der neuen Liebe nie verändern oder nachlassen wird.
2) Zurückhaltende und geringe Erwartungen an die Ehe aufgrund dessen, was bei anderen beobachtet wurde (Mangel an starken Beispielen für die Ehe).
3) Dem Paar ist nicht bewusst, dass sich die Erwartungen der beiden Partner verändern oder während den verschiedenen Phasen des Ehe-Lebens anpassen werden (z.B. Bau und

Erwartungen an die Ehe

Einrichtung des ersten Heims, Kinder bekommen, Krankheit, „leeres Nest" usw.).
4) Sich mit geringeren Erwartungen für ihre Ehe zufriedenzugeben als mit dem, was Gott vorgesehen hat.
5) Angst vor dem Verlust der eigenen Persönlichkeit, sobald sie verheiratet sind.
6) Angst vor Scheidung aufgrund persönlicher Erfahrung oder der Erfahrungen anderer.

> *„Solange ein Paar noch ineinander vernarrt ist, braucht man nicht viel, weil man das chemische Hoch genießt. Man hat nur sehr wenig Erwartungen, fühlt sich großartig und man verbringt eine Menge Zeit mit dem Versuch, dem anderen zu gefallen. Mit dem Vertiefen der Beziehung ändern sich jedoch die Bedürfnisse. Wenn diese dann nicht erfüllt werden, kann Dein Partner plötzlich nur noch wenig tun, was Dir gefällt – alles nervt! ... Möglicherweise fangt Ihr an zu streiten, aber nicht über die wirklichen Probleme, die Dich stören."*[1]

Vergegenwärtigt Euch Eure eigene Lebenserfahrung und bindet diese ein
Berichtet, wie sich Eure Erwartungen als Paar seit Eurer Verlobungszeit und im Verlauf der verschiedenen Phasen Eurer Ehe verändert haben (frisch verheiratet, junge Eltern, Umzüge, usw.).

Tipps zum Besprechen der „Erwartungen an die Ehe"
Vermittelt Euren Mentees die folgenden Aspekte:

1) Beide von Euch werden die Tatsache annehmen müssen, dass es Unterschiede in Euren Erwartungen an die Ehe geben wird. Es ist wichtig, dass jeder von Euch nimmt und gibt.
2) Jeder Einzelne muss darauf achten, dass er die Verantwortung zur Veränderung nicht dem Partner in Bereichen aufbürdet, wo er sich selbst weiterentwickeln müsste.
3) Seid Euch bewusst, dass es ein paar Verschiedenheiten geben wird, die Ihr nicht ändern könnt, sondern loslassen müsst.

Keiner von Euch hat einen vollkommenen Menschen geheiratet.
4) Betrachtet Enttäuschungen als Hinweis. Lasst Euch von ihnen über unbewusste, unausgesprochene oder unerfüllte Bedürfnisse unterrichten. In jeder Ehe gibt es Verbesserungsbedarf.
5) Widersteht der Versuchung, Eure Lebenssituation mit der anderer zu vergleichen. Jeder erhält beim Heiraten eine „ganze Person"– nicht nur das polierte, öffentliche Bild eines Menschen, über das man gern spricht.
6) Nutzt unerfüllte Erwartungen als Erinnerung daran, Eure wahre Vollständigkeit in Christus allein zu finden.
7) Konzentriert Euch auf die Dankbarkeit, um unerfüllten Erwartungen den Platz zuzuweisen, der ihnen zusteht.
8) Nehmt Gottes Sicht der Ehe an und kämpft erbittert um ihr Wachstum und ihren Schutz. Vergesst nicht, dass die Bibel mit einer Ehe beginnt (Adam und Eva), die Ehe als Illustration für Gottes Liebe zu Seinem Volk verwendet (Christus und die Kirche) und mit dem Festmahl einer Hochzeit im Himmel endet (Gott und Sein Volk). Dies bringt die Wichtigkeit, die Gott auf die einzigartige Beziehung der Ehe legt, klar zum Ausdruck.
9) Die Ehe soll wundervoll sein. Laut Gottes Schöpfung ist jeder von uns für Gemeinschaft geschaffen (1. Mose).
10) Die Ehe ist für die Ehre Gottes wichtig. Aus allen Dingen, die Er zur Veranschaulichung Seiner Liebe hätte wählen können, hat Er die Ehe gewählt. Lasst Eure Ehe für eine beobachtende Welt in Not ein gutes Bild der Liebe Gottes sein.
11) Wir lernen von anderen. Umgebt Euch mit Paaren, die Eure christlichen Werte teilen und starke Ehen bauen.

Paarübungen
Wählt zwei der folgenden Übungen aus, die Ihr entsprechend der Bedürfnisse des Paares im Bereich der Erwartungen durchführt.

1) Bittet das Paar, drei bis fünf Erwartungen aufzulisten, die sie gemeinsam für ihre Ehe haben (nicht nur einzeln für ihren Ehepartner). Sprecht darüber, wie realistisch diese Erwartungen sind.

2) Helft den Paaren dabei, gesunde Erwartungen, die bei der gegenseitigen Zufriedenstellung helfen können, zu erkennen.
3) Helft jeder Person zu verstehen, woher ihre Erwartungen kommen, indem ihr herausfindet, welche Quellen sie am stärksten beeinflusst haben. Wie verlässlich sind diese Quellen?
4) Sprecht darüber, wodurch wir wissen, was Gott über die Ehe denkt. Lasst beide Mentees fünf bis zehn Erwartungen auflisten, die Gott an die Ehe stellt. Vergleicht und besprecht ihre Listen.
5) Weist Eure Mentees auf unvernünftige Erwartungen hin. Helft ihnen, vernünftige Alternativen zu finden.

unvernünftige/falsche Erwartungen	vernünftige Erwartungen (Hinweise für den Mentor)
Mein Ehepartner wird alle meine sozialen und emotionalen Bedürfnisse stillen.	<ul><li>Es wird Zeiten geben, in denen Dich Dein Ehepartner enttäuschen und frustrieren wird.</li><li>Du wirst weiterhin sowohl ein paar individuelle Freundschaften pflegen, als auch mit Deinem Partner neue Freundschaften aufbauen müssen.</li></ul>
Wenn wir es schaffen, unsere anfängliche Liebe zu erhalten, wird unsere Ehe erfolgreich sein.	Im Verlauf Eures gemeinsamen Lebens wird sich die Art, wie Liebe ausgedrückt und empfangen wird, verändern. Manchmal wird sie berauschend sein, manchmal tröstend, manchmal wird sie einfach nur da sein. Das Ziel ist es, so für Eure Ehe zu sorgen, dass sie reicher und tiefer wird.
Ich weiß alles, was es über meinen Ehepartner zu wissen gibt und mein Partner weiß alles über mich.	<ul><li>Um in der Ehe Erfolg zu haben, müsst Ihr in jeder Phase Eures gemeinsamen Lebens neu lernen, wie Ihr glücklich verheiratet sein könnt.</li><li>Ihr werdet Euch mit dem Alter</li></ul>

	verändern. Der Mann oder die Frau, die Du vor zehn Jahren geheiratet hast, ist nicht der- oder dieselbe, mit der oder dem Du jetzt verheiratet bist. Du musst Deinen Ehepartner kontinuierlich neu kennen lernen.
In unserer Ehe wird es keinen Streit geben.	<ul><li>Konfliktvermeidung kann leicht zu Scheidung führen.</li><li>Die Annahme, dass die Ehe all Eure einzigartigen Verschiedenheiten auflösen oder Dir die Macht geben wird, einseitig über Deinen Ehepartner zu bestimmen, ist unrealistisch.</li></ul>
Was wir bis jetzt als Paar erlebt haben, kann nur noch besser werden, wenn wir verheiratet sind.	<ul><li>In jeder Ehe gibt es Zeiten intensiver Freude und intensiver Traurigkeit und Enttäuschung. Wir sind alle Menschen.</li></ul>
Wenn wir füreinander bestimmt sind, sollte unser Gefühl der Liebe nie nachlassen.	<ul><li>Die Liebe ist dynamisch und hat viele Gesichter. Sie wird sich im Lauf der Zeit verändern und es wird Mühe kosten, sie zu vertiefen.</li></ul>
Die Ehe wird die Probleme, die wir bisher hatten, lösen.	<ul><li>Die Ehe löst keine Probleme, sie vergrößert sie nur.</li><li>Die Ehe wird eine Reihe neuer Probleme mit sich bringen, die geregelt und gelöst werden müssen.</li></ul>
Die Ehe wird uns dabei helfen, „erwachsen zu werden" und unabhängiger zu sein.	<ul><li>In mancher Hinsicht wird die Ehe Euch zum Erwachsenwerden „zwingen". Anderes wird dir eine größere Notwendigkeit zeigen, erwachsen zu werden.</li><li>Die Unabhängigkeit von Deinen Eltern wird für Dich und Deine Eltern ein Lernprozess sein.</li></ul>

Erwartungen an die Ehe

	- Du wirst immer jemanden haben, der Autorität über Dich hat. So ist das Leben. - Die Ehe sollte keine Fluchtmöglichkeit vor Deinen Eltern sein.
Unsere Ehe wird genauso (oder genau anders) sein, wie die Ehe meiner Eltern.	- Es gibt keine zwei Ehen, die sich gleich sind. Es wird ein einzigartiger Prozess sein, beide Eure Hintergründe und Erwartungen zu verschmelzen. - Die Erwartungen im Bezug auf die Rollen müssen besprochen, gewählt, angepasst und geachtet werden.
Wir sind verliebt und kennen uns gut. Das Verheiratet sein wird keine große Umstellung für uns darstellen.	- Wenn man zusammen ist, sieht man normalerweise die besten Seiten. Sobald man verheiratet ist, sieht man alles – jede Stunde, jeden Tag und jedes Jahr.
Da er oder sie mein Seelenverwandter ist, werden wir immer ähnlich denken.	- Wenn Ihr immer ähnlich denkt, ist einer von Euch überflüssig. - Wenn Ihr es lernt, Meinungsverschiedenheiten gerecht und effektiv zu lösen, können gelöste Konflikte Eure Ehe sogar stärken.
Die Ehe ist ein riskantes Vorhaben. Die Chance, es zu schaffen, liegt bei 50%.	- Obwohl sich jedes Paar dem Scheidungsrisiko stellen muss, könnt Ihr beide lernen, was es heißt, erfolgreich verheiratet zu sein, indem Ihr biblische und beziehungstechnische Hilfsmittel verwendet.
Sobald wir in der Lage sind, immer zusammen zu sein, wird sich unsere Beziehung verbessern.	- Das tägliche Zusammensein wird neue Herausforderungen mit sich bringen, insbesondere in Zeiten des Konflikts oder der Gereiztheit.
Mein Ehepartner und ich werden die meisten Dinge ähnlich sehen.	- Gott hat Euch als Mann und Frau in Seinem Ebenbild geschaffen. Ihr habt

	• verschiedene Fähigkeiten, Gefühle, Rollen und so weiter und dennoch den gleichen Wert.
Wenn er mich liebt, wird er wissen, was ich denke oder wie es mir geht.	• Männer und Frauen sind verschiedenartig und keiner von ihnen kann Gedanken lesen.
Die Ehe wird meine Gefühle der Einsamkeit heilen.	• Wenn die Hauptursache der Einsamkeit nicht behandelt wird, werden aus einsamen Singles einsame verheiratete Menschen.
Kinder werden unsere Ehe stärken.	• Das Hinzukommen von Kindern in eine Ehe bringt neue Herausforderungen mit sich. Wenn Ihr eine andauernde Ehe wollt, dürfen Eure Kinder nicht immer an erster Stelle stehen – sondern dein Ehepartner. • Das beste Geschenk, das Ihr Euren Kindern zukommen lassen könnt, ist das Bauen einer starken Ehe.
Sollten meine Erwartungen nicht erfüllt werden, muss ich die falsche Person geheiratet haben.	• Falls Du den perfekten Partner erwartest, wirst Du enttäuscht werden. Und Dein Partner auch. • Entwickelt Eure Ehe-Fähigkeiten. Ehen funktionieren dann am besten, wenn die Erwartungen an die Ehe zu den Ehe-Fähigkeiten eines Paares passen.
Sobald wir verheiratet sind, werde ich ihn oder sie in die Kirche bringen können.	• Häufig ist es schwerer, das Verhalten einer Person nach der Hochzeit zu beeinflussen. Wenn vorher keine Bereitschaft da war, ist die Wahrscheinlichkeit groß, dass auch danach keine vorhanden ist.

Erwartungen an die Ehe

	▪ Bete für Deinen Ehepartner und lass ihn oder sie sehen, welchen Einfluss Dein Glaube auf Dein Leben und Deine Liebe zu ihm/ihr hat.
Auch nach unserer Hochzeit kann ich erwarten, dass ich das gleiche Maß an Aufmerksamkeit und Zuneigung erhalte und dass genauso viel Geld für mich ausgegeben wird, wie zu der Zeit, als wir frisch verliebt waren.	▪ Die zeitlichen Anforderungen und Prioritäten verändern sich im Lauf des Lebens. Erfolgreiche Paare lernen es, sich an Lebensveränderungen anzupassen.
Mein€ Ehefrau (Ehemann) wird Sachen so wie mein(e) Mutter (Vater) machen (z.B. kochen, Sachen reparieren, Haushaltsführung).	▪ Du hast keinen Deiner Elternteile geheiratet; Du hast eine einzigartige Person aus einer anderen Familie geheiratet.

Gesprächsanregungen

1. Denkst Du, dass Ihr jemals schwerwiegenden Probleme oder Herausforderungen in Eurer Ehe begegnen werdet?
2. Können die meisten Probleme, denen sich verheiratete Paare stellen müssen, durch Abwarten gelöst werden?
3. Ist die Liebe alles, was Paare für eine großartige Ehe benötigen?
4. Gibt es etwas, das Dich dazu veranlassen würde, Eure Liebe füreinander in Frage zu stellen?
5. Erwartest Du, dass die derzeitigen Schwierigkeiten nach Eurer Hochzeit verschwinden werden? Falls ja, warum?
6. Kann Dein Partner alle Deine Bedürfnisse nach Gemeinschaft erfüllen? Weshalb nicht?
7. Inwieweit erwartest Du, dass sich die romantischen Gefühle, die Ihr momentan füreinander habt, im Verlauf der Zeit verändern werden?

Biblische Bezugsquellen
Vernünftige Erwartungen an die Ehe konzentrieren sich auf grundlegende Werte, wie zum Beispiel:

1) Treue

„Viele reden von ihrer Treue; aber finde mal einen Menschen, auf den Verlass ist!" (Sprüche 20,6, Gute Nachricht Bibel)

„Ihren Mund öffnet sie mit Weisheit und freundliche Weisung ist auf ihrer Zunge." (Sprüche 31,26, Elberfelder Bibel)

2) *Achtung voreinander*

„...Jeder von Euch muss seine Frau so lieben wie sich selbst. Die Frau aber soll ihren Mann achten." (Epheser 5,33, Gute Nachricht Bibel)

„Die älteren Männer fordere auf, nüchtern im Urteil, ehrbar und besonnen zu sein, gesund im Glauben, in der Liebe und in der Standhaftigkeit." (Titus 2,2, Gute Nachricht Bibel)

3) *Freundschaft*

„Ein Freund liebt zu jeder Zeit..." (Sprüche 17,17a, Schlachter 2000)

„Fällt einer von ihnen, so hilft ihm sein Gesell auf. Weh dem, der allein ist, wenn er fällt! Dann ist kein anderer da, der ihm aufhilft." (Prediger 4,10, Luther Bibel)

4) *Romantik*

„Zieh mich Dir nach, so laufen wir! Der König hat mich in seine Gemächer gebracht." (Hohelied 1,4, Schlachter 2000)

„Lasst meinen Geliebten in seinen Garten kommen und seine köstlichen Früchte essen!" (Hohelied 4,16b, Neues Leben Bibel)

5) *Vergebung*

„Und vergib' uns unsere Schuld, wie auch wir vergeben unsern Schuldigern. Denn wenn Ihr den Menschen ihre Verfehlungen vergebt, so wird Euch Euer himmlischer Vater auch vergeben." (Matthäus 6,12 und 6,14, Luther Bibel)

„Ertragt Euch gegenseitig und vergebt einander, wenn einer dem andern etwas vorzuwerfen hat. Wie der Herr euch vergeben hat, so vergebt auch ihr!" (Kolosser 3,13, Einheitsübersetzung)

Buchempfehlungen in deutscher Sprache

Chapman, Gary: *Die fünf Sprachen der Liebe.* Francke Buchhandlung, Marburg 2013.

Eggerichs, Emerson: *Liebe & Respekt. Die Nähe, nach der sie sich sehnt – Die Anerkennung, die er sich wünscht.* Gerth Medien, Asslar 2011.

Farrel, Pam & Bill: *Männer sind wie Waffeln - Frauen sind wie Spaghetti.* SCM Hänssler, Holzgerlingen 2010.

Hagee, John & Diane: *Was sich jede Frau von ihrem Mann wünscht/Was sich jeder Mann... 10 Eigenschaften, die Einheit in der Beziehung fördern.* Adullam Verlag, Grasbrunn 2010.

KAPITEL 29

Beziehungsfähigkeit

Egal, ob man in einer Beziehung steht, verlobt oder verheiratet ist ... das Aufbauen der Beziehung ist die Grundlage des Erfolgs.

Einführung
Beziehungsfähigkeit versetzt uns in die Lage, gesunde Beziehungen mit anderen Menschen zu entwickeln und zu erhalten. Leider sind wir, unabhängig davon, ob wir gläubig sind oder nicht, nicht automatisch in der Lage, gesunde und zufriedenstellende Beziehungen zuhause oder in der Gesellschaft aufzubauen und zu erhalten. Tatsache ist, dass unsere natürliche Veranlagung als Menschen – zusammen mit dem Zustand unserer Gesellschaft – unsere Beziehungen häufig zu sehr anstrengenden und schmerzhaften Erfahrungen werden lassen. Ein Großteil unseres persönlichen Leids ist die direkte Folge von Schwierigkeiten, denen wir beim Bau oder bei der Pflege von Beziehungen begegnen.

Ziele dieser Mentoring-Einheit sind:
1) Über realistische und unrealistische Erwartungen an Liebe und Beziehungen sowie die Herausforderungen, denen sich alle Menschen in Beziehungen stellen müssen, zu sprechen.
2) Dem Paar beim Erkennen vorhandener Beziehungsfähigkeiten, die es anwenden kann, zu helfen.
3) Schritte aufzuzeigen, die die Mentees beim Aufbau starker und gesunder Beziehungen gehen können.

Gängige Schwierigkeiten im Zusammenhang mit „Beziehungsfähigkeit"
1) *Verwundbarkeit.* Viele Menschen halten Verwundbarkeit für ein Zeichen der Schwäche. Diese Haltung ist besonders bei Persönlichkeiten vom dominanten Typ A (sog. „Alphatier") beliebt. Sie ziehen es vor, eine starke Fassade aufrecht zu

erhalten und immer vorzugeben, alles im Griff zu haben. Aber das entspricht nicht der Sicht Gottes auf Verwundbarkeit. Er sieht uns so, wie wir wirklich sind. Jeder Versuch, uns anders darzustellen, funktioniert mit Gott nicht. Demut vor Gott ist das, was Er anerkennt und belohnt.

Denke über Beziehungen folgendermaßen nach: Wenn Du Deine Verwundbarkeit zeigst, wirst Du bemerken, dass andere Dich besser verstehen. Vielleicht fängst Du an, Sätze wie zum Beispiel: „Ich dachte, ich wäre der Einzige, der dieses Problem hat", zu hören. Dies öffnet die Tür für manche gute Unterhaltung. Und sobald Du Dir selbst erlaubst, Dich bei Gott verwundbarer zu machen, wirst Du feststellen, dass eine solche Haltung eine Belohnung bekommt. Vergiss auch nicht, dass Du in dieser Welt nie total verwundbar sein wirst. Gott ist Dein ultimativer Beschützer – Er ist es immer gewesen und Er wird es immer sein.

2) *Ungesunde Beziehungen.* Chemie-Fans und Sprengstoffexperten werden Dir sagen können, dass bestimmte Chemikalien niemals gemischt werden sollten. Eine harmlos wirkende Mischung kann leicht entzündbar sein und schnell gefährlich werden. Bei Beziehungen gilt dieselbe Warnung. Manche Menschen ergeben eine explosive Mischung, wenn man sie zusammenfügt. Für Dich ist das vielleicht eine verheiratete Frau oder ein Mann, der auf der Arbeit zu flirten versucht. Oder vielleicht ist es ein Freund, der weiß, wie er Dich dazu bringen kann, Dinge zu tun, die Du nicht tun solltest. Die Frage, die Du Dir stellen solltest, ist: „Wie kann ich Ärger umgehen und Gefahr vermeiden?"

3) *Kernaspekte.* Die Kernaspekte haben mit der grundlegenden Identität, dem Selbstwert und den tiefen Bedürfnissen einer Person zu tun. Egal, wie wichtig andere Themen zu sein scheinen, sie sind im Vergleich mit den Kernfragen einer gesunden Persönlichkeit und eines aufrichtigen Selbstwertgefühls oberflächlich. In Wirklichkeit sind die anderen Themen in der Identität, dem Selbstwert und den persönlichen Bedürfnissen verankert.

Auf die gleiche Weise machen sich die Ehemänner oft schuldig, indem sie mit ihren Frauen auf „logischer" Ebene kommunizieren, anstatt ihr Bedürfnis nach Sicherheit (Liebe, Annahme und Vergebung) zu berücksichtigen. Die Kernfrage nach den persönlichen Bedürfnissen und der wahren Identität unseres Ehepartners wird vernachlässigt, wenn man versucht zu beweisen, dass die eigene Meinung aufgrund der Regeln der Logik „richtig" sein muss. Es ist durchaus möglich, vollkommen „richtig", aber auf der Beziehungsebene gleichzeitig „falsch" zu liegen.

Ehefrauen erliegen oft der Versuchung, an ihren Ehemännern so lange „herumzunörgeln", bis diese zustimmen, anstatt mit einem Verständnis seiner grundlegenden Bedürfnisse nach Bedeutung (Wichtigkeit, Sinn und Wert) und Achtung zu kommunizieren.

Es ist nicht möglich, mehr als nur eine oberflächliche Kommunikation zu führen, solange die grundlegenden persönlichen Bedürfnisse und die Vorstellungen, wie diese erfüllt werden sollen, nicht angesprochen werden. Das soll nicht heißen, dass sich die Bedürfnisse nach Sicherheit und Eignung bei beiden Geschlechtern überlappen, denn sie tun es. Sowohl Männer als auch Frauen suchen und brauchen Sicherheit (Liebe, Annahme und Vergebung). Sowohl Frauen als auch Männer suchen und brauchen Bedeutung (Wichtigkeit, Sinn und Wert). Jedes der beiden Geschlechter geht jedoch anders damit um.

Drei Schritte zu einer besseren Beziehung mit Deinem Partner: Vertrauen, Geben und Segnen, Vergebung

1) Die Heilige Schrift sagt es und die Erfahrung beweist es. Gott ist vertrauenswürdig. Er ist die Definition felsenfester Zuverlässigkeit. Er hat sich uns für alle Ewigkeit gewidmet und lässt uns nie im Stich. Als Kinder Gottes sollte sich diese Eigenschaft auch durch unsere Beziehungen ziehen. Ist das der Fall? Sind wir für Freunde da, auch wenn es uns ungelegen kommt? Halten wir unsere Versprechen, die wir unseren Ehepartnern und Kindern gemacht haben? Stehen wir zu unseren Verwandten und engagieren wir uns weiterhin in ihrem Leben, auch wenn sie ärgerliche Dinge tun oder es unangenehm ist, von ihnen umgeben zu sein? Entschließe

Dich heute, Gottes beständige Fürsorge und Sorge besser durch Dich fließen zu lassen.
2) Denke darüber nach, wie häufig die Bibel Gott als denjenigen, der liebevoll nach Menschen sucht, darstellt. Vom Garten Eden, in dem der Schöpfer Adam fragt: „Wo bist Du?", bis hin zu den Berichten von Jesus über das verlorene Schaf, die fehlende Münze und den abtrünnigen Sohn – das Bild ist das eines fürsorglichen Vaters, der Seine Kinder verzweifelt finden möchte. Stell Dir die Veränderung vor, wenn wir unsere Beziehungen (mit unserem Ehepartner, unseren Kindern, unseren Freunden) mit solcher Leidenschaft führten und uns nicht nur danach ausstreckten, etwas zu bekommen, sondern viel mehr danach, zu *geben* und zu *segnen*.
3) Hast Du jemals miterlebt, wie eine Freundschaft durch Verrat oder ungelösten Konflikt zerrissen wurde? Hast Du Dich jemals gefragt, wie Du solche tiefen Schluchten überbrücken kannst? Paulus bietet uns im Buch Philemon eine Strategie für die Reparatur zerbrochener Beziehungen an. Als Nachfolger Christi war Philemon dafür verantwortlich, Onesimus genauso zu vergeben, wie ihm Gott selbst vergeben hatte. Paulus drängt Philemon dazu, ihm den Gefallen zu tun, Onesimus noch eine Chance zu geben. Was würde passieren, wenn Du das nächste Mal eine ähnliche Strategie anwenden würdest, sobald sich Dir eine Gelegenheit bietet, als Friedensstifter zwischen zwei Menschen zu dienen?

Vergegenwärtigt Euch Eure eigene Lebenserfahrung und bindet diese ein

Berichtet von Zeiten, in denen Ihr das Gefühl hattet, ganz auf Gott vertrauen und Euren Ehepartner um Vergebung bitten zu müssen. Teilt mit, wie Ihr mit dem Gefühl der Verwundbarkeit umgegangen seid und welche Folgen es auf die erwähnten Kernfragen gehabt hat.

Tipps zur Entwicklung einer gesunden Beziehungsfähigkeit
1) *Schenkt Eurer Beziehung regelmäßig Aufmerksamkeit* – täglich mindestens 15 Minuten für bedeutsames Gespräch. Schwerpunkte dieses Gesprächs sollten Eure Gefühle füreinander und Euer gemeinsames Leben sein.

Beziehungsfähigkeit

2) *Zeigt aufrichtiges Interesse aneinander* und gebt Eurer Beziehung dasselbe Maß an Wichtigkeit und Aufmerksamkeit wie zu ihrem Beginn – stellt jede Menge Fragen.
3) *Sprecht die „Wahrheit" liebevoll aus.* Die Wahrheit in Liebe auszusprechen ist eine biblische Beschreibung effektiver Kommunikation. Um andere so wie Christus zu lieben, müssen wir diese Kommunikations-Fähigkeit so gut beherrschen lernen, dass sie uns in Fleisch und Blut übergeht.
4) *Schreibt Tagebuch.* Für manche Menschen ist es für das Hören von Gottes Stimme hilfreich, „Tagebuch" zu schreiben. Damit ist gemeint, dass man Zeit allein mit Gott verbringt, betet und auf Papier schreibt, was man zu hören glaubt. Versuche, Gott zu fragen, was Er über Dich denkt, als wen Er Dich geschaffen hat etc. und schreibe dann die empfangenen Antworten auf.
5) *Liebt die Menschen in Eurem Umfeld.* Nachdem Du gehört hast, wie Gott Dir Seine Liebe versichert hat, bitte Ihn um Führung beim Lieben der Menschen in Deinem Leben. (Achte darauf, wie sich Dein Gefühl der persönlichen Sicherheit verbessert, sobald Du Dich beim Lieben anderer von Gott benutzen lässt.)

Je stärker sich das Paar um seine Beziehung kümmert, desto mehr wird das Resultat es beeinflussen. Je konstruktiver die Vorgehensweise, desto größer die Erfolgswahrscheinlichkeit.

Paarübungen
Im Folgenden findet Ihr zwei Übungen, die Ihr mit Eurem Paar praktizieren könnt.

Übung 1: Wichtige Gesprächsthemen
Beschreibe eine erst kürzlich vorgekommene Situation, in der Deine Gefühle durch das, was jemand gesagt oder getan hat, verletzt wurden. Was genau hast Du in diesem Moment empfunden (Wut, Ablehnung, Angst)? Sei Dir der natürlichen Neigung bewusst, die andere Person für Deine

Gefühle verantwortlich zu machen und Deine Reaktion ihr gegenüber zu rechtfertigen oder zu rationalisieren. Versuche jetzt festzustellen, an welchen falschen Annahmen Du seit dieser Verletzung festgehalten hast. Werde Dir darüber bewusst, wie viel einfacher es ist, andere zu beschuldigen, als Deine eigenen falschen Annahmen zu identifizieren.

Übung 2: Kommunikations-Szenario
Sei vor Gott ehrlich hinsichtlich des Hasses, den Du für die Person, die Dich verletzt hat, in Dir trägst. Bringe nicht nur Deinen Hass zum Ausdruck, sondern auch sämtliche Rechtfertigungen für Deinen Hass. Bekenne die falschen Annahmen, die Du bereits entdeckt hast („Ich hätte kein Problem mit meinem Selbstbild gehabt, wenn diese Person nicht dies gesagt oder jenes getan hätte", usw.). Bitte Gott um Vergebung für Deinen eigenen Unglauben in Bezug auf Deinen eigenen Wert, Deine mangelnde Vergebungsbereitschaft und das Urteil, an dem Du in Deinem Herzen festhieltst und bitte Ihn darum, Deine Seele von allem Hass zu reinigen. Erlaube Gott, Dich in Deinem Wert zu bestätigen und Dich davon zu überzeugen, dass Du in Seiner Liebe geborgen und ein wichtiger Teil Seines Planes bist.

Gesprächsanregungen
1) Welches Thema Deiner Beziehung fällt Dir im Gespräch mit Deinem Partner am schwersten?
2) Hast Du manchmal das Gefühl, dass es Deinem Partner an Respekt vor Dir und Deiner Würde mangelt?
3) Wenn Du Deinem Partner etwas Neues über Dich selbst erzählen könntest, was wäre dies?

Biblische Bezugsquellen
4. Mose 30,2-4: *„Danach sagte Mose zu den israelitischen Stammesfürsten: ‚Folgendes befiehlt der Herr: Wenn ein Mann dem Herrn ein Gelübde ablegt oder sich mit einem Eid dazu verpflichtet, sich von etwas zu enthalten, darf er diesen Schwur nicht brechen. Er muss alles tun, was er gelobt hat. Wenn eine junge Frau dem Herrn*

Beziehungsfähigkeit

gelobt oder schwört, sich von etwas zu enthalten, während sie noch im Haus ihres Vaters lebt...'" (Neues Leben Bibel)

Epheser 5,31-33: *"Deshalb wird ein Mann Vater und Mutter verlassen und sich an seine Frau binden und die beiden werden zu einer Einheit. Das ist ein großes Geheimnis, aber ich deute es als ein Bild für die Einheit von Christus und der Gemeinde. Deshalb sage ich noch einmal, dass jeder Ehemann seine Frau so lieben soll, wie er sich selbst liebt und dass die Ehefrau ihren Mann achten und respektieren soll." (Neues Leben Bibel)*

2. Korinther 6,14: *"Zieht nicht in einem fremden Joch mit Ungläubigen! Denn was haben Gerechtigkeit und Gesetzlosigkeit miteinander zu schaffen? Und was hat das Licht für Gemeinschaft mit der Finsternis?" (Schlachter 2000)*

Buchempfehlungen in deutscher Sprache

Chapman, Gary: *Die fünf Sprachen der Liebe.* Francke Buchhandlung, Marburg 2013.

Chapman, Gary: *Streithähne und Turteltauben. An Konflikten reifen.* Francke Buchhandlung, Marburg 2008.

Eggerichs, Emerson: *Liebe & Respekt. Die Nähe, nach der sie sich sehnt – Die Anerkennung, die er sich wünscht.* Gerth Medien, Asslar 2011.

Eldredge, Stacy & John: *Das wilde Herz der Ehe.* Gerth Medien, Asslar 2010.

Hagee, John & Diane: *Was sich jede Frau von ihrem Mann wünscht/Was sich jeder Mann... 10 Eigenschaften, die Einheit in der Beziehung fördern.* Adullam Verlag, Grasbrunn 2010.

Lehnert, Felicitas A. & Volker A.: *EHE der Zoff uns scheidet. Was sie tun können, bevor sie was tun müssen – 12 Denkanstöße.* Aussaat Verlag, Neukirchen 2008.

Weingardt, Beate M.: *Das verzeih' ich Dir (nie)! Kränkung überwinden, Beziehung erneuern.* SCM R.Brockhaus, Witten 2012.

Buchempfehlungen in englischer Sprache

Stanley, Scott. *A Lasting Promise: a Christian Guide to Fighting for Your Marriage.* San Francisco: Jossey-Bass, 1998.

Townsend, John Sims. *Who's Pushing Your Buttons? Handling the Difficult People in Your Life.* Nashville, TN: Integrity, 2004.

Wright, H. Norman. *Communication: Key to Your Marriage: a*

Practical Guide to Creating a Happy, Fulfilling Relationship. Ventura, CA: Regal, 2000.

Burke, H. Dale. *Different by Design: God's Master Plan for Harmony between Men and Women in Marriage.* Chicago: Moody, 2000.

Parrott, Les & Leslie L. *Saving Your Marriage before It Starts: Seven Questions to Ask Before—and After—You Marry.* Grand Rapids, MI: Zondevan, 2006.

McNulty, James K., and Karney, Benjamin R. *Positive Expectations in the Early Years of Marriage: Should Couples Expect the Best or Brace for the Worst?* Journal of Personality and Social Psychology 86.5 (2004): 729-43.

Van, Epp John. *How to Avoid Falling in Love with a Jerk: the Foolproof Way to Follow Your Heart without Losing Your Mind.* New York: McGraw-Hill, 2008.

KAPITEL 30

Vertrauensaufbau

Einführung
Die Entwicklung beständiger Intimität innerhalb einer Beziehung erfordert gegenseitiges Vertrauen. Die Beziehung eines jungen Paares befindet sich in einer zerbrechlichen Phase, da es nur eine sehr begrenzte Geschichte von vertrauenswürdigem Verhalten gibt. Vertrauen ist kein Gefühl, es ist eine erlernte Verhaltensweise, deren Aufbau Zeit und gemeinsame Erfahrungen braucht.

Selbst wenn Vertrauen aufgebaut worden ist, müssen sich die Paare darüber im Klaren sein, dass das Vertrauen ein zerbrechlicher Teil ihrer Beziehung ist. Es muss kontinuierlich geschützt und gepflegt werden.

Gängige Schwierigkeiten im Zusammenhang mit dem Vertrauensaufbau
1) Mangelnde Bereitschaft, sich zu öffnen und ehrlich zu sein.
2) Frühere Erfahrungen von Vertrauensbruch zwischen den Partnern.
3) Die Angst, sich verletzen zu lassen, falls man einer Person sein Vertrauen schenkt.

Vergegenwärtigt Euch Eure eigene Lebenserfahrung und bindet diese ein
Erzählt, wie bzw. durch welche Taten Ihr das Vertrauen in Eurer eigenen Ehe pflegt. Falls Euer Vertrauen schon einmal Schaden erlitten haben sollte, berichtet von Euren Taten und Entscheidungen, das Vertrauen in Eurer Ehe wiederherzustellen.

Tipps zum Besprechen des Themas Vertrauensaufbau

Nachfolgend findet Ihr Vorgehensweisen, die beim Schaffen oder Wiederherstellen von Vertrauen innerhalb der Beziehung helfen können:

1) Sei vertrauenswürdig
- Folge Gottes Wort in jedem Bereich Deines Lebens. Führe Dein Leben auf tadellose Weise.
- Entwickle ein gesundes Gefühl der Selbstachtung. Baue auf das, was Gott über Dich und Deinen Wert sagt, anstatt Dich auf das zu verlassen, was andere über Dich sagen. (Siehe Kapitel 9)
- Sei ein Mann oder eine Frau, die zu seinem/ihrem Wort steht. Arbeite an Deinem Ruf, immer verlässlich zu sein und das Gesagte auch umzusetzen. Falls Du eine Richtungsänderung planst, dann lass vorbildliches Verhalten durch vorige Absprache erkennen.
- Lüge Deinen Ehepartner oder andere Menschen niemals an. Solltest Du das tun, wirst Du die andere Person dazu bringen zu fragen, in welchen Situationen Du sonst noch gelogen hast. Achte auf die „kleinen Notlügen". Sie sind – insbesondere in einer Ehe – nicht „klein" und somit Sünde.
- Wann auch immer es zu Belastungen in Eurer Beziehung kommt, geht diese direkt und bestimmt an. Ihr stärkt Eure Verbindlichkeit und Euer Vertrauen, wenn Ihr diese Zeiten gerade dann verarbeitet, wenn es am schlimmsten erscheinen mag. (Siehe Kapitel 6.) Das Aufschieben und Vermeiden schwieriger Unterhaltungen höhlt das Vertrauen innerhalb einer Beziehung aus.
- Seid wie ein aufgeschlagenes Buch einander gegenüber, auch im Hinblick auf Euren Terminplan, Eure Aktivitäten und Pläne. Sei stets die erste Person, die über Dinge informiert, die Dein Partner möglicherweise wissen möchte. Redet viel miteinander und habt keine Geheimnisse voreinander.
- Übernimm für Deine Taten volle Verantwortung, arbeite mit einem Mentor an Deinen Leiterschafts-

Fähigkeiten und halte nach den Bedürfnissen Deines Ehepartners und Deiner Familie Ausschau.
- Entwickle starke Grenzen zu Beziehungen mit Freunden des anderen Geschlechts und sämtlichen Freunden, bei denen Dein Ehepartner Bedenken hat. Das Beschützen Deiner eigenen Ehe ist von allergrößter Wichtigkeit. Gary und Mona Shriver empfehlen in ihrem Buch „*Unfaithful – Rebuilding Trust After Infedelity*"[1] (dt.: „*Nicht vertrauenswürdig – Wiederaufbau des Vertrauens nach Untreue*") schützende „Mauern" für Deine Augen (was Du Dir erlaubst anzuschauen), Deine Handlungen (Komplimente und Umarmungen) und Deine Gedanken (Tagträume über jemand anderen als Deinen Ehepartner). Vergegenwärtige Dir den zu zahlenden „Preis" für sexuelle Immoralität, bevor Dich der Nebel der Versuchung umgibt.
- Entschuldige Dich für Kränkungen der Vergangenheit, mache sie wieder gut und zeige aufrichtig Deine Reue. Gib Deinem Partner dann genug Zeit, Dein verändertes Verhalten sehen zu können und erlaube ihm, Dir in *seiner/ihrer* Geschwindigkeit zu vertrauen. Das Vertrauen einer anderen Person ist ein tägliches Geschenk, das Du nicht erzwingen kannst.

2) *Sei bereit, Vertrauen zu schenken*
- Sei ein guter Zuhörer.
- Bringe Deine Liebe mit Worten und Taten zum Ausdruck und stehe zu Eurer Ehe.
- Wenn Du wirklich daran glaubst, dass Dein Partner ein gutmütiger Mensch ist, dann gewähre ihm das „Recht des Zweifels". Fange an einem Punkt des Vertrauens an und bleibt dort, außer oder bis die Handlungen aufzeigen, dass er/sie sich nicht auf vertrauenswürdige Weise verhält. Vertrauen anzubieten entspricht anfangs einem Schritt des Glaubens.
- Wende den Prozess der Vergebung an, nachdem Dein Partner seinen Kummer über eine Kränkung auf angemessene Art und Weise gezeigt hat (siehe

Vertrauensaufbau

- Kapitel 8 – Vergebung). Bringe alte Probleme nicht mehr hervor.
- Lass Deine gegenwärtige Beziehung nicht durch Verletzungen aus früheren Beziehungen vergiften. Du setzt Dich jetzt mit einer anderen Person auseinander, die es verdient, dementsprechend behandelt zu werden und nicht für die vergangenen Taten anderer verurteilt zu werden.
- Sei bereit, Dich der Probleme Eurer Beziehung zu stellen. Sorge für eine Atmosphäre, in der jeder von Euch Probleme, die ihn beschäftigen, frei ansprechen kann, ohne Angst vor der Reaktion des anderen haben zu müssen.
- Sei bereit, Dich Deinen Ängsten zu stellen und ein Risiko einzugehen, wenn es sein muss. Wenn Du nach einer Zeit des Probierens immer noch im Schmerz des Verrats badest und nicht in der Lage bist, Deinem Ehepartner zu vertrauen, dann solltet Ihr gemeinsam Seelsorge aufsuchen, damit Euch beiden beim Verarbeiten dieser Schwierigkeiten geholfen wird.
- Sei bereit, Gnade zu gewähren.

Achte auf die Fragen, die Dir Dein Partner stellt (z.B. „Wo bist Du gewesen?" oder „Warum hast Du meinen Telefonanruf nicht angenommen?"). Solche Fragen können Bedenken über das Maß an Vertrauen in Eurer Beziehung aufzeigen.

Falls Du Deinem Ehepartner nicht vertrauen solltest, wird dies zu einer Atmosphäre des Zweifels führen und auch Deinen Partner dazu bringen, an Dir zu zweifeln.

Paarübungen
1) Nenne fünf Möglichkeiten, wie Dein Partner eine Grundlage für das Vertrauen in Eurer Beziehung legen kann. Besprecht diese gemeinsam.
2) Berichte Deinem Partner von Deinen Erwartungen im Hinblick auf Vertrauen. Was bedeutet Vertrauen für Dich?

3) In welchen Deiner Lebensbereiche hat Vertrauen die größte Bedeutung für Dich?

Gesprächsanregungen
1) Beschreibe eine Zeit, in der Du Dich von jemandem um Dein Vertrauen betrogen gefühlt hast. Wie hast Du Dich gefühlt? Wie hast Du Dich davon erholt?
2) Wie wurde Vertrauen in Deiner Familie gelebt?
3) Erfährst Du Misstrauen, das Dich aktuell stört? Warum?

Biblische Bezugsquellen
Matthäus 5,37: *„Euer Ja sei ein Ja und Euer Nein ein Nein; jedes weitere Wort ist vom Bösen."* (Neue Genfer Übersetzung)

Jakobus 5,16a: *„Bekennt einander Eure Sünden und betet füreinander, damit Ihr geheilt werdet."* (Hoffnung Für Alle)

1. Timotheus 3,8-9: *„Auch die Diakone in der Gemeinde sollen geachtete Leute sein, ehrlich und glaubwürdig in ihrem Reden; sie sollen nicht zu viel Wein trinken und sich nicht auf Kosten anderer bereichern. Denn das Geheimnis, das ihnen mit dem Glauben anvertraut wurde, können sie nur in einem reinen Gewissen bewahren."* (Hoffnung Für Alle)

1. Timotheus 3,11: *„Ebenso sollen die Frauen ehrbar und nicht verleumderisch, sondern nüchtern und in allem zuverlässig sein."* (Einheitsübersetzung)

Buchempfehlungen in deutscher Sprache
Chapman, Gary: *Die fünf Sprachen des Verzeihens. Die Kunst, wieder zueinander zu finden.* Francke Buchhandlung, Marburg 2010.

Buchempfehlung in englischer Sprache
Jenkins, Jerry B. *Hedges: Loving Your Marriage Enough to Protect It.* Wheaton, IL: Crossway, 2005.

TEIL 7

Wiederheirat und Stieffamilien

KAPITEL 31

Wiederheirat

Einführung
Die Scheidungsrate von erstmalig verheirateten Paaren in Deutschland liegt derzeit bei ca. 45 bis 50%. Wiederverheiratete Paare unterliegen sogar noch einer höheren Rate von etwa 60%. Diese Quote erhöht sich, sobald Kinder involviert sind. In den anderen Ländern Mitteleuropas liegen ähnliche Statistiken vor. Warum ist das so?

Zweit-Ehen neigen im Vergleich zu erstmalig geschlossenen Ehen dazu…:

1) …aus Menschen mit problematischen Charaktereigenschaften zu bestehen (z.B. Egoismus, Impulsivität, emotionale Instabilität).
2) …die Scheidung eher als Option zu erachten, sobald es zu Problemen in der Ehe kommt.
3) …weniger soziale Unterstützung als erstmalig geschlossene Ehen zu haben.
4) …zusätzlichen Druck und Ballast aus den früheren Ehen mitzubringen (z.B. emotionaler Schmerz, rechtliche Probleme, Kindesunterhalt, Besuchsrechte usw.).

Hinzu kommt, dass viele wiederverheiratete Paare noch nicht gelernt haben, Meinungsverschiedenheiten in der Ehe erfolgreich zu lösen. Deshalb sind sie anfällig für das Wiederholen der Verhaltensweisen, die bereits zu Problemen in ihrer ersten Ehe geführt haben. Aus diesem Grund erfordert das Mentoring von allen Beteiligten wahrscheinlich einen größeren Zeitaufwand.
Als Mentoren werdet Ihr dem Paar zunächst helfen müssen herauszufinden, ob es eine biblische Grundlage für die Scheidung gab und ob die Wiederheirat eine biblisch akzeptable Option

darstellt. Am Schluss dieses Kapitels befinden sich relevante Bibelstellen.

Gängige Schwierigkeiten im Zusammenhang mit Wiederheirat

1) Unzureichend Zeit, um die Wunden der Scheidung verheilen zu lassen.
2) Ungelöste Probleme oder andauernder Konflikt mit dem Ex-Partner.
3) Mangel in ehelichen Schlüsselfähigkeiten, wie beispielsweise Kommunikation, Konfliktbewältigung, Finanzen etc.
4) Voreilige Heirat aufgrund von Einsamkeit, sexueller Versuchung etc.
5) Ist es für einen der beiden Partner die erste Ehe, könnte sich diese Person den Problemen der Vergangenheit des Partners nicht bewusst sein oder sie als irrelevant für die gegenwärtige Beziehung herunterspielen.
6) Mangel an biblischer Rechtfertigung für die Wiederheirat, trotzdem soll geheiratet werden.

Vergegenwärtigt Euch Eure eigene Lebenserfahrung und bindet diese ein

Sollte einer von Euch Beiden wiederverheiratet sein, dann gebt die Lektionen weiter, die Ihr aus Eurer Erfahrung gelernt habt und die für Eure Mentees relevant sein könnten.

Tipps zum Besprechen des Themas „Wiederheirat"

Erfolgreiche Zweit-Ehen haben einige gemeinsame Charakterzüge. Diese Paare…:

1) …haben den Trauerprozess über ihren vorherigen Verlust abgeschlossen und sind emotional für die neue Ehe bereit. Die andauernde Feindseligkeit zum Ex-Partner kann auf ein Problem in diesem Gebiet hindeuten.

2) ...haben an einem Ehevorbereitungskurs und/oder -Mentoring-Programm teilgenommen.
3) ...pflegen die Freundschaft mit gesunden und stabilen Ehepaaren und sind in Gruppen eingebunden, die sie ermutigen, unterstützen und auch in Zukunft verantwortlich halten werden.
4) ...haben von den Fehlern der Vergangenheit gelernt und haben ein klares Verständnis von ihren Stärken und Schwächen als Paar.
5) ...haben sich den bevorstehenden Herausforderungen mit vernünftigen Erwartungen gestellt (z.B. Anpassung an neue Familienmitglieder und ein Verständnis darüber, wie herausfordernd eine Ehe sein kann).
6) ...pflegen ihre Bindung als Paar, indem sie die Zeit füreinander priorisieren.
7) ...fangen in einem neuen Haus und in einer neuen Nachbarschaft von vorne an.
8) ...vergleichen die neue Ehe nicht mit ihrer alten.
9) ...zeigen Bereitschaft für persönliche Veränderung, Kompromisse und Anpassung zugunsten der Beziehung.
10) ...lassen sich finanziell beraten, insbesondere, wenn es Probleme mit Unterhalt, Beihilfe oder Finanzen gibt.
11) ...entwickeln neue Abläufe und Familientraditionen, während sie das Beste aus den Erfahrungen jedes Partners auf flexible Weise übernehmen.
12) ...arbeiten auf die Wiederherstellung von Transparenz und Verwundbarkeit in ihrer Ehe hin und geben ihre Hoffnungen und Ängste offen zu.
13) ...lassen die Schwere ihrer vorigen Eheerfahrung zurück.

Paarübungen

Besorgt Euch das Arbeitsblatt „Fragen vor der Wiederheirat" aus dem Ressourcen-Bereich der Buch-Internetseite www.DieLoesungFuerEhen.de und bittet das Paar, es zu lesen und miteinander zu besprechen. Klärt gemeinsam mit ihnen ausgewählte Bereiche.

Gesprächsanregungen

1) Habt Ihr über den Ehevertrag aus Eurer ersten Ehe/Euren ersten Ehen und damit verbundenen Verpflichtungen gesprochen?
2) Welchen Einfluss wird diese Vereinbarung Eurer Meinung nach auf Eure Beziehung haben? Auf Eure Kinder? Auf Eure Finanzen?
3) Glaubst Du, dass ein Ehevertrag für Eure Ehe notwendig ist? Warum oder warum nicht?

Biblische Bezugsquellen
Gibt es für die Wiederheirat eine biblische Grundlage?
Einige dazu passende Verse sind:
1) Matthäus 5,31-32
2) Matthäus 19,1-12
3) Markus 10,1-12
4) Lukas 16,18
5) 1. Korinther 7,10-16

Buchempfehlung in englischer Sprache
   Rosberg, Gary and Rosberg, Barbara. *Divorce Proof Your Marriage*. Wheaton, IL: Tyndale House, 2004.

KAPITEL 32

Stieffamilien[1]

Einführung
Viele Experten sind sich darüber einig, dass unrealistische Erwartungen an das Leben einer Stieffamilie große Enttäuschungen bei den Paaren hervorrufen. Obwohl alle neuen Ehen mit verschiedenen Menschen und Dynamiken zu tun haben, ist es nicht ungewöhnlich, dass Partner – ganz besonders während des stressigen Vorgangs der Zusammenführung zweier Familien – in alte Verhaltensmuster und Abläufe zurückfallen (z.B. sich während eines Konflikts ausweichend verhalten).

Christliche Stieffamilien kommen in unserer Gesellschaft immer häufiger vor. Dieses Kapitel betrachtet die einzigartigen Herausforderungen, denen sich Stieffamilien stellen müssen und hilft dem Mentee-Paar bei der entsprechenden Vorbereitung.

Gängige Schwierigkeiten im Zusammenhang mit Stieffamilien
1) Die Rollen und Erwartungen des Vaters bzw. Stiefvaters und der Mutter bzw. Stiefmutter zu regeln.
2) Die Paare erkennen das Maß an Herausforderung nicht, das bei der Zusammenführung zweier Familien entsteht.
3) Die Kinder spielen das leibliche Elternteil und den Stief-Elternteil gegeneinander aus, wenn es um Hausregeln, Disziplin etc. geht.

Tipps zum Besprechen des Themas „Stieffamilien"
Sobald zwei Familien eine Stieffamilie bilden, gibt es oft Schwierigkeiten bei der Eingliederung, da zwei verschiedene Haushalte mit unterschiedlichen Regeln verschmelzen.
Der entscheidende Punkt für den Erfolg der Stieffamilie ist das Festlegen von Disziplinarregeln und deren konsequente Anwendung bei allen beteiligten Kindern. Es sollte weder zugelassen werden, dass die Regeln ausgedehnt oder gebrochen werden, noch dass die Kinder das eine Elternteil gegen das andere ausspielen.

Eine Stieffamilie erlebt häufig Zeiten, in denen das Kind oder die Kinder den/die anderen Elternteil(e) besuchen. Wir sollten uns als Stiefeltern anstrengen, gute und gottesfürchtige Vorbilder zu sein und eine Haltung der Integrität vorleben.

Nachfolgend findet Ihr eine Liste realistischer und unrealistischer Erwartungen für Eltern und Kinde

Stieffamifien

gängige Erwartungen	
unrealistisch	**realistisch**
Zwischen allen Familienmitgliedern entsteht unverzüglich ein liebevolles Miteinander.	Es ist möglich, dass sich die Mitglieder der Stieffamilie lieben oder auch nicht lieben. Die Entwicklung von Beziehungen wird Zeit in Anspruch nehmen; manche werden schnell eine Beziehung aufbauen und andere langsam.
Dieses Mal werden wir eine bessere Ehe führen.	Menschen, die eine Trennung oder Scheidung erlebt haben, nehmen häufig harte Lektionen aus ihrer Vergangenheit mit. Aber eine neue Ehe kann nicht mit einer vorherigen verglichen werden. Sie betrifft andere Menschen und verschiedene eheliche Dynamiken.
„Zusammenschluss" ist das Ziel dieser Stieffamilie.	Wenn Beziehungen „zusammengeführt" werden, sind sie gleichwertig und jeder fühlt sich verbunden. Für gewöhnlich möchten die Paare, dass ihre Familien sich schnell „zusammenschließen". Aber Tatsache ist, dass sich manche Mitglieder von Stieffamilien nie „verbinden" werden, während andere enge Beziehungen aufbauen.
Unsere Kinder werden über diese neue Familie genauso glücklich sein wie wir.	Tatsache ist, dass die Kinder bezüglich der neuen Ehe bestenfalls verwirrt sind und sich im schlimmsten Fall darüber ärgern. Die Wiederheirat scheint zumindest am Anfang ein Gewinn für die Erwachsenen, aber ein weiterer Verlust für die Kinder zu sein. Für gewöhnlich bestand der Grund für die Wiederheirat im Gewinn eines Ehepartners und nicht unbedingt im Gewinn der

	Kinder, die zum Partner gehören. Für viele sind Stiefkinder ein notwendiges Übel.
Die Erwartung eines Kindes: Mein Stiefelternteil wird nicht versuchen, sich wie mein leibliches Elternteil zu verhalten.	Manchmal sehnen sich die Stiefeltern so sehr nach Annahme, dass sie mit den Kindern so umzugehen versuchen, wie ihr leibliches Elternteil mit ihm umgehen würde. Leider werden die Kinder den Unterschied trotzdem bemerken.
Die Erwartung eines Kindes: Wenn mein Stiefelternteil mich disziplinieren möchte, wird er sich genauso verhalten wie mein leibliches Elternteil.	Der Erziehungsstil ihrer leiblichen Eltern ist das, womit die Kinder vertraut sind. Es kann ihnen schwer fallen, sich an einen anderen Erziehungsstil und an andere Regeln anzupassen. Versucht, die Regeln beider Haushalte vor der Hochzeit miteinander abzugleichen (z.B. gleiche Nachtruhe, Ausgehsperre usw.). Nach der Hochzeit sollte jedes Elternteil versuchen, die Autoritätsperson für ihre eigenen Kinder zu sein und dieselben Regeln für alle gelten zu lassen.

Paarübungen

Eine Stiefmutter hat zwei Jahre nach ihrer Wiederheirat die folgenden (enttäuschten) Erwartungen zum Ausdruck gebracht:

1) Ich dachte, mein Ehemann würde es zu schätzen wissen, wie überwältigend und schwierig es für mich sein würde, für seine Kinder zu sorgen.
2) Ich ging davon aus, dass mein mütterliches Bedürfnis durch das Aufziehen seiner Kinder erfüllt werden würde.
3) Ich hatte angenommen, bei den Besuchsplänen seiner Kinder mehr Mitspracherecht zu haben – z.B. wenn wir anstatt ihrer Mutter auf sie aufpassen, wenn sie bei einem Freund übernachten usw.

4) Ich erwartete, mich integrieren zu dürfen, von seinen Kindern willkommen geheißen und gut behandelt zu werden.
5) Ich erwartete, sofort die erste Priorität vor all seinen anderen Beziehungen, auch vor denen mit seinen Kindern, zu haben.

Inwiefern kannst Du Dich in den Wünschen der Stiefmutter wiederfinden? Für wie realistisch hältst Du die fünf Wünsche? Besprecht diese als Paar.

Gesprächsanregungen
1) Was hat jeder einzelne von Euch dazu beigetragen, dass Ihr die Realität des Lebens einer Stieffamilie ausreichend versteht und darauf vorbereitet seid?
2) Worin seht Ihr die hauptsächlichen Herausforderungen, denen Ihr Euch wahrscheinlich stellen müsst, wenn Ihr Euch in dem Leben als Stieffamilie einfindet?
3) Wie sehr seid Ihr Euch über den Stress bewusst, den Ihr in Eurer Beziehung als Paar wahrscheinlich erleben werdet?
4) Wie ausgiebig habt Ihr über die neuen und speziellen Verantwortungen gesprochen, die Ihr im Rahmen der Kindeserziehung haben werdet?
5) Über welche Disziplinarszenarios habt Ihr Euch unterhalten? Seid Ihr Euch beim Disziplinieren der Kinder einig?

Zusätzliche Gesprächsthemen befinden sich im Kapitel 31: Wiederheirat.

Biblische Bezugsquellen
1. Timotheus 3,4: *„Es ist nötig, dass er ein guter Familienvorstand ist und dass seine Kinder ihn achten und ihm gehorchen." (Neues Leben Bibel)*
Titus 2,3-5: *„Genauso sollst Du die älteren Frauen lehren, ihr Leben so zu führen, wie es sich für jemanden gehört, der dem Herrn dient. Sie sollen nicht herumgehen und tratschen, und sie dürfen keine Trinkerinnen sein. Stattdessen sollen sie anderen zeigen, was gut ist. Diese älteren Frauen sollen die jüngeren Frauen anleiten, ihre Ehemänner und auch ihre Kinder zu lieben, besonnen und anständig zu leben, ihren Haushalt gut zu versorgen, freundlich zu sein und sich ihren Ehemännern unterzuordnen. Damit werden sie dem Wort Gottes keine Schande machen!" (Neues Leben Bibel)*

Buchempfehlung in englischer Sprache
Deal, Ron L. *The Smart Stepfamily*. Minneapolis, MN: Bethany House, 2006.

TEIL 8

Zusatzmaterial für Mentoren

Brief der Mentoren an die Eltern der vorehelichen Mentees[1]

Auf der folgenden Seite findet Ihr einen beispielhaften Brief, den wir den Eltern der vorehelichen Mentees mit den folgenden Absichten schicken:

1) Durch diesen Brief erhaltet Ihr eine weitere Perspektive auf die Beziehung zwischen den Eltern und ihrem Sohn oder ihrer Tochter. Euch werden ergänzende Einblicke in die Herkunftsfamilien Eurer beiden Mentees ermöglicht.
2) Der Brief hilft den Eltern dabei, ihren Sohn oder ihre Tochter loszulassen und die neu entstehende Familieneinheit anzuerkennen.
3) In diesem Brief könnt Ihr die Bereiche hervorheben, denen Ihr in den anstehenden Mentoring-Einheiten vermutlich Eure Aufmerksamkeit schenken werdet.
4) Bittet die Eltern in diesem Brief um Unterstützung in ihren Gebeten.
5) Die Eltern erhalten durch den Brief die Gelegenheit, ein besonderes Wort der Ermutigung weiterzugeben, wovon Ihr dem Paar dann berichten könnt.

Dieses Exemplar ist als elektronische Version in dem Ressourcen-Bereich von www.DieLoesungFuerEhen.de verfügbar.

Zusatzmaterial für Mentoren

Namen der Mentoren
Absender-Adresse

Liebe Eltern von *Johannes Schmidt*,

wir haben das Privileg, die Mentoren von *Johannes und Janina* zu sein. Wir glauben, dass es wichtig ist, dass Ihr als Eltern Teil davon seid während wir den beiden durch das voreheliche Mentoring-Programm helfen, um sich auf eine erfüllte und Christus-ehrende Ehe vorzubereiten.

Ihr habt viel Liebe, Zeit, Energie und Geld in die Erziehung und Ausbildung von *Johannes* investiert, die es ihm ermöglicht hat, diese Lebensphase zu erreichen. Ihr kennt *Johannes* sicherlich besser als jeder andere Mensch. Wir würden Eure Perspektive für unsere anstehenden Treffen mit den beiden gerne kennenlernen und davon profitieren.

Bitte beantwortet die folgenden Fragen und sendet die Antworten per E-Mail an mentoren@emailadresse.de oder gebt sie an *Johannes* weiter, so dass wir Eure Anregungen weitergeben und in den zukünftigen vorehelichen Mentoring-Treffen besprechen können.

1) Beschreibt, wie die Beziehung mit Eurem *Sohn* früher war und wie sie momentan ist.
2) Beschreibt Eure derzeitige Beziehung mit Eurer zukünftigen *Schwiegertochter*.
3) Worin seht Ihr Eure Rolle, Eurem *Sohn* beim Etablieren eines neuen, unabhängigen Haushaltes nach Gottes Anweisungen in 1. Mose 2,24 zu helfen?
4) Wie sollte der Respekt, der Euch von Eurem *Sohn* und Eurer *Schwiegertochter* nach der Hochzeit entgegengebracht wird, Eurer Meinung nach aussehen?
5) Wie oft würdet Ihr gerne mit dem frischverheirateten Paar sprechen/oder sie wiedersehen?
6) Wie würdet Ihr Euch die Handhabung der Feiertage von beiden beteiligten Familien wünschen?
7) Welche Wünsche und Gebete habt Ihr im Hinblick auf deren Ehebund?

Stieffamilien

Vielen Dank für Euren Beitrag zu diesem Mentoring-Prozess. Wir schätzen Eure Gebete für die beiden und für jeden von uns während wir mit *Johannes und Janina* arbeiten.

Gottes Segen wünschen Euch

Michael und Maria Mentor

Die Nachbesprechung

3-6 Monate nach der Hochzeit

Einführung

Weiterführende Beratung mit Erfahrung ist sehr wichtig und hilft den Paaren dabei, Fähigkeiten, die man für eine erfolgreiche Ehe braucht, zu erwerben. Denkt darüber nach, eine weitere Mentoring-Einheit in das Leben Eurer Mentees zu investieren, nachdem Ihr ihnen Zeit gegeben habt, die Phase der „Flitterwochen" hinter sich zu lassen.

Wir empfehlen, dass Ihr Euch mit Euren Mentees 3-6 Monate nach ihrer Hochzeit trefft. Findet heraus, wie es ihnen geht, lobt sie für ihren gemeinsamen Erfolg und bietet ihnen Hilfe bei Herausforderungen und Fragestellungen, die sich in ihrer Beziehung entwickelt haben, an.

Tipps für die Durchführung der Folgebesprechung

Die folgenden Fragen können Euch als Richtlinie dienen. Wählt die aus, die Euch am relevantesten erscheinen.

1) Wie unterscheidet sich eine „perfekte" Ehe davon, wie Eure Ehe heute aussieht?
2) Jetzt, wo Du vertrauter mit Deinem Ehepartner bist, könntest Du Dich versucht fühlen, Dinge zu sagen oder zu tun, die Du während Eurer Verlobungszeit nie getan hättest? Wie geht Ihr beide mit dieser Versuchung um?
3) Matthäus 7,24-27 beschreibt weise und törichte Bauherren. In welchen Gebieten baut Ihr Eure Ehe ganz bewusst auf ein festes Fundament?
4) Hast Du Vorlieben, Abneigungen oder Gewohnheiten Deines Ehepartners entdeckt, die Du vor der Hochzeit nicht bemerkt hast?
5) Sind Dir Probleme aufgefallen, die vor Eurer Ehe entstanden sind und sich nun in Eurer Beziehung bemerkbar machen?

Nachbesprechung

6) Seid Ihr bereits herausfordernden Situationen, die Euch in Eurer Ehe näher zusammengebracht haben, begegnet?
7) Wie hat das Verlassen Deiner Eltern funktioniert? Wie haben sich die vergangenen Feiertage seitdem angefühlt? Habt Ihr beide das Gefühl, dass Eure Familie gerecht behandelt wurde?
8) Wie ist die Beziehung zu Deinen Schwiegereltern? War es allen Beteiligten möglich oder hatten sie die Erlaubnis, sich zu lösen und binden?
9) Wie ergeht es Dir bei der Arbeit? Welchen Einfluss hat sie auf Eure Beziehung?
10) Wie steht es um Eure Finanzen? Ist der Stand der Dinge anders als vor der Hochzeit erwartet?
11) Hat einer von Euch versucht, etwas an seinem Ehepartner zu verändern? Inwiefern?
12) Gibt es irgendwelche Tätigkeiten im Leben Deines Ehepartners, von denen Du denkst, dass sie zu viel Zeit in Anspruch nehmen?
13) War es Euch möglich, Rat und Hinweise voneinander anzunehmen und zu schätzen?
14) Worüber hattet Ihr bis jetzt den größten Streit oder in welchem Bereich hattet Ihr bis jetzt die größte Meinungsverschiedenheit? Habt Ihr beide das Gefühl, dass diese(s) Problem(e) vollständig und gerecht gelöst werden konnten?
15) Hat sich Eure Beziehung mit Gott verändert, seitdem Ihr verheiratet seid? In welchen Bereichen konntet Ihr gemeinsam geistlich wachsen?

16) Bei welchen geistlichen Angewohnheiten (Gebet, Bibelstudium, Gehorsam, Engagement in der Kirche) ist Euch die Durchführung seit Eurer Hochzeit leicht gefallen? In welchen Bereichen ist es Euch am schwersten gefallen? Habt Ihr einen Plan, wie Ihr diese Lücken füllen könnt?
17) Was könnten wir tun, um das Ehe-Mentoring, an dem Ihr teilgenommen habt, zu verbessern?
18) In welchen Bereichen fühlt Ihr Euch unvorbereitet für die Ehe? Gut vorbereitet?

Merkt Euch alle konstruktiven Vorschläge, die Eure Mentees haben, und berücksichtigt sie bei Euren zukünftigen Mentoring-Einheiten.

Paarübungen
1) Lasst das Paar einige angenehme und erinnerungswürdige Erinnerungen aus ihren ersten drei Ehe-Monaten erzählen.
2) An welchen Seminaren oder Ehekursen wird das Paar im kommenden Jahr teilnehmen?
3) Was genau wird das Paar tun, um seine Beziehung in den ersten 2-5 Jahren frisch zu halten und/oder sich auf das Elternsein vorzubereiten?

Ermutigt das Paar dazu, seine Ehe weiterhin auf dem Fundament dem Wort Gottes zu bauen. Erinnert sie an Sein Versprechen in Prediger 4,9-12. Darin liegt ihre wahre Sicherheit.

Schreibt uns Eure Ideen zur Ehe-Bereicherung an knaack@DieLoesungFuerEhen.de oder an info@RelateWorks.de
Haltet im Bereich der Ressourcen auf www.DieLoesungFuerEhen.de Ausschau nach weiteren Informationen und Texten, die dort bereitgestellt werden.

Bewertung des Mentorings[1]

Einführung

Nach jedem abgeschlossenen Mentoring solltet Ihr Euch als Mentoren mit dem Geist der kontinuierlichen Exzellenz von Euren Mentees bewerten lassen. Durch Verwendung des nachfolgenden Fragebogens kann das Mentoring von Euch als Ehepaar bzw. von Euch als gesamte Kirche so optimiert werden, um den größtmöglichen Unterschied zu bewirken.

Die digitale Version ist über den Ressourcen-Bereich von www.DieLoesungFuerEhen.de erhältlich.

Bewertung des Mentorings für Paare

Namen des Paares:

_____   _____
Vorname   Nachname

_____   _____
Vorname   Nachname

Namen der Ehe-Mentoren:

_____   _____
Vorname   Nachname

_____   _____
Vorname   Nachname

Wie viele Treffen hattet Ihr in welchem Zeitraum mit Euren Ehe-Mentoren?

Anzahl: _____   Zeitraum: _____

Würdet Ihr das Mentoring insgesamt als positive Erfahrung bezeichnen?

Ja____   Nein____   Teilweise_____

Welche Themen fandet Ihr am hilfreichsten?

_____

_____

Welche Themen hätten besprochen werden sollen, wurden aber vernachlässigt?

_____

_____

In welchen Bereichen ist es Euch am schwersten gefallen, offen zu sein? Weshalb?

_____

_____

Konntet Ihr beobachten, dass sich Eure Beziehung durch das Mentoring verbessert hat?
Falls ja, inwiefern?

_____

_____

_____

Fühlt Ihr Euch bereit für die Ehe nach Gottes Plan?

_____

_____

Was hätte zu einer noch besseren Mentoring-Erfahrung beitragen können?

Zusatzmaterial für Mentoren

_____

_____

_____

Gibt es etwas, das Ihr ergänzend gerne noch mit Eurem Pastor bzw. Leiter des
Ehebereiches besprechen würdet?

_____

_____

_____

Unterschriften des Paares:

Partner 1:_____Datum:_____

Partner 2:_____Datum:_____

© 2011, Jeffrey Murphy und Charles Dettman. Alle Rechte vorbehalten

Außereheliches Zusammenleben

Einführung
Hast Du schon einmal einen Blick auf ein Geschenk gewagt, bevor Du es bekommen solltest (z.B. Du hast ein Geburtstagsgeschenk gefunden und es schon vor Deinem Geburtstag angeschaut)? Wurde die Überraschung an dem Tag, an dem Du es bekommen hast, von Deiner Vorkenntnis ruiniert? Das Zusammenleben vor der Ehe ist so, wie wenn man ein wunderschönes Geschenk vor seiner vorherbestimmten Zeit öffnet. Es ist wie das Auspacken eines Geschenks, das dann zu früh betrachtet wird – was Konsequenzen mit sich bringt.

Das außereheliche Zusammenwohnen ist seit den 60er Jahren, in denen die westlichen Kulturen anfingen, sexuelle Sitten abzulegen, immer gängiger geworden. Gleichzeitig lässt sich ein entsprechendes Ansteigen der Scheidungsraten beobachten.
Dieses Zusatzkapitel beschäftigt sich mit der Entscheidung eines Paares, unverheiratet zusammen zu wohnen, den Problemen, die daraus entstanden sind, und den Auswirkungen, die das voreheliche Zusammenleben auf die Beziehung des Paares hat.

Tipps zum Besprechen des Themas „voreheliches Zusammenleben"
Obwohl so gut wie alle Studien zeigen, dass sich das voreheliche Zusammenwohnen schädlich auf die Ehe-Beziehung auswirkt, ziehen in den westlichen Industrieländern aktuell ungefähr zwei Drittel der verheirateten Paare bereits vor der Ehe zusammen. Forscher haben herausgefunden, dass die folgenden Bereiche einer Beziehung durch das voreheliche Zusammenwohnen beeinflusst werden.

Es sei darauf hingewiesen, dass jüngste Studien[1] widersprüchliche Ergebnisse bei *verlobten* Paaren ergeben haben, die zusammenleben, aber ein genaues Hochzeitsdatum geplant haben. Wir empfehlen, dass die Mentoren dieses Thema immer sowohl aus geistlicher Perspektive, als auch aus der Beziehungsperspektive behandeln. Selbst wenn das voreheliche

Zusatzmaterial für Mentoren

Zusammenleben nicht so viele negative Auswirkungen auf die Paare hätten, wäre es noch immer aus Gottes Perspektive falsch.

Der Mythos des „Ausprobierens"
Die Mehrheit der jungen Menschen ist davon überzeugt, dass es hilfreich sei, zuerst zusammen zu wohnen, um herauszufinden, ob eine Beziehung beständig sei. Nichts könnte der Wahrheit ferner sein. Obwohl es vernünftig zu sein scheint, „den Schuh anzuprobieren, bevor man ihn kauft", ist es unmöglich, Beständigkeit zu üben. Ehen sind keine Schuhe: Schuhe können weggeworfen werden, ohne dass jemand verletzt wird.

Das Testen einer Beziehung durch das voreheliche Zusammenleben führt seiner Natur entsprechend in eine selbstsüchtige, leistungsabhängige Beziehung. Das ist weit entfernt von der auf Verbindlichkeit bauenden Bündnis-Beziehung einer wahren Ehe. Wenn Paare zusammenleben, konzentrieren sie sich für gewöhnlich darauf, von der anderen Person befriedigt zu werden. Die christliche Ehe fordert aber von den Ehepartnern, dass sie sich darauf konzentrieren, die andere Person zu befriedigen und die eigene Erfüllung als Nebenprodukt zu erhalten.

1) Das voreheliche Zusammenleben verurteilt ein Paar zum Scheitern: die Scheidungsrate erhöht sich auf bis zu 65%.[2] Andere Angaben zufolge liegt die Scheidungsrate nach dem vorehelichen Zusammenwohnen um 50 bis 100% höher als bei Paaren, die nicht vor der Heirat zusammengelebt haben.[3] Diese Auswirkungen wurde in Studien, die in einigen europäischen Ländern, den Vereinigten Staaten, Kanada und Neuseeland durchgeführt wurden, festgestellt.[4] Warum ist das so? Paare, die versuchsweise zusammenziehen, realisieren nicht, dass dadurch genau das, was der Kleber einer Ehe ist, *nicht* getestet wird: die Verbindlichkeit. Die Risiken bei inter-kulturellen Ehen sind sogar noch größer.[5]

2) Bei den Paaren, die vorehelich zusammenleben, ist die Frage nicht, ob sie zusammenbleiben, sondern wann sie sich trennen. Von 100 Paaren, die vorehelich zusammenwohnen, trennen sich 40 bevor sie heiraten. 45 der 60 Paare, die heiraten, lassen sich scheiden (und haben damit eine höhere Scheidungsrate). Das heißt, dass nach zehn Jahren nur 15 der 100 Paare immer noch zusammen sein werden. Das

außereheliche Zusammenwohnen ist keine „Probe-Ehe", sondern eher eine „Probe-Scheidung".[6]

3) Eine Studie der Universität von Western Ontario hat bei über 8.000 Männern und Frauen, die verheiratet gewesen sind, einen direkten Zusammenhang zwischen dem außerehelichen Zusammenleben und der Scheidung, entdeckt. Es wurde festgestellt, dass das voreheliche Zusammenwohnen „eine direkte negative Auswirkung auf die folgende Stabilität der Ehe hat", da das Leben in einer solchen Einheit „die Legitimität der offiziellen Ehe untergräbt" und „die Verbindlichkeit der Ehe verringert."[7]

4) Dr. Scott Stanley von der Universität von Denver hat in seinem Buch *„The Power of Commitment"* (dt.: „Die Kraft der Verbindlichkeit") berichtet, dass „die Männer sich in ihren Ehen weniger engagierten, wenn sie mit ihrem Partner vor der Ehe zusammengewohnt haben".[8] Wenn ein Paar vor der Ehe zusammenlebt, besteht eine größere Wahrscheinlichkeit, dass sie den Partner nach der Hochzeit betrügen.

5) Je länger die Erfahrung des vorehelichen Zusammenlebens andauert, desto größer ist die Wahrscheinlichkeit, dass die verheirateten Einzelpersonen den Wert der ehelichen Beständigkeit infrage stellen. Auf der anderen Seite ist es sehr wahrscheinlich, dass die Paare, die vor der Ehe nicht zusammengelebt haben, die vielen kleinen Stressfaktoren, die unweigerlich auftreten, besser akzeptieren: Für diese Paare sind sie Teil des Preises und der Verantwortung, die sie für die Beständigkeit ihrer Ehe bereit sind zu übernehmen.[9]

Schädliche seelische Auswirkungen

1) Bei Frauen, die vorehelich mit ihrem Partner zusammenwohnen, ist die Depressionsrate dreimal höher als bei verheirateten Frauen („National Institute for Mental Health" – dt.: „Staatliches Institut für seelische Gesundheit").[10] Je länger Paare außerehelich zusammenwohnen, desto höher ist die Wahrscheinlichkeit einer Depression.[11]

2) Eine vom *„National Council on Family Relations"* (dt.: „Nationaler Rat für Familienbeziehungen") durchgeführte Studie (n = 309 frischverheiratete Paare) hat herausgefunden,

Zusatzmaterial für Mentoren

dass die Paare, die vor der Ehe zusammengewohnt haben, in ihrer Ehe weniger glücklich waren.[12]

3) Unsere Gespräche mit Paaren, die vorehelich zusammen gewohnt haben, zeigten, dass die Frauen das Zusammenleben als Sprungbrett für die Ehe sahen, während der Reiz für die Männer in den Bequemlichkeiten des allzeit verfügbaren Geschlechtsverkehrs und den geteilten Ausgaben lag. Diese unterschiedlichen Perspektiven führen oft zu bitterer Enttäuschung bei den Frauen, die vorehelich zusammenwohnen.

Verringerte Kommunikation

1) Dr. Catherine Cohan und Stacey Kleinbaum von der Staatlichen Universität von Pennsylvania haben 92 Paare, die weniger als zwei Jahre verheiratet waren, interviewt und herausgefunden, dass die Paare, die *nur einen Monat* vor der Hochzeit zusammengezogen sind, schlechtere Kommunikations- und Konfliktlösungsfähigkeiten zeigten als die Paare, die nicht vorher zusammenlebten. „Im Allgemeinen haben sie herausgefunden, dass die, die vor der Hochzeit zusammengewohnt haben, verbal aggressiver, feindseliger und nicht so unterstützend waren wie die, die bis zur Hochzeit mit dem Zusammenziehen gewartet haben. Das Problem könnte gemäß der Autoren darin liegen, dass die, die ohne den Vorteil der Ehe zusammenleben, ein geringeres Verbindlichkeitsgefühl dem anderen gegenüber haben und deshalb nicht so sehr an ihrer Ehe arbeiten. Sie fassten ihre Forschungsergebnisse mit den Worten zusammen: ‚Wir wissen nur, dass die Menschen, die zuerst zusammengewohnt haben, schlechtere Kommunikations-Fähigkeiten hatten.'"[13]

2) 60% der Menschen, die vor der Ehe zusammengewohnt haben, waren verbal aggressiver, haben sich gegenseitig weniger unterstützt und waren feindseliger als die 40% der Ehepaare, die nicht vor der Ehe zusammengelebt haben.[14]

3) Menschen, die vor der Hochzeit zusammengewohnt haben, führen mehr negative Kommunikation in ihren Ehen als diejenigen, die nicht zusammengewohnt haben.[15]

Verminderte Beziehungsqualität
1) Das außereheliche Zusammenwohnen steht mit weniger Beziehungszufriedenheit in Zusammenhang.[16]
2) Das außereheliche Zusammenwohnen steht mit einer gefühlten Instabilität der Beziehung in Zusammenhang.[17]
3) Ein Zusammenhang besteht zwischen dem außerehelichen Zusammenwohnen und einem geringeren Maß an Hingabe gegenüber dem Partner, sowohl bei Männern als auch bei Frauen.[18]
4) Die herkömmliche Meinung sagt, dass es in Ordnung sei, eine „Probezeit" zu haben: „Ein Auto fährt man ja auch Probe, bevor man es kauft!" Auf die Ehe trifft jedoch genau das Gegenteil zu! „Ein frischverheiratetes Ehepaar unternimmt größere Anstrengungen, sich dem anderen anzupassen, weil es weiß, dass seine Beziehung für den Rest des Lebens andauert. Beide Partner wollen ihr Miteinander aufbauen, nicht ausprobieren."[19] Sprüche 14,12 erinnert uns: „Mancher Weg erscheint dem Menschen richtig, aber zuletzt führt er ihn doch zum Tod" (Schlachter 2000).
5) Je länger Paare vor der Hochzeit zusammenleben, desto früher kommt es in der ehelichen Beziehung zu Ernüchterung; einem unzufriedenstellenden Eheleben und mangelnder Verbindlichkeit.[20]

Erhöhte Aggression
1) Es besteht ein Zusammenhang zwischen vorehelichem Zusammenwohnen und der Wahrscheinlichkeit häuslicher Aggression.[21]
2) Die Wahrscheinlichkeit des körperlichen Missbrauchs einer Frau, die außerehelich mit einem Mann zusammenlebt, ist dreimal höher als bei einer verheirateten Frau. Im Fall der Trennung eines Paares, das unverheiratet zusammenwohnt, ist die Wahrscheinlichkeit, dass die Frau verletzt wird, 18 Mal höher als bei einer verheirateten Frau.[22]
3) Körperliche Intimität ist ein falsch verstandener Versuch, emotionale Brücken schnell aufzubauen. Beziehungen, die auf ein so ungeeignetes Fundament gebaut werden, brechen letztendlich zusammen. Eine Studie der Staatliche Universität von Pennsylvania, die die Beziehungsqualitäten von 682 zusammenlebenden und 6.881 verheirateten Paaren

im Alter von 19-48 Jahren verglichen hat, kam zu dem Ergebnis, dass sich die zusammenlebenden mehr als die verheirateten Paare streiten, anbrüllen und schlagen.[23]

4) 60% der Teilnehmer, die vorehelich zusammenlebten, waren verbal aggressiver, weniger unterstützend und feindseliger als die 40%, die mit der Eheschließung zusammenzogen.[24]

Die Handhabung von Eigentum

Die Macht der wirtschaftlichen Verhältnisse trägt häufig dazu bei, dass sich ein Paar dazu entscheidet, vor der Ehe zusammenzuleben.

1) „Ein Paar geht miteinander aus, lässt sich sexuell aufeinander ein und verbringt viel Zeit und auch viele Nächte miteinander. Früher oder später bemerken sie, dass sie das, was sie tun, viel billiger haben können, wenn sie eine Wohnung und andere Lebenskosten teilen. Ihre Denkweise hat den moralischen Zusammenhang zwischen Sex und Ehe so verdrängt, dass der wirtschaftliche Aspekt ihrer Beziehung zur dominanten Überlegung geworden ist."[25]

2) Bei den meisten Paaren, die außerehelich zusammenwohnen, bleiben Geld und Eigentum meistens „seins" oder „ihrs" anstatt „unseres". Die Folge davon ist, dass es nur begrenzte gemeinsame Zielsetzungen im finanziellen Bereich gibt. Außerdem ist gemeinsames Planen nicht so wichtig, weil er oder sie ihr eigenes Geld ausgeben. Diese Denkweise verfehlt die ökonomische Synergie, die bei den meisten Ehen vorliegt.

Schädlicher Einfluss auf die Kinder

1) „Die Wahrscheinlichkeit, dass Kinder in der Schule versagen, mit dem Gesetz in Konflikt geraten, an Depression leiden, Drogen nehmen und – was am besorgniserregendsten ist – missbraucht werden, ist bei Kindern aus Familien, die unehelich zusammenleben, im Vergleich mit den Kindern aus verheirateten Stieffamilien, höher. (Es sei darauf hingewiesen, dass Kinder aus intakten verheirateten Familien auf all diesen Gebieten am besten abschneiden.) Gemäß einer Studie des Urban Institutes, ‚sind zusammenlebende Familien nicht nur eine Erweiterung von traditionell verheirateten biologischen Familien oder Patchwork-

Familien'. Ein vor kurzem veröffentlichter staatlicher Bericht zum Thema Kindesmissbrauch hat gezeigt, dass Kinder aus unehelichen Stieffamilien mit 98% größerer Wahrscheinlichkeit körperlich missbraucht werden als Kinder aus ehelichen Stieffamilien. Die Wahrscheinlichkeit des sexuellen Missbrauchs ist 130% höher und die Wahrscheinlichkeit des emotionalen Missbrauchs 64% höher."[26]

2) Eine Umfrage, über die eine Homepage für Ehemänner und Väter berichtet, zeigt:[27]
   - Da außerehelich zusammenlebende Paare sich eher trennen als verheiratete Paare, ist die Wahrscheinlichkeit, dass die Kinder das Trauma der Trennung ihrer Eltern erleben müssen, bei ihnen fünfmal höher („*Journal of Marriage and Family*" – dt.: „Magazin für Ehe und Familie").
   - Die Wahrscheinlichkeit, dass Kinder missbraucht werden, ist um 50% höher, wenn sie nicht bei ihren zwei biologischen Elternteilen oder Adoptiveltern leben (Angaben einer staatlichen amerikanischen Erhebung).
   - Selbst wenn man sozioökonomische Unterschiede und variable psychische Verfassung berücksichtigt, ist die Wahrscheinlichkeit, dass Kinder unverheirateter Paare an psychischen Störungen, Krankheiten, Selbstmordversuchen, Alkoholabhängigkeit und Drogenmissbrauch leiden, doppelt so groß.
   - Es besteht eine höhere Wahrscheinlichkeit, dass die Kinder an den negativen Auswirkungen der Armut und dem niederen sozioökonomischen Status leiden.
   - Die Kinder haben mehr Schwierigkeiten damit, gesunde Beziehungen aufzubauen.

3) Eltern, die unehelich zusammengelebt haben, haben größere Schwierigkeiten, moralische Richtlinien für ihre Kinder aufzustellen, ganz besonders dann, wenn sie in die Pubertät und damit das Alter des Verliebens kommen.

Geistliche Probleme

Die Bibel sagt nicht zuletzt in Hebräer 13,4: *"Die Ehe soll von allen in Ehren gehalten werden und das Ehebett unbefleckt; die Unzüchtigen und Ehebrecher aber wird Gott richten!" (Schlachter 2000).* Gott hat so viel mehr für die Paare vorgesehen, die in ihren irdischen Beziehungen rein bleiben. Er sehnt sich auch danach, Paaren zu vergeben, die von ihrer Sünde umkehren und ihre Beziehung von Neuem beginnen wollen.

Die biblische Lehre nennt als Gottes Willen für unser Leben immer auch sexuelle Reinheit. Pastor Jeff VanGoethem sagt: „Die einfach Wahrheit ist, dass das außereheliche Zusammenwohnen im Bezug auf die Entwicklung beständiger Liebesbeziehungen nicht der Weisheit Gottes entspricht."[28]

Wir haben bei den Paaren, die wir begleitet haben, einen dramatischen Unterschied der geistlichen und beziehungstechnischen Lebendigkeit beobachtet, je nachdem, ob sie vor der Ehe Sex hatten oder jungfräulich in die Ehe gingen.

Die überwältigenden Erkenntnisse, die hier geschildert wurden, zeigen, dass das uneheliche Zusammenwohnen, egal ob man es aus biblischer oder weltlicher Perspektive betrachtet, nicht weise ist.

Außereheliches Zusammenleben ohne Sex[29]

Zwar sind die meisten Paare, die vor der Hochzeit zusammenwohnen, sexuell aktiv, wie steht es aber um Paare, die unverheiratet zusammenleben, ohne sexuell aktiv zu sein? Wie agiert man beispielsweise als Mentoren eines Paares, das aus finanziellen Gründen zusammenwohnt, aber vor der Hochzeit bewusst keinen Sex hat? Obwohl wir die Entscheidung eines Paares, keinen Sex vor der Ehe zu haben, befürworten, gibt es dennoch einige gute Gründe dafür, warum ein Paar nicht vor der Hochzeit zusammenwohnen sollte.

1) Das erste Problem ist die Versuchung. Lasst uns ehrlich sein: zusammen zu leben, eine Wohnung und vielleicht ein Bett zu teilen, ist nicht die beste Methode, um gegen die Versuchung zu kämpfen. Wenn Ihr ernsthaft sämtliche sexuelle Tätigkeiten für die Ehe aufheben wollt, dann ist das Zusammenleben mit der Person, die Du liebst und von der Du Dich sexuell angezogen fühlst, das letzte, was Du tun solltest. Wenn Ihr vor der Ehe zusammenwohnt, erhöht Ihr die Häufigkeit und damit die Anfälligkeit für die Versuchung.

"Kann ein Mann Feuer unter seinem Mantel tragen, ohne dabei in

Brand zu geraten?" (Sprüche 6,27 – Neues Leben Bibel). Wenn Ihr eine Wohngemeinschaft außerhalb der Ehe habt, solltet Ihr Euch fragen, ob Ihr wirklich eine Beziehung in absoluter Reinheit wie zwischen Bruder und Schwester führt. *„Die jungen Männer behandle als Deine Brüder... und zu den jüngeren [Frauen] wie zu Schwestern, aufrichtig und zurückhaltend."* (1. Timotheus 5,1-2 – Hoffnung Für Alle).

2) Als nächstes geht es um Euer Zeugnis. Die Bibel leitet uns dazu an, alles zu vermeiden, was auch nur den *Anschein* der Sünde hat (Epheser 5,3; 1. Thessalonicher 5,22). Welches Beispiel gibt man außenstehenden Beobachtern, wenn man außerehelich zusammenwohnt? Wie werden diejenigen, die Eure Verpflichtung zur sexuellen Enthaltung nicht kennen, Eure Beziehung miteinander und mit Christus sehen? Das Zeugnis unseres Lebens hat Auswirkungen darauf, wie die Menschen Christus, die Kirche und Gottes Bestimmung für die Ehe sehen. Viele lehnen das Christentum ab, weil sie nicht sehen können, dass die so genannten Christen auch entsprechend leben. Das Zusammenwohnen stellt ein schlechtes Zeugnis für Christus und Seine Kirche dar. *„Ich ermahne Euch nun [...]: Wandelt würdig der Berufung, mit der Ihr berufen worden seid."* (Epheser 4,1b – Elberfelder Bibel).
Zudem könnt Ihr ein Hindernis für andere sein, indem Ihr sie ermutigt, in Eure Fußstapfen zu treten – ohne sich sexuell zu enthalten. *„...und vermeidet alles, was einem Bruder oder einer Schwester Anstoß bereiten oder sie zu Fall bringen kann."* (Römer 14,13b – Gute Nachricht Bibel).

3) Und drittens wird die Ehe ihrer Einzigartigkeit beraubt. Das Zusammenleben banalisiert die Ehe, indem es die Heiligkeit, die Gott nur für die Ehe vorgesehen hat, verringert. Das vorzeitige Zusammenleben übernimmt die sozialen und einige beziehungstechnischen Aspekte der Ehe, und entehrt sie dadurch. Das steht im Widerspruch zu Gottes Wort in Hebräer 13,4 sagt: *„Die Ehe soll von allen in Ehren gehalten werden."* (Schlachter 2000).

Zudem hat man herausgefunden, dass der Verharmlosungseffekt eine nachteilige Auswirkung auf die Beziehungsdynamiken des Paares in mehreren Bereichen hat.

4) Wenn Ihr heiratet, fällt Euch der Übergang wahrscheinlich schwerer. Obwohl es eine weise Entscheidung ist, sich bis zur Hochzeit sexuell zu enthalten, kann der geringe Unterschied zwischen dem Tag vor und nach der Hochzeit das plötzliche sexuelle „Dürfen" erschweren, nachdem man sich in der Zeit des vorehelichen Zusammenwohnens mühsam enthalten hat.

Falls Ihr Euch jemals dazu entscheiden solltet, Eure Verlobung aufzulösen, werden sowohl Euer Kummer, als auch die finanziellen und rechtlichen Komplikationen sehr viel größer sein, da Ihr emotional und körperlich eine engere Verbindung aufgebaut habt, als wenn Ihr nicht zusammengelebt hättet.

Gesprächsanregungen
1) Wie geht Ihr mit den Herausforderungen des Zusammenlebens um?
2) Wie vertraut seid Ihr mit der Forschung über die Auswirkungen des Zusammenlebens auf die langzeitigen Aussichten eines Paares für eine beständige Beziehung?
3) Welche Auswirkung hatte das bisherige Zusammenleben auf Eure lebenslange Verpflichtung zueinander?
4) Hat sich Deine Zuversicht bezüglich der Stärke Deiner Beziehung verändert, seitdem Ihr zusammenwohnt?
5) War der Schritt des Zusammenlebens etwas, das Ihr genau geplant habt, oder habt Ihr Euch einfach in diese Entscheidung treiben lassen?
6) Wie könnt Ihr Eure Glaubenslehre und Eure geistlichen Überzeugungen mit Eurer Entscheidung des Zusammenlebens vereinbaren?
7) Wie haben Eure Familien auf Eure Entscheidung zusammenzuziehen reagiert?

Buchempfehlungen in englischer Sprache

McManus, Michael J. and McManus, Harriett. *Living Together: Myths, Risks & Answers*. New York: Howard, 2008.

Whitehead, Ph.D, Dafoe, Barbara and Popenoe, David. "Publications - Special Reports, The National Marriage Project, U.Va." *University of Virginia*. University of Virginia, 28 Apr. 2004. http://www.virginia.edu/marriageproject

Institute for American Values, and National Center for African American Marriages and Parenting. *The Marriage Index A Proposal to Establish Leading Marriage Indicators*. 1st ed. Poulsbo, WA: Broadway Pubns, 2009.

http://www.dss.virginia.gov/files/about/sfi/intro_page/resources/marriage_index.pdf

Zusatzinformationen für Mentoren

zum Thema „Pornografie"

Die Pornografie-Industrie
Pornografie ist eigentlich das gleiche wie Prostitution. Es lässt sich nicht wegrationalisieren: Der Konsument bezahlt oder engagiert eine fremde Person dafür, Sex zu haben, um sie dabei zu beobachten. Je mehr Pornografie von den Menschen konsumiert wird, desto mehr Pornografie wird hergestellt. Jeder Pornografie-Konsument trägt dazu bei, dass die Industrie wächst. Kein Mann würde jemals wollen, dass seine Schwester oder Tochter ein Pornografie-Star wird – warum ist es also für die Schwester oder Tochter eines anderen in Ordnung?

Frühere Mitarbeiter der Porno-Industrie haben die fruchtbare soziale Abwärtsspirale beschrieben, zu der Drogenkonsum (erzwungen oder freiwillig), Vergewaltigung, sexueller Missbrauch, Demütigung, Erniedrigung und Sklaverei gehören. Die große Mehrheit der Beteiligten flüchtet sich in Drogen, um den emotionalen und körperlichen Schmerz, denen diese Frauen ausgesetzt sind, zu betäuben. Dies ist eine der schlimmsten Formen des Frauenmissbrauchs!

Die Pornografie-Industrie erkennt die Realität des „Gesetzes der schrumpfenden Erträge" an, auch wenn die Konsumenten es nicht tun. Betrachtet man die Entwicklung der Pornografie über die letzten Jahrzehnte hinweg, stellt man fest, dass das, was einst als „hart" bezeichnet wurde, heute als „weich" gilt. In unseren von Pornografie durchdrungenen Medien und unserer Kultur sind solche „weichen" Formen weitgehend angenommen und sogar eingebettet.

Vor nicht allzu langer Zeit „... wurde die explizite Darstellung des Geschlechtsverkehrs zwischen zwei erregten Partnern, bei dem ihre Genitalien sichtbar waren, als Pornografie bezeichnet. Bilder von Frauen ... in verschiedenen Stadien des Entkleidens, mit freiem Blick auf ihre Brüste, wurden als ‚weich/softcore' bezeichnet.

Die ‚harte Pornografie' hat sich inzwischen weiterentwickelt und wird immer mehr von ... Drehbüchern, deren Fokus auf Sex in

Verbindung mit Hass und Demütigung liegt, dominiert. Die ‚harte Pornografie' erforscht nun die Welt der Perversion, während ‚weiche Pornografie' als das bezeichnet wird, was vor wenigen Jahrzehnten noch als ‚hart' galt: offener Geschlechtsverkehr erwachsener Menschen, was heute bereits im Kabelfernsehen gezeigt wird. Die vergleichsweise zahmen ‚weichen' Bilder der früheren Jahrzehnte ... tauchen nun in den Alltagsmedien auf ... also im Fernsehen, in Musikvideos, Seifenopern ...."[1]

Häufige Gründe und Entschuldigungen für den Pornografie-Konsum

Laut einer Studie des Kinsey Instituts[2] wurde die Frage: „Warum konsumierst Du Pornografie?" von den Teilnehmenden wie folgt beantwortet:

1) Um zu masturbieren/zur körperlichen Freisetzung (72%).
2) Um sich selbst und/oder andere sexuell zu erregen (69%).
3) Aus Neugier (54%).
4) Weil ich über Dinge fantasieren kann, die ich nicht unbedingt im echten Leben wollen würde (43%).
5) Um mich abzulenken (38%).

Aber die Realität schafft es –ähnlich wie beim Drogen-High –, sich wieder einzuschleichen. Momente nach dem Höhepunkt tauchen fast immer Gefühle der Scham, der Schuld und der Unzulänglichkeit auf, während die Person versucht, ihre Spuren zu verwischen.

Die bio-chemische Grundlage der Sexsucht

Wenn ein Mann ein sexuell ausgerichtetes Bild anschaut, werden Hormone freigesetzt, die seine Aufmerksamkeit erhalten. Diese Hormone beeinflussen sein Denken noch lange nach dem Betrachten der Bilder. Die meisten Männer können sich genauestens an das erste Mal erinnern, wo sie eine nackte Frau oder pornografisches Material gesehen haben.

> *„Pornografie ist ein geflüstertes Versprechen. Sie verspricht mehr Sex, besseren Sex, endlosen Sex, Sex auf Abruf, intensivere Orgasmen und übersinnliche Erlebnisse."*
>
> ~ William M. Struthers[3] ~

Zusatzinformationen für Mentoren zum Thema „Pornografie"

„Menschen, die häufig Pornografie konsumieren, entwickeln in ihrem Gehirn neue Pfade auf der Grundlage der Bilder und Videos, die sie sehen. Diese neuen Pfade entwickeln einen Hunger nach Stimulation, der so groß ist, dass die Männer vor ihren Computern sitzen, wie ‚Ratten in einem Laborkäfig, die gegen das bekannte Stäbchen drücken, um eine Dopamin-Spritze oder etwas Ähnliches zu bekommen.'"[4]

Die Pornografie desensibilisiert Männer so sehr, dass die Bilder, die der Abhängige einst für ekelhaft hielt, anziehend werden. Auf der verzweifelten Such nach einem ‚High' braucht der Abhängige immer wieder etwas Neues.

„Viele Eigenschaften des Pornografie-Konsums entsprechen denen des Drogenkonsums ... Obwohl der Reiz über Augen und Ohren kommt, ... stimuliert die Pornografie das Belohnungs- und Vergnügungszentrum des Gehirns sofort und auf dramatische Weise. Dadurch wird die Produktion von Dopamin, einem Neurotransmitter, der sowohl bei sexueller Erregung als auch beim Drogen-High ausgeschüttet wird, gesteigert. Außerdem hat sich gezeigt, dass der Pornografie-Konsum zur sexuellen Stimulation auch die Produktion von anderen „Glücks"-Chemikalien, wie zum Beispiel Adrenalin, Endorphinen, Testosteron und Serotonin, erhöht. Zusammen mit einem sexuellen Höhepunkt werden kraftvolle Hormone, wie Oxytecin und Vasopressin, die mit dem Verlieben und dem Bindungsaufbau zu tun haben, freigesetzt."

„Pornografie funktionierte nicht nur wie eine normale Droge, sondern wie eine **Designerdroge***, die in der Lage war, im Konsum ... den Reiz des Neuen, Erregung, Auswege, Macht und (durch den Orgasmus) Entspannung zu erleben."*

„Mein neu erworbenes Wissen über die drogenähnlichen Auswirkungen der Pornografie hat mir dabei geholfen, den Problemen von Pornografie-Abhängigen mehr Mitgefühl entgegen zu bringen... Von da an empfahl ich Patienten, ihre individuelle oder Paararbeit in der Seelsorge mit der Teilnahme an einem 12-Schritte-Programm zur Erholung von einer sexuellen Abhängigkeit, wie beispielsweise die Anonymen Sexsüchtigen oder den Anonymen Sexaholikern, ...zu ergänzen. Ich empfahl intimen Partnern, an Treffen z.B. vom „Weißen Kreuz" teilzunehmen und unterstützende Internetseiten wie www.pornaddicthubby.com zu besuchen... Selbsthilfegruppen können einen entscheidenden Beitrag zur

*erfolgreichen Genesung beitragen, weil sie helfen, die soziale Isolation und Scham zu überwinden, Unterstützung durch Verantwortlichkeit aufbauen und Erfolge teilen."*⁵

„Während des sexuellen Vorgangs verengt das Gehirn seinen Fokus, da es eine Flutwelle von Endorphinen und anderen Neurochemikalien wie Dopamin, Norepenephrin, Oxytocin und Serotonin ausschüttet. Diese ‚natürlichen Drogen' produzieren einen gewaltigen Hochbetrieb oder ein enormes High. Wenn diese Chemikalien in der gesunden, ehelichen Intimität ausgeschüttet werden, bezeichnen wir sie, aufgrund der Unzahl positiver Vorteile, die sie zwischen dem Ehemann und der Ehefrau auslösen, als die ‚fantastischen Vier'. Werden sie während dem Konsum von Pornografie oder anderen Verhaltensweisen einer sexuellen Abhängigkeit ausgeschüttet, nennen wir sie, aufgrund der ernstzunehmenden Abhängigkeit und den vielen negativen Folgen, die sie im Gehirn und dem Nervensystem auslösen, ‚die fürchterlichen Vier' ... Die neurochemische Freisetzung, die vom Pornografie-Konsum ausgelöst wird, ist so intensiv, dass viele Wissenschaftler sie für ein ‚Erototoxin' und die stärkste Droge der Geschichte halten...

*Stell dir vor, Du nimmst die stärkste Droge der Geschichte und machst sie sofort und auf Knopfdruck für einen niedrigen Preis oder für umsonst zugänglich. Dein Drogenkonsum ist ein Geheimnis und die Drogendealer kommen zu Dir! Genau das hat das Internet mit der Pornografie gemacht. Das bezeichnen wir als die ‚4 A's des Internets' – ‚ansprechbar, abzahlbar, anonym und aggressiv' (engl.: accessible, affordable, anonymous and aggressive)."*⁶

Mary Anne Layden (stellvertretende Direktorin des „Sexual Trauma and Psychopathology at the University of Pennsylvania's Center for Cognitive Therapy Program") bezeichnete Pornografie *„meiner Kenntnis nach der aktuell bedrohlichste Einfluss auf die geistige Gesundheit."*⁷

*„Das Internet ist ein perfektes System für die Drogenlieferung, da Du anonym bist, und erregt wirst und Vorbilder für diese Verhaltensweisen hast. Die Drogen werden kostenlos und 24 Stunden am Tag zu Dir nachhause geliefert. Kinder wissen besser als Erwachsene, wie man es benutzt – es ist das perfekte Liefersystem, um eine ganze Generation junger Abhängiger zu schaffen, die die Droge nie wieder aus ihrem Kopf bekommt."*⁸

Zusatzinformationen für Mentoren zum Thema „Pornografie"

Heilung braucht Zeit

Die Zeit, die ein Pornografie-Süchtiger benötigt, um sich zu erholen, hängt von vielen Faktoren ab, zu denen die folgenden gehören:

1) Ausmaß des Schadens (persönlich, in Beziehungen, wirtschaftlich usw.)
2) Persönlichkeit
3) Motivation zur Veränderung.
4) Menge, Typ und Häufigkeit der in Anspruch genommenen Seelsorge.
5) Verfügbare Strukturen zur Verantwortlichkeit und deren Nutzung.
6) Aktives Engagement des genesenden Abhängigen mit seinen Partnern, die ihn verantwortlich halten.

Teilnahme-Zertifikat

ABSCHLUSSZERTIFIKAT

FÜR

_____

Für die erfolgreiche Teilnahme
am Ehe-Mentoring-Programm, das folgendes beinhaltet:
Intensives 2:2-Mentoring über mehrere Einheiten,
Hausaufgaben und die Entscheidung, Gottes Führung und
Seiner heiligen Absicht für die Ehe zu folgen.

Datum

_____

Name der Mentoren

Die digitale Version ist über den Ressourcen-Bereich von www.DieLoesungFuerEhen.de erhältlich.

Literaturverzeichnis

Alle Quellenangaben in englischer Sprache

Kapitel 1: Die Kunst des Ehe-Mentorings
1. Wages, S. A. & Darling, C. A. (2004) Evaluation of a Marriage Preparation Program (PREPARE) Using Marriage Mentors. Marriage & Family Journal 7(2), 103-121.
2. Robert Oglesby, Director, Center for Youth & Family Ministry, Abilene Christian University, Abilene, TX.
3. McClurkan, J. S., The Effect of Couple-to-couple Mentoring on Weak Marriage Relationships, 2003. http://www.marriageteam.org
4. McManus, Mike and Harriet, Living Together, Myths, Risks & Answers, Howard Books, New York, 2008, Pg. XVIII.

Kapitel 2: Das erste Treffen mit Euren Mentees
1. Knutson, Luke, and Dr. David H. Olsen. *A Christian Journal* 6.4 (2003): 529-46. *Prepare-Enrich*. Life Innovations, Inc., Minneapolis, MN. https://www.prepare-enrich.com/pe_main_site_content/pdf/research/aacc_study_2003.pdf
2. For more information, see www.marriageteam.org and www.marriagesavers.org

Kapitel 3: Mögliche Schwierigkeiten durch die bisherige Lebensgeschichte
1. Items listed in the left column of this table are based on the Customized Version of Life Innovations' PREPARE/ENRICH Facilitator Report. Some areas may not apply to the specific couple you are mentoring.

Kapitel 4: Stressmanagement und Stressbewältigung: Das persönliche Stressprofil
1. Schermerhorn, John R., Richard Osborn, and James G. Hunt. *Organizational Behavior*. 9th ed. New York: Wiley, 2005
2. http://de.wikipedia.org/wiki/Stress, 20. Januar 2013.
3. Holmes TH, Rahe RH (1967). "The Social Readjustment Rating Scale". J Psychosom Res 11 (2): 213–8. Commonly known as the Holmes and Rahe Stress Scale. Adapted by authors for use in mentoring.

Kapitel 5: Emotionale Ausgeglichenheit
1. http://stresscourse.tripod.com/id97.html. ChristianityToday.com, Magazines, News, Church Leadership & Bible Study. http://www.christianitytoday.com

Literaturverzeichnis

2. Self talk is anything we verbally or silently say to ourselves. Self talk can be positive (for encouragement or motivation) or negative (expressing criticism or pessimism).

Kapitel 6: Kommunikation

1. For more on the Imago Dialogue, go to http://gettingtheloveyouwant.com/articles/imago-dialogue-101
2. Adapted from Paterson, Randy, Ph.D., The Assertiveness Workbook, MJF Books, New York, NY, 2000, Pg. 33.
3. Self disclosure is the sharing of personal information that others would be unlikely to know or find out. Self-disclosure creates an environment of mutual trust, which benefits both individuals. When we confide in others, they increasingly confide in us.
4. Olson, David H. L., and Amy K. Olson. *Empowering Couples: Building on Your Strengths*. Minneapolis, MN: Life Innovations, 2000. Pg. 31.

Kapitel 7: Konfliktlösung

1. **Portions adapted from** Apostolic Christian Counseling and Family Services, Conflict Resolution Skills in Marriage, 2008.
2. Nicholson, David. *What You Need to Know before You Fall in Love*. Nashville, Tenn.: Thomas Nelson, 1995.
3. Gottman, John, and Nan Silver. *The Seven Principles for Making Marriage Work*. New York, NY: Three Rivers, 1999.27
4. Anderson, Kerby. "Abuse and Domestic Violence." *Abuse and Domestic Violence-Probe Ministries*. Probe Ministries, 2003. http://www.probe.org/site/c.fdKEIMNsEoG/b.4219479/k.7FEF/Abuse_and_Domestic_Violence.htm
5. Hegstrom, Paul. *Angry Men and the Women Who Love Them: Breaking the Cycle of Physical and Emotional Abuse*. Kansas City, MO: Beacon Hill of Kansas City, 1999.
6. Gottman, John Mordechai, and Silver, Nan. *The Seven Principles for Making Marriage Work*. New York: Three Rivers, 1999.

Kapitel 8: Vergebung zusprechen: Was es ist, was es nicht ist und wie man gut vergibt

1. **Portions adapted from** Apostolic Christian Counseling and Family Services, Forgiveness; What It Is, What It Isn't, & How To Do It, 2008.
2. Jeffress, Robert. "Chapter 2." *When Forgiveness Doesn't Make Sense*. Colorado Springs, CO: WaterBrook, 2000. 102.
3. *www.gettingtheloveyouwant.com/articles/imago-dialogue-101*
4. Worthington, Everett L., and Everett L. Worthington. *Forgiving and Reconciling: Bridges to Wholeness and Hope*. Downers Grove, IL: InterVarsity, 2003.
5. Ibid, 102
6. Ibid, 224-226

Literaturverzeichnis

Kapitel 9: Der Umgang mit der Einzigartigkeit Deines Partners: Eigenschaften und Angewohnheiten des Partners

1. Rogers, Carl R. *Client-Centered Therapy: Its Current Practice, Implications, and Theory*. Boston: Houghton Mifflin, 1965.
2. Glenn, John. *The Alpha Series: the Gift of Recovery*. Bloomington, IN: Author House, 2006.
3. Cornwell, Erin York, and Linda J. Waite. "Social Disconnectedness, Perceived Isolation, and Health among Older Adults." *Journal of Health Social Behavior* March, 50(1) (2009): 31-48. http://www.ncbi.nlm.nih.gov/pmc/articles/PMC2756979.
4. The Solomon Syndrome is defined as our need/desire for "worthiness". An example is thinking, "I will be worthy *if*..." Solomon attempted to fill the voids in his life with many "ifs" including material things, wives, castles and more, but none worked. It was only when he turned to God that his life become complete.

Kapitel 10: Der Umgang mit Finanzen

1. Blue, Ron, and Jeremy White. *Faith-based Family Finances*. Carol Stream, IL: Tyndale House, 2008.
2. Peterson, Karen S. "Adults Should Know Status of Parents." *USA Today* [Franklin, TN] 12 Mar. 1992.
3. Rockefeller, Sr., John D. *Give Him the First Part*. Campus Crusade for Christ International, 25 May 2011. http://www.ccci.org.

Kapitel 11: Gemeinsame Grundlagen finden: Freizeitaktivitäten

1. Jaynes, Sharon. *Becoming the Woman of His Dreams: Seven Qualities Every Man Longs For*. Eugene, OR: Harvest House, 2005. 11.

Kapitel 12: Sexuelle Erfüllung und Intimität in der Ehe

1. Rainey, Dennis, and Barbara Rainey. "November 9." Moments Together for Couples. Ventura, CA: Regal, 1995.
2. *Sex, A Study of the Good Bits of Song of Solomon*. By Mark Driscoll. Edinburgh, Scotland. Presentation.
3. Gardner, Tim Alan, *Sacred Sex*, WaterBrook Press, Colorado Springs, CO, 2002. 15.
4. Ibid., pg. 17.
5. Adapted from Family Life, *Weekend to Remember* Conference Manual (1985): 86.
6. "Dissatisfied, Ladies? Tips to Reach the Big O." MSNBC, 02 Nov. 2007.
7. House, H. Wayne. "Should Christians Use Birth Control?" *Christian Research Institute and the Bible Answer Man, Hank Hanegraaff*. Christian Research Institute. Web. 30 Aug. 2011. http://www.equip.org/articles/should-christians-use-birth-control-.
8. From the Mayo Clinic web site http://www.mayoclinic.com

Literaturverzeichnis

9. Rainey, Dennis, Barbara Rainey, and Robert G. DeMoss. *Rekindling the Romance: Loving the Love of Your Life*. Nashville, TN: Thomas Nelson, 2004. 76.

Kapitel 13: Das Entwickeln von sexueller Erfüllung und Intimität in der Ehe
  – Kapitel für Männer
1. Masters, William H., Virginia E. Johnson, and Robert J. Levin. *The Pleasure Bond: a New Look at Sexuality and Commitment*. Toronto, NY: Bantam, 1976. 113-14.

Kapitel 14: Das Entwickeln von sexueller Erfüllung und Intimität in der Ehe
  – Kapitel für Frauen
1. Dennis Rainey, Affair Proof Your Marriage, Family Life, http://www.familylife.com
2. Barbara Rainey, Why Sex is so Important to You Husband, Family Life, http://www.familylife.com

Kapitel 15: Die Gefahren der Pornografie
1. Adapted from "Danger Ahead! Avoiding Pornography's Trap." *The New Era Magazine,* Volume 10, Number 10, Oct. 2002: 36.
2. "The Social Costs of Pornography." *The Witherspoon Institute*: 13. Princeton, NJ. 2010.
3. Internet Pornography Statistics, 2008. Also applies to the next item listed in the text.
4. Ibid. 2006.
5. MSNBC.com survey (2000) conducted by Dr. Alvin Cooper, San Jose Marital Services and Sexuality Center, San Jose, CA.
6. "Facts." Communicating With Women - News. Every Man's Battle. 19 July 2011. http://www.everymansbattle.com/
7. Kuchment, Anna. "The Tangled Web of Porn in the Office." Newsweek - National News, World News, Business, Health, Technology, Entertainment, and More - Newsweek. The Newsweek/Daily Beast Company LLC, 29 Nov. 2008. http://www.newsweek.com/2008/11/28/the-tangled-web-of-porn-in-the-office.html.
8. Ropelato, Jerry. "Internet Pornography Statistics." Top Ten Reviews. Net Nanny. http://internet-filter-review.toptenreviews.com/internet-pornography-statistics.html.
9. "Relationships in Focus, Sexual Addiction: Real problem or Convenient Excuse?" *Today in Dixie*, 31 Mar. 2010.
10. Maltz, Wendy. "Out of the Shadows." *Psychotherapy Networker Magazine* 2009:7.
11. LaRue, Jan. "Senate Subcommittee Hears Experts on Pornography Toxicity." Dr. Judith Reisman. 2 Dec. 2004.

http://www.drjudithreisman.com/archives/2005/12/senate_subcommi.html.

12. Satinover, Dr. Jeffrey. "Statement on Pornography to the US Congress." Diss. Princeton University, 2004. *Pornography|Citizens for Community Values*. Citizens for Community Values, Nov. 2004. http://www.ccv.org/wp-content/uploads/2010/04/Jeffrey_Satinover_Senate_Testiomony-2004.11.17.pdf

13. "Pornography: Society at Risk." LDS Resources on Pornography. LDS & The Philippines Alliance Against Pornography, 2006. http://mentalhealthlibrary.info/library/porn/pornlds/pornldsauthor/links/philippine/pornx.htm.

14. Maltz, Wendy. "Out of the Shadows." Psychotherapy Networker. 2009. http://www.psychotherapynetworker.org/magazine/currentissue/694-out-of-the-shadow

15. Hart, Archibald D. *The Sexual Man*. Dallas: Word Pub., 1994, Pg. 89.

16. Thomas, Gary L. "Slaying the Secret Sin." http://www.garythomas.com/slaying-the-secret-sin

17. Patrick Carnes, Pine Grove Behavioral Health & Addiction Services

18. Kennedy, John W. "Help for the Sexually Desperate," *ChristianityToday.com, Magazines, News, Church Leadership & Bible Study*. Christianity Today, 7 Mar. 2008. http://www.christianitytoday.com/ct/2008/march/18.28.html.

19. McDowell, Sean, and Pamela Paul. "What's The Big Deal with Pornography?" *How Porn Became the Norm*. Planet Wisdom. http://www.planetwisdom.com/seanmcdowell/article/whats_the_big_deal_with_pornography.

20. Our observations are also confirmed by a study published in *Sexual Addiction and Compulsivity*, which found 68% of couples in which one person was addicted to Internet porn, resulted in one or both partners losing interest in sex. After getting a porn fix, a person often feels more depressed and lonely because the only intimacy they can get is with a magazine or a video. This leaves one feeling empty inside as pornography becomes a crutch and saps their confidence.

21. Wang, Laurie. "The Effects of Internet Pornography." *Power to Change*. Power To Change, 18 Sept. 2009. http://powertochange.com/discover/sex-love/effectsofporn.

22. A claim made by the American Academy of Matrimonial Lawyers. "Behavior: The Porn Factor." *Time Magazine* 19 Jan. 2004.

23. Zillmann, Dolf, and Jennings Bryant. "Pornography and Sexual Callousness, and the Trivialization of Rape." *Journal of Communication* 32.4 (1982): 10-21.

24. Kennedy, John W. "Help for the Sexually Desperate," *ChristianityToday.com, Magazines, News, Church Leadership & Bible Study*. Christianity Today, 7 Mar. 2008. http://www.christianitytoday.com/ct/2008/march/18.28.html

Literaturverzeichnis

25. Since this is an area with many new resources becoming available, be sure to check http://www.DieLoesungFuerEhen.de for the latest recommendations. One such site is http://www.settingcaptivesfree.com

Kapitel 16: Ausbrechen aus der Pornografie – fünf Schritte zum Sieg
1. Kennedy, John W. "Help for the Sexually Desperate." *Christianity Today* 07 Mar. 2008. http://www.christianitytoday.com
2. This helpful concept is based on the "Every Man's Battle" book and workshop by Steve Arterburn of New Life Ministries.

Kapitel 17: Sexuell übertragbare Krankheiten und Infektionen
1. We are grateful to have had this section reviewed for medical accuracy by Dr. John Li, M.D. and Dr. Celeste Li, M.D.
2. Crouse, Janice Shaw. *Gaining Ground, a Profile of American Women in the Twentieth Century: Trends in Selected Indicators of Women's Well-being*. Washington, D.C.: Beverly LaHaye Institute, 2001.
3. World Health Organization "Global Prevalence and Incidence of Selected Curable Sexually Transmitted Infections Overview and Estimates," 2001.
4. Crouse, Janice Shaw. *Gaining Ground, a Profile of American Women in the Twentieth Century: Trends in Selected Indicators of Women's Well-being*. Washington, D.C.: Beverly LaHaye Institute, 2001.

Kapitel 18: Die Herkunftsfamilie
1. This chapter draws on materials published by Life Innovations. Used with permission.
2. Olsen, PhD, Dr. David H., and Dr. Peter Larsen, Ph.D. *Couple Checkup ™ Discussion Guide with Biblical References*. Minneapolis, MN: Life Innovations, 2010.
3. From a special edition by Olsen, PhD, David H. "Journal of Family Therapy" *Circumplex Model of Marital & Family Systems*. University of Wyoming - Dept of Agriculture & Applied Economics, 1999. http://agecon.uwyo.edu
4. Adapted from Hendrix, PhD, Harville, and Helen LaKelly Hunt, PhD. "Imago Couples Therapy; Relationship Therapy; Education Worldwide." *Couples Therapy and Workshops from Imago Relationships Intnl*. Imago Relationships International. http://gettingtheloveyouwant.com/articles/an-introduction-to-imago.
5. Ibid.
6. Adapted from Skomal, Lenore. "Two First Borns? Bad Match: Birth Order Can Indicate Whether Your Marriage Will Work Out - or Not." *Divorce360.com | Divorce Advice, News, Blogs and Community*. Divorce360.com, 24 June 2008. http://www.divorce360.com
7. Ibid.

Kapitel 19: Grenzen, Paar- und Familienstrukturkarte
1. This chapter draws extensively on materials published by Life Innovations. Used with permission.

Kapitel 20: Handhabung kultureller Unterschiede

1. In this chapter, "cultural" is broadly used to include race, religion, country of origin, etc.
2. Romano, Dugan. *Intercultural Marriage: Promise and Pitfalls*, 3rd ed. Boston & London: Intercultural, a Division of Nicholas Brealy, 2008. 142.
3. Numbers 12:1 says, *"Miriam and Aaron began to talk against Moses because of his Cushite wife, for he had married a Cushite."* God punishes Miriam for this discrimination in verse 10 by turning her skin white with leprosy. The people of Cush, a region south of Ethiopia, were known for their black skin. In J. Daniel Hays' book, From Every People and Nation: A Biblical Theology of Race (Downers Grove, Ill.: InterVarsity Press, 2003), he writes that Cush "is used regularly to refer to the area south of Egypt...where a Black African civilization flourished for over two thousand years. Thus it is quite clear that Moses marries a Black African woman." (p. 71).
4. Romano, Dugan. *Intercultural Marriage: Promise and Pitfalls*, 3rd ed. Boston & London: Intercultural, a Division of Nicholas Brealy, 2008. 151.
5. Exercise is adapted from Crohn, Joel. *Mixed Matches: How to Create Successful Interracial, Interethnic, and Interfaith Relationships*. New York: Fawcett Columbine, 1995. 69-70.

Kapitel 21: Herausforderungen bei der Hochzeitsplanung

1. This material is from The First Dance (www.thefirstdance.com), a DVD resource that we highly recommend for engaged couples, by Elizabeth Thomas and Bill Doherty, Ph.D. Used with permission.

Kapitel 23: Wie Ihr Eure Beziehung schützt: Internet, soziale Medien und Freunde

1. www.myfoxaustin.com/.../Special-Report-Social-Media-and-Divorce-20110203-ktbcw
2. "Divorce Facebook Study Shows Social Networking Often Leads to Breakups." *Facebook Is Blamed in a Growing Number of Divorce Cases, Study Shows*. PR News Channel, 05 Mar. 2011. http://www.prnewschannel.com/absolutenm/templates/?a=3582&z=4.

Kapitel 24: Das biblische Rollenverständnis von Ehemännern und Ehefrauen

1. Piper, John, and Wayne A. Grudem. "Chapter 3, Male-Female Equality and Male Headship." *Recovering Biblical Manhood and Womanhood: A Response to Evangelical Feminism*. Wheaton, IL: Crossway, 1991. 99.
2. Piper, John, and Wayne A. Grudem. "Chapter 1, Male-Female Equality and Male Headship." *Recovering Biblical Manhood and Womanhood: A Response to Evangelical Feminism*. Wheaton, IL: Crossway, 1991. 29.
3. Ibid., pg. 36.

4. Ibid., pg. 37.
5. Scott. "WoW - Love, Respect and Submission." *Journey to Surrender.* Journey to Surrender, 8 June 2011. http://www.surrenderedmarriage.org/2011/06/wow-love-respect-and-submission.html?utm_source=feedburner.
6. Piper, John, and Wayne A. Grudem. "Chapter 1, Male-Female Equality and Male Headship." *Recovering Biblical Manhood and Womanhood: A Response to Evangelical Feminism.* Wheaton, IL: Crossway, 1991. 52.
7. Driscoll, Mark, Complimentarianism, http://theresurgence.com/2009/03/29/complementarianism.
8. Köstenberger, Andreas J., and David W. Jones. *God, Marriage & Family: Rebuilding the Biblical Foundation.* Wheaton, IL: Crossway, 2004. 29.

Kapitel 25: Entscheidungsfindung
1. Adapted from Apostolic Christian Counseling and Family Services. "Roles, Responsibilities, and Decision Making In Marriage." (2008)
2. Ibid.

Kapitel 26: Überzeugungen im Glauben und gemeinsame geistliche Entwicklung
1. For on-line presentations of the Gospel in over 150 different languages, go to *The Four Spiritual Laws - In Your Language!* Global Media Outreach, 2007-2008. http://www.4laws.com/laws/languages.html.

Kapitel 27: Geistliche Intimität innerhalb der Ehe
1. Moore, Beth. *To Live Is Christ: Embracing the Passion of Paul.* Waterville, Me.: Walker Large Print, 2008.
2. Stoop, Jan, and David A. Stoop. *When Couples Pray Together: Creating Intimacy and Spiritual Wholeness.* Ann Arbor, MI: Vine, 2000. 9.
3. Price, Rev. Bill. "Bible Prayer Fellowship - About Us." *Bible Prayer Fellowship - Teaching United Prayer.* Bible Prayer Fellowship - Teaching United Prayer, 2011. http://www.praywithchrist.org/aboutus.php.
4. Burns, Jim. "Grow Towards Spiritual Intimacy in Your Marriage." *Grow Toward Spiritual Intimacy in Your Marriage.* Christianity.com. http://www.christianity.com/Home/Christian%20Living%20Features/1407864/

Kapitel 28: Erwartungen an die Ehe
1. Love, Patricia, and Jo Robinson. Hot Monogamy: Essential Steps to More Passionate, Intimate Lovemaking. New York: Plume, 1995.

Kapitel 30: Vertrauensaufbau
1. Shriver, Gary, and Mona Shriver. *Unfaithful: Rebuilding Trust after Infidelity.* Colorado Springs, CO: Cook Communications Ministries, 2005. 189-202.

Kapitel 32: Stieffamilien
1. This chapter is adapted from Deal, Ron L. *The Smart Stepfamily*. Minneapolis, MN: Bethany House, 2006. and Einstein, Elizabeth, and Linda Albert. *Strengthening Your Stepfamily*. Atascadero, CA: Impact, 2006.

Part 8: Zusatzmaterial für Mentoren

Brief der Mentoren an die Eltern der Mentees
1. Adapted from Prokopchak, Steve, and Mary Prokopchak. *Called Together,* Shippensburg, PA: Destiny Image, 2009.

Bewertung des Mentorings
1. Adapted from the form used by Christ Fellowship Church, Palm Beach Gardens, FL.

Außereheliches Zusammenleben
1. Jason, Sharon. "Cohabiting Has Little Effect on Marriage Success." USA Today. USA Today, 14 Oct. 2010. http://www.usatoday.com/news/health/2010-03-02-cohabiting02_N.htm
2. Binstock, Georgina, and Arland Thornton. "Separations, Reconciliations, and Living Apart in Cohabiting and Marital Unions." *Journal of Marriage and Family* 65.2 (2003): 432-43.
3. Hill, PhD, John R., and Sharon G. Evans, MA. "Effects of Cohabitation Length on Personal and Relational Well Being." Alabama Policy Institute, 3 Aug. 2006. http://www.alabamapolicy.org/pdf/cohabitation.pdf.
4. Bennett, Neil G., Ann Klimas Blanc, and David E. Bloom. "Commitment and the Modern Union: Assessing the Link between Premarital Cohabitation and Subsequent Marital Stability." *American Sociological Review* 53.1 (1988): 127-38. http://www.jstor.org/pss/2095738; T. K. Burch & A. K. Madan, Union Formation and Dissolution: Results from the 1984 Family History Survey (Ottawa: Statistics Canada, Catalogue No. 99-963) (1986); Catherine Cohan & Stacey Kleinbaum, "Toward a greater understanding of the cohabitation effect: Premarital cohabitation and marital communication." *Journal of Marriage and the Family* 64 (2002): 180-192; D. M. Fergusson, L. J. Horwood, & F. T. Shannon, "A proportional hazards model of family breakdown." *Journal of Marriage and the Family* 46 (1984) 539-549; and Zheng Wu, "Premarital cohabitation and post marital cohabiting union formation." *Journal of Family Issues* 16 (1995) 212-232.
5. Susan L. Brown, "Union Transitions Among Cohabiters: The Significance of Relationship Assessment and Expectations." *Journal of Marriage and the Family* 62 (2000): 833-846.
6. McManus, Michael J., and Harriett McManus. Introduction. *Living Together: Myths, Risks & Answers*. New York: Howard, 2008. 60-61.

Literaturverzeichnis

7. Hall, David R., and John Z. Zhoa. "Cohabitation and Divorce in Canada." *Journal of Marriage and the Family* May (1995): 421-27.
8. Stanley, Scott. *The Power of Commitment: a Guide to Active, Lifelong Love.* San Francisco: Jossey-Bass, 2005. 152.
9. Hill, PhD, John R., and Sharon G. Evans, MA. "Effects of Cohabitation Length on Personal and Relational Well Being." Alabama Policy Institute, 3 Aug. 2006. 12.
10. All About Cohabitating Before Marriage, Psychological Reasons, http://members.aol.com/cohabiting/index.htm July 1999
11. Hill, PhD, John R., and Sharon G. Evans, MA. "Effects of Cohabitation Length on Personal and Relational Well Being." Alabama Policy Institute, 3 Aug. 2006. 3.
12. McManus, Michael J. *Marriage Savers: Helping Your Friends and Family Stay Married.* Grand Rapids, MI: Zondervan Pub. House, 1993.
13. Gordon, Serena. ""Marriage" - Jim L. Wilson." *Sermons.Logos.com.* Fresh Ministry, Jan. 2009. http://sermons.logos.com/#q=Gordon%20Serena/0&content=/submissions/80537&tab=paneTabResults&pane=resultsPane.
14. Catherine Cohan & Stacey Kleinbaum, "Toward a greater understanding of the cohabitation effect: Premarital cohabitation and marital communication." *Journal of Marriage and the Family* 64 (2002): 180-192.
15. DeMaris, A., and G. R. Leslie. "Cohabitation with Future Spouse: Its Influence upon Marital Satisfaction and Communication." *Journal of Marriage and Family* 46 (1984): 77-84.
16. Stafford, Laura, Susan L. Klein, and Caroline T. Rankin. "Married Individuals, Cohabiters, and Cohabiters Who Marry: A Longitudinal Study of Relational and Individual Well-Being." *Journal of Social and Personal Relationships* April.21 (2004): 231-48.
17. Dush, Claire M. Kamp, Catherine L. Cohan, and Paul R. Amato. "The Relationship Between Cohabitation and Marital Quality and Stability: Change Across Cohorts?" *Journal of Marriage and Family* 65.3 (2003): 539-49.
18. Stanley, S. M., S. W. Whitton, and H. J. Markman. "Maybe I Do: Interpersonal Commitment and Premarital or Non-marital Cohabitation." *Journal of Family Issues* 25 (2004): 496-519.
19. Harley, Jr., Ph.D, William F. "Meet Dr. Harley." *Marriage Builders® - Successful Marriage Advice.* Marriage Builders®. 27 June 2011. http://www.marriagebuilders.com/graphic/mbi2000_meet.html.
20. DeMaris, Alfred, and William MacDonald. "Premarital Cohabitation and Marital Instability: A Test of the Unconventionality Hypothesis." *Journal of Marriage and the Family* 55 (1993): 399-407.
21. Downridge, Douglas A., and Silvia S. Halli. ""Living in Sin" and Sinful Living: Toward Filling a Gap in the Explanation of Violence against Women." *Aggression and Violent Behavior* November-December 5.6 (2000): 565-83. *Science Direct.* Science Direct, 16 Nov. 2000. http://www.sciencedirect.com/science/article/pii/S1359178999000038.

22. McManus, Mike. "Articles: Better Together? Only in Holy Matrimony, Not in Cohabitation." *Marriage Resources for Clergy @ Marriageresourcesforclergy.com*. Marriage Resources for Clergy, 13 Mar. 2008. http://www.marriageresourcesforclergy.com/site/Articles/articles017.htm.
23. Brown, S., and A. Booth. "Cohabitation versus Marriage: A Comparison of Relationship Quality." *Journal of Marriage and Family* 58 (1996): 667-68.
24. Catherine Cohan & Stacey Kleinbaum, "Toward a greater understanding of the cohabitation effect: Premarital cohabitation and marital communication." *Journal of Marriage and the Family* 64 (2002): 180-192.
25. VanGoethem, Jeff. *Living Together: a Guide to Counseling Unmarried Couples*. Grand Rapids, MI: Kregel Academic & Professional, 2005. 48-49.
26. Wilcox, Ph.D, W. Bradford. "Why the Ring Matters." *New York Times* [New York] 20 Dec. 2010. http://www.nytimes.com/roomfordebate/2010/12/19/why-remarry/why-the-ring-matters
27. http://www.husbandsanddads.com
28. VanGoethem, Jeff. *Living Together: a Guide to Counseling Unmarried Couples*. Grand Rapids, MI: Kregel Academic & Professional, 2005. 105.
29. Adapted from RayFowler.org. Used with permission. http://www.rayfowler.org/2008/06/19/living-together-without-sex/

Zusatzinformationen für Mentoren zum Thema „Pornografie"

1. Doige, MD, Norman. "Cohabitation versus Marriage: A Comparison of Relationship Quality." (2008). *NoPornNorthHampton*. NoPornNorthHampton, 13 Mar. 2010. http://nopornnorthampton.org/2010/03/13/norman-doidge-acquiring-tastes-loves-neuroplasticity-sexual-attraction-love.aspx.
2. "Do You Use Porn? A Survey from the Kinsey Institute." *American Porn*. WBGH Foundation, Feb. 2002. http://www.pbs.org/wgbh/pages/frontline/shows/porn/etc/surveyres.html.
3. Struthers, William M. *Wired for Intimacy: How Pornography Hijacks the Male Brain*. Downers Grove, IL: IVP, 2009. 69.
4. Bodo, Cristian. ", Does Sex Addiction Have Any Basis in Science?" *American Sexuality Magazine*. AlterNet.org, 18 Dec. 2008. http://www.alternet.org/sex/114024/does_sex_addiction_have_any_basis_in_science/?page=1.
5. Maltz, Wendy. "Out of the Shadows." *Psychotherapy Networker Magazine* 2009: 7. http://www.psychotherapynetworker.org/magazine/currentissue/694-out-of-the-shadow
6. http://www.netnanny.com/learn_center/article/175

Literaturverzeichnis

7. Singeal, Ryan. "Internet Porn: Worse Than Crack?" *Wired.com*. Wired.com, 19 Nov. 2004. http://www.wired.com/science/discoveries/news/2004/11/65772.

© Copyright verwendeter Bibelversionen

Luther Bibel
Die Bibel nach der Übersetzung Martin Luther in der revidierten Fassung von 1984.
Durchgesehene Ausgabe in neuer Rechtschreibung. © 1984 Deutsche Bibelgesellschaft, Stuttgart.
Ein Nachdruck sowie jede andere Verwertung des revidierten Textes der Lutherbibel bedarf der Genehmigung des Rates der Evangelischen Kirche in Deutschland.

Elberfelder Bibel
Revidierte Elberfelder Bibel (Rev. 26) © 1985/1991/2008 SCM R. Brockhaus im SCM-Verlag GmbH & Co. KG, Witten.
Der Text der revidierten Elberfelder Bibel unterliegt dem Copyright und darf weder kopiert noch anderweitig vervielfältigt werden.

Hoffnung Für Alle
© 1983, 1996, 2002 by Biblica Inc.TM
Übersetzung, Herausgeber und Verlag: Brunnen Verlag, Basel und Gießen.
Alle Rechte, insbesondere des Nachdrucks, der auszugsweisen Wiedergabe größerer Texte der Übersetzung, der Speicherung auf Datenträger bzw. der Einspeisung in öffentliche und nichtöffentliche Datennetze in jeglicher Form, der Funksendung, der Mikroverfilmung oder der Vervielfältigung auf anderen Wegen sind ausdrücklich vorbehalten.
Die (gemäßigte) Neue Deutsche Rechtschreibung in dieser Bibel orientiert sich an den Vorgaben der deutschen Wochenzeitung "Die Zeit".

Schlachter 2000
Bibeltext der Schlachter
Copyright © 2000 Genfer Bibelgesellschaft.

Neue Genfer Bibel
Bibeltext der Neuen Genfer Übersetzung – Neues Testament und Psalmen.
Copyright © 2011 Genfer Bibelgesellschaft.

Gute Nachricht Bibel
© 1997 Deutsche Bibelgesellschaft, Stuttgart.
Eine Vervielfältigung ist nur in den engen Grenzen des Urheberrechts zulässig. Eine vollständige Vervielfältigung des Bibeltextes ist auch zum privaten Gebrauch nach § 54 Abs.4 UrhG nur mit Zustimmung der Deutschen Bibelgesellschaft erlaubt. Eine unbefugte Vervielfältigung des vollständigen Textes der Gute Nachricht Bibel oder eine im Wesentlichen vollständige Vervielfältigung stellt eine Straftat nach § 106 UrhG dar. Urheberrechtsverletzungen werden sowohl zivil- als auch strafrechtlich verfolgt.

Einheitsübersetzung

Literaturverzeichnis

Einheitsübersetzung der Heiligen Schrift

© 1980 Katholische Bibelanstalt, Stuttgart.

Neues Leben Bibel

Neues Leben. Die Bibel © 2002 und 2006 SCM R. Brockhaus im SCM-Verlag GmbH & Co. KG, Witten.

Der Text der "Neues Leben. Die Bibel" unterliegt dem Copyright und darf weder kopiert noch anderweitig vervielfältigt werden.

Über die Autoren

Jeffrey Murphy entschied sich im Alter von 17 Jahren dafür, sein Leben der Nachfolge von Jesus Christus zu widmen. Er heiratete die Frau, für die er gebetet hatte, Glynis McKay, im Alter von 23 Jahren. Nach einigen Jahren der verheirateten Seligkeit, geriet die Ehe aufgrund mangelnder Fähigkeiten für eine erfolgreiche Eheführung, den Forderungen einer aufblühenden Karriere, der Ankunft zweier Kinder und einer ordentlichen Portion Selbstsucht und Unreife in eine Abwärtsspirale.

In ihrer Verzweiflung begaben Jeff und Glynis sich auf die Suche, was es heißt, eine glückliche Ehe zu führen – eine Reise, die nun schon mehr als 26 Jahre andauert. Sie sind dankbar für die FamilyLife® „Weekend to Remember"-Konferenz, an der sie mehrere Jahre teilnahmen, bevor sie die stellvertretenden Vorstandsvorsitzenden der Konferenz in New Jersey wurden. Während sie neue Ehe-Kompetenzen lernten, begannen sie, diese an andere Paare in Hauskreisen weiterzugeben.

In ihrer lokalen Ortsgemeinde investierten sie sich ebenfalls in der Ehearbeit. Über die Jahre begleiteten sie viele Paare als Mentoren, wodurch ihre Vorgehensweisen für das Mentoring und die von ihnen verwendeten Ressourcen, die in dieses Buch einflossen, fortwährend getestet und verfeinert wurden. Glynis ist die Autorin des 14. Kapitels dieses Buches.

Nach 30 Jahren bei Johnson & Johnson ging Jeff in den Vorruhestand und zog mit Glynis nach Florida, wo sie sich seitdem intensiv in Initiativen des Ehe-Mentorings investieren und besonders schöne Momente mit ihrer Tochter Laura, ihrem Schwiegersohn Chad, ihrer Enkeltochter Willow und ihrem Sohn Steven und seiner Frau Allison, die in Texas wohnen, verbringen. Außerdem veröffentlichen sie gerne Ehe-Tipps als @MarriageMentor bei Twitter.

Über die Autoren

Jeff hat seinen Bachelor als Ingenieur am Stevens Institute of Technology und seinen Master in Business Administration an der Seton Hall University abgeschlossen Er wurde von Life Innovations zum PREPARE/ENRICH-Ehe-Mentor und zum Direktor eines PREPARE/ENRICH Seminars ausgebildet.

Über die Autoren

Chuck Dettman lernte Christus im Alter von 11 Jahren kennen. Er erkannte die Bedeutung von „Gehorsam" durch seine eigenen Erfahrungen, als er sich in den frühen Jahren des Erwachsenseins von Jesus entfernte. Nachdem er „seine Geschichte" von einem anderen christlichen Veteran gehört hatte, der an ähnlichen Verletzungen und Schmerzen litt, übergab er sein Leben  erneut Jesus. Römer 6,21 stellt die entscheidende Frage: „Welche Frucht hattet Ihr nun damals von den Dingen, deren Ihr Euch jetzt schämt? Ihr Ende ist ja der Tod!" (Schlachter 2000).

Mae und Chuck lernten sich in der siebten Klasse kennen, wurden in der Mittelstufe ein Paar und heirateten im Jahr 1969, kurz vor Chucks Trip nach Vietnam.

Sie begannen das Mentoring in Hauskreisen und beobachteten, dass ihre eheliche Beziehung, die Christus ins Today's Promise, Inc., ist Chuck ordinierter Pfarrer mit mehr als zwölf Jahren Erfahrung im Coaching von Paaren und im professionellen Life-Coaching. Chuck ist einer der bekanntesten Ehe-, Beziehungs-, Budget- und Karriere-Coaching-Mentoren der Nation geworden – unter anderem wurde er von der New York Times, CBS Evening News und der Harvard School of Business lobend erwähnt. Chuck hat an der Barry University einen Bachelor of Science in Business und Finanzwesen mit Auszeichnung erworben. Früher war er bei den Vereinigten Staaten als Staatssekretär der Schatzkammern lokaler Banken, als Kreditsachbearbeiter, Junior Vize-Präsident und Revisor angestellt, wodurch er wertvolle Erfahrungen in der Finanzindustrie gewann.

Er erwarb viele Zertifikate, zu denen auch ein früheres Lehrzertifikat als beruflicher Therapeut im Sekundarschulwesen und sein Zertifikat als Crown Financial Budget Coach/Counselor gehören. Er ist ein ausgebildeter Mentor für die PREPARE/ENRICH Ehe-Vorbereitung und coacht auch Paare, die bereits verheiratet sind.. Er ist Ausbilder von START SMART, einem vorehelichen Trainingskurs, der Paaren mit ernsten Absichten oder verlobten

Paaren spezifische Fähigkeiten beibringt. Außerdem ist er Lehrer bei PICK, einem Kurs, der auch unter dem Namen „How to Avoid Marrying a Jerk(ette)" bekannt ist. Dort werden Singles darin unterrichtet, wie sie sich am besten auf zukünftige, verbindliche Beziehungen vorbereiten.

Die Lösung für Ehen enthält viele der neuesten und erfolgreichsten Vorgehensweisen, um Paaren zu helfen, ein Fundament für lebenslange und erfüllte Ehen zu bauen.

Im Jahr 2008 begannen **Rainer & Kerstin Knaack** als ehrenamtliche Ehementoren, gründeten RelateWorks® in 2012 und teilen sich seitdem die Verantwortung als Geschäftsführer. Sie kombinieren ihre beruflichen Erfahrungen und Trainingsfähigkeiten mit der Leidenschaft, Paaren und Familien zu dienen.

Ihr Wunsch ist es, Leiter, Pastoren, Berater und Laien-Paare zu kompetenten und erfolgreichen Ehementoren auszubilden. Die beiden haben als Mentoren-Paar verschiedene Typen von Paaren in den unterschiedlichsten Lebensphasen persönlich begleitet, vor Ort und im Ausland.

Nach sechsjähriger Berufstätigkeit bei Siemens Healthcare widmet Rainer seine Zeit, Ideen und Visionen dem Aufbau eines internationalen Ehementoren-Konzepts, um gezielt und professionell Ehen, Familien und Beziehungen zu stärken. Ihm wurden zwei Diplomabschlüsse verliehen: Diplom-Betriebswirt an der Berufsakademie und Diplom-Designer an der Universität der Künste in Berlin. Nachdem er seinen Forschungsaufenthalt an der Edith Cowan University in Perth, Australien, beendet hatte, wurde seine zweite Diplomarbeit „Decisive Leadership by Tacit Knowledge" als Buch veröffentlicht.

Kerstin studierte zuerst Tanz, Gesang und Schauspiel im Rahmen des Studienganges Musical in Berlin und ist ausgebildete Fremdsprachenkorrespondentin. Durch die Anstellung in einer Firma, die Unternehmenstheater als Trainingsmethode anbietet, verknüpfte sie ihre beruflichen Hintergründe aus Kunst und Wirtschaft. Später wechselte sie zu einem internationalen Unternehmen mit Schwerpunkt Personal, leitete ein Team von sieben internen und 200 externen Arbeitnehmern und bildete zudem Trainer im Unternehmen aus. Kerstin ist zertifiziert als Business-Trainerin BDVT und DISC®-Trainerin.

Über die Autoren

Rainer und Kerstin sind als Ehementoren durch PREPARE/ENRICH® zertifiziert. Von den Autoren der vorliegenden Buches wurden sie mit der Übersetzung und Verbreitung desselben beauftragt.

Weitere Details findet Ihr bei www.RelateWorks.de. Ergänzend zwitschern die beiden persönliche Erkenntnisse, Gedanken und Weisheiten bei Twitter unter @RelateWorks.

www.ingramcontent.com/pod-product-compliance
Lightning Source LLC
Chambersburg PA
CBHW070526090426
42735CB00013B/2878